성막과 절기를 알면
예수가 보인다

예루살렘

성 막

번제단

출 27:1-8, 38:1-7

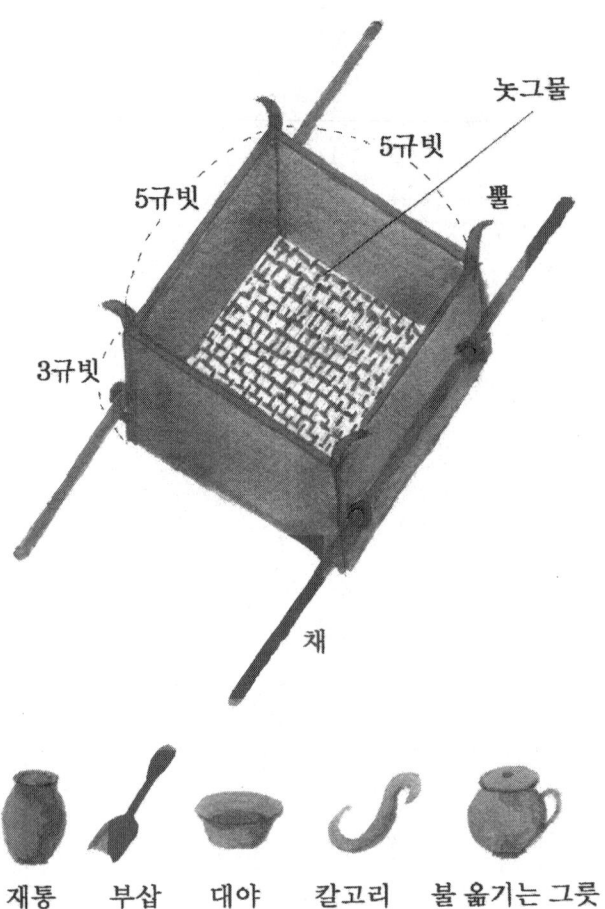

물두멍

출 30:17-21, 38:8

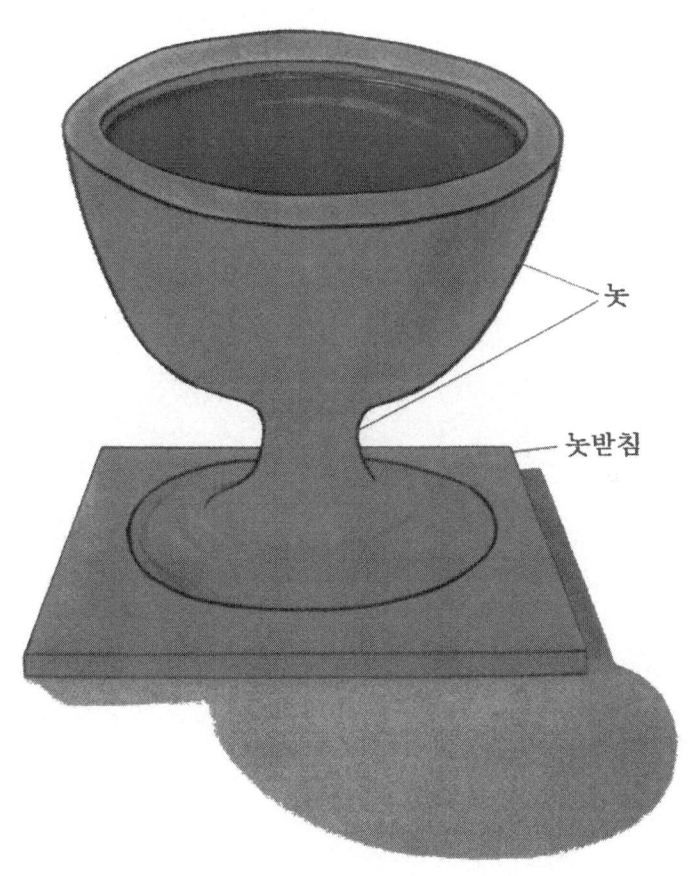

놋

놋받침

상

출 25:23-30, 37:10-16

등 대

출 25:31-40, 37:17-24

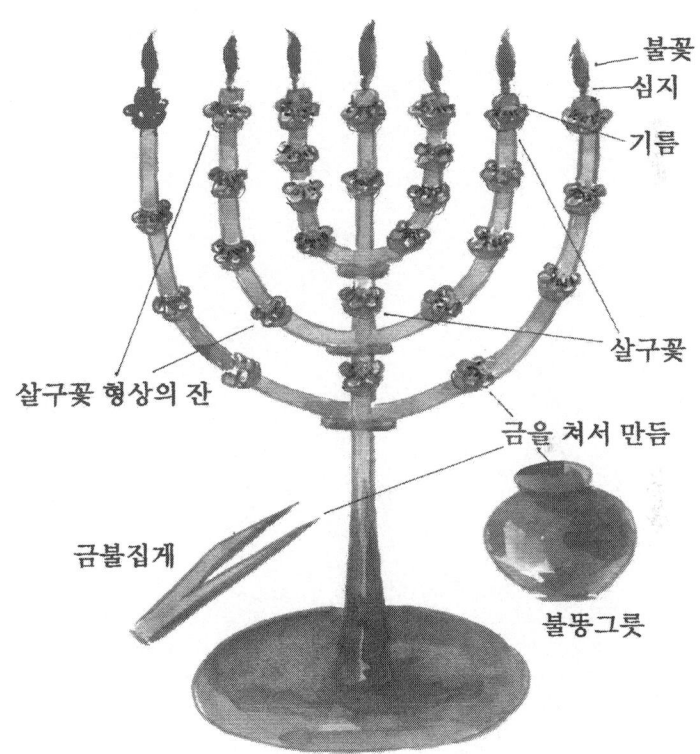

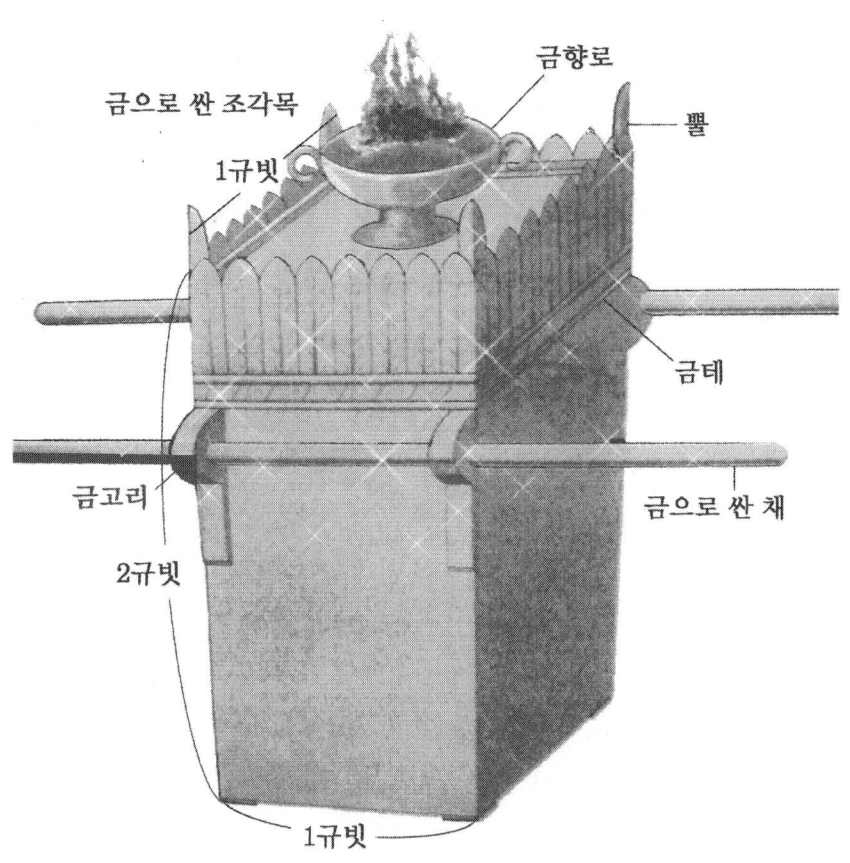

법 궤

출 25:10-22, 37:1-9

- 그룹
- 금으로 만듬
- 속죄소
- 금태
- 금으로 안팎을 쌈
- 2.5규빗
- 1.5규빗
- 1.5규빗
- 금으로 싼 채
- 금고리

증거판 금항아리 지팡이

대제사장 예복

출 28:4-29:9, 39:1-31

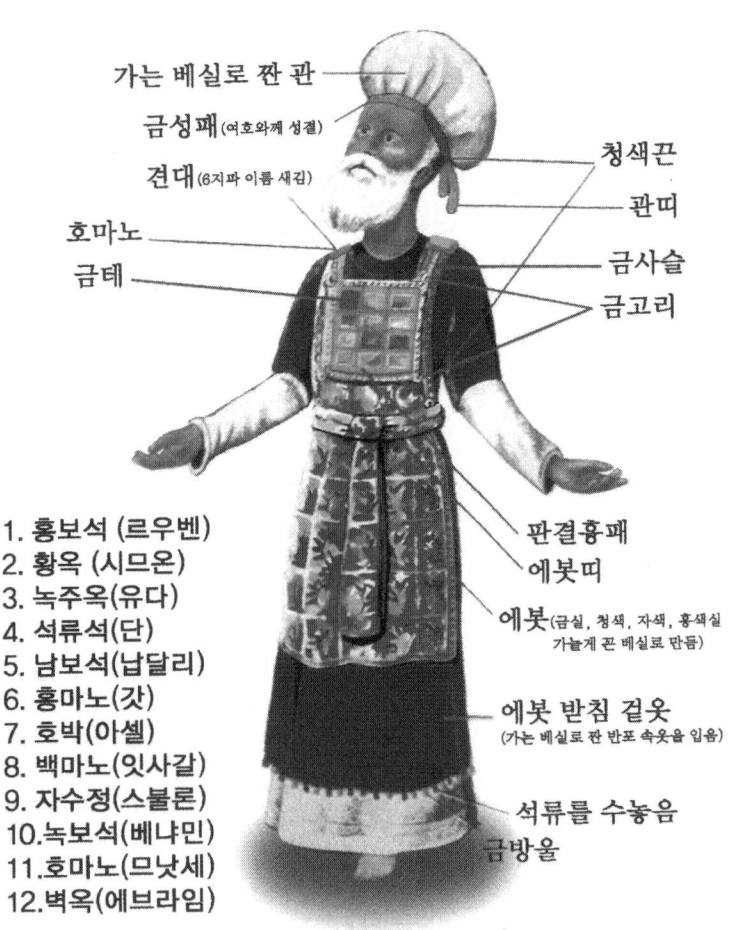

1. 홍보석 (르우벤)
2. 황옥 (시므온)
3. 녹주옥(유다)
4. 석류석(단)
5. 남보석(납달리)
6. 홍마노(갓)
7. 호박(아셀)
8. 백마노(잇사갈)
9. 자수정(스불론)
10. 녹보석(베냐민)
11. 호마노(므낫세)
12. 벽옥(에브라임)

내 부 도

지성소 — 법궤

성소 — 분향단, 금등대, 떡상

성막뜰 — 물두멍, 번제단

성막의 문

성막과 절기를 알면 예수가 보인다

한의택 지음

성막과 절기를 알면 예수가 보인다

초판   1쇄 발행 1986년 11월 05일
증보판   1쇄 발행 1997년 11월 25일
개정증보판 2쇄 발행 2022년 03월 25일

지은이   한의택
펴낸이   박성숙
펴낸곳   도서출판 예루살렘
주 소   10252 경기도 고양시 일산동구 고봉로 776-92
전 화   031-976-8970
팩 스   031-976-8971
이메일   jerusalem80@naver.com
등 록   1980년 5월 24일(제16-75호)
ISBN   978-89-7210-457-5(03230)
책값   뒤표지에있습니다.

이 출판물은 저작권법에의해 보호를받는 저작물이므로
무단 전재와 복제를할 수 없습니다.

도서출판 예루살렘은 말씀과 성령 안에서 기도로 시작하며
영혼이 풍요로워지는 책을 만드는 데 힘쓰고 있으며
문서선교 사역의 현장에서 하나님 나라의 비전을 넓혀가겠습니다.

나의 힘이신 여호와여 내가 주를 사랑하나이다(시 18:1)

머.리.말

　모세는 시내 산에서 십계명만 받은 것이 아니라 성막에 대한 설계도도 함께 받았다. 목회자가 선뜻 성도들에게 성막을 가르치기 어렵다는 것은 누구나 동감한다. 모든 것이 상징과 모형으로 되어 있고 성막에 대한 모형도가 없으면 교육이나 설교의 실효를 거둘 수 없기 때문이다.

　성막은 연구할수록 심오하고 풍성한 진리의 산실이다. 성막을 통하여 예수 그리스도의 십자가의 구속, 중생, 성화, 봉사론, 직분론, 기도론 등에 대하여 하나님의 뜻을 계시하고 있다. 또한 성막에는 예나 지금이나 변함없는 지고한 하나님의 법의 정신이 신약을 살아가는 우리의 삶의 태도와 방향을 제시하고 있다.

　또한 성경에는 13개 이상의 절기들이 있다. 예컨대 유월절, 무교절, 초실절, 칠칠절, 오순절, 성령 강림절, 초막절, 장막절, 나팔절, 수장절, 부림절, 수전절, 희년 등이다. 절기들을 분류하고 그 절기의 구속사적 의미를 설명하여 신약을 살아가는 현대인들이 이해하여 적용할 수 있도록 하였다.

　지금까지 성막에 관한 많은 책들이 출간되었다. 모두 나름대로 특징이 있긴 하지만, 이 책은 목회적 적응이 쉽도록 하였으며, 평신도들이 쉽게 이해하고 은혜 받을 수 있도록 하였다. 이 작은 책이 동역자들의 목회 강단의 풍성함에 도움이 되며, 성도들의 신앙에 도움이 되기를 바라는 바이다.

한 의 택

목 차

머리말   15

제1부 성막론

Chapter 1. 은혜의 장막으로 오십시오.   20

Chapter 2. 구원의 문이 되신 예수 그리스도 안으로 들어오시오.   37

Chapter 3. 십자가 앞으로 달려 나오시오(번제단).   55

Chapter 4. 제사 제도에 나타난 그리스도   65

Chapter 5. 생활로 드리는 예배   80

Chapter 6. 쓰임 받는 그릇이 되십시오.   92

Chapter 7. 물두멍에서 죄를 씻으십시오.   110

Chapter 8. 떡상에서 영혼의 양식을 먹으십시오.   123

Chapter 9. 금 등대에서 성령 충만을 체험하십시오.   142

Chapter 10. 분향단에서 기도하십시오.   157

Chapter 11. 은혜의 보좌 앞에 담대히 나가십시오(시은소).   174

Chapter 12. 교회는 부단히 개혁되어야 한다.   194

Chapter 13. 왕 같은 제사장이 되십시오   213

제2부 여호와의 절기

Chapter 1. 여호와의 절기　　　　　　　　　　　　　　252

Chapter 2. 유월절, 무교절　　　　　　　　　　　　　　254

Chapter 3. 초실절, 맥추절, 칠칠절, 오순절　　　　　　　269

Chapter 4. 초막절, 장막절, 수장절, 대속제일, 나팔절　　274

Chapter 5. 여호와의 절기의 구속사적 의미　　　　　　　280

Chapter 6. 희년　　　　　　　　　　　　　　　　　　　292

Chapter 7. 부림절　　　　　　　　　　　　　　　　　　296

Chapter 8. 수전절　　　　　　　　　　　　　　　　　　302

제 1 부
성·막·론

그러므로 예수께서 다시 이르시되 내가 진실로 진실로 너희에게 말하노니 나는 양의 문이라 나보다 먼저 온 자는 다 절도요 강도니 양들이 듣지 아니 하였느니라 내가 문이니 누구든지 나로 말미암아 들어가면 구원을 얻고 또는 들어가며 나오며 꼴을 얻으리라 요10:7-9

Chapter 1
은혜의 장막으로 오십시오

여호와께서 모세와 아론에게 일러 가라사대 이스라엘 자손은 각각 그 기와 그 종족의 기호 곁에 진을 치되 회막을 사면으로 대하여 치라 동방 해 돋는 편에 진 칠자는 그 군대대로 유다의 진기에 속한 자라 유다 자손의 족장은 암미나답의 아들 나손이요 그 군대는 계수함을 입은 자 칠만 사천육백 명이며 그 곁에 진칠 자는 잇사갈 지파라 잇사갈 자손의 족장은 수알의 아들 느다넬이요 그 군대는 계수함을 입은 자 오만 사천사백 명이며 또 스불론 지파라 스불론 자손의 족장은 헬론의 아들 엘리압이요 그 군대의 계수함을 입은 자 오만 칠천사백 명이니 유다 진에 속한 군대의 계수함을 입은 군대의 총계가 십팔만 육천사백 명이라 그들의 제 일대로 진행할지니라 남편에는 르우벤 군대의 진기가 있을 것이라 르우벤 자손의 족장은 스데울의 아들 엘리술이요 그 군대는 계수함을 입은 자 사만 육천오백 명이며 그 곁에 진 칠자는 시므온 지파라 시므온 자손의 족장은 수리삿대의 아들 슬루미엘이요 그 군대는 계수함을 입은 자 오만 구천삼백 명이며 또 갓 지파라 갓 자손의 족장은 르우엘의 아들 엘리아십이요 그 군대는 계수함을 입은 자 사만 오천 육백 오십 명이니 르우벤 진에 속한 계수함을 입은 군대의 총계가 십오만 일천 사백 오십 명이라 그들은 제이대로 진행할지니라 그 다음에 회막이

레위인의 진과 함께 모든 진의 중앙에 있어 진행하되 그들의 진 친 순서대로 각 사람은 그 위치에서 그 기를 따라 앞으로 행할지니라 서편에서는 에브라임의 군대의 진기가 있을 것이라 에브라임 자손의 족장은 암미훗의 아들 엘리사마요 그 군대는 계수함을 입은 자 사만 오백 명이며 그 곁에는 므낫세 지파가 있을 것이라 므낫세 자손의 족장은 브다술의 아들 가말리엘이요 그 군대는 계수함을 입은 자 삼만 이천이백 명이며 또 베냐민 지파라 베냐민 자손의 족장은 기드오니의 아들 아비단이요 그 군대는 계수함을 입은 군대의 총계가 십만 팔천일백 명이라 그들은 제삼대로 진행할지니라
북편에는 단 군대의 진기가 있을 것이라 단 자손의 족장은 암미삿대의 아들 아히에셀이요 그 군대는 계수함을 입은 자 육만 이천칠백 명이며 그 곁에 진 칠자는 아셀 지파라 아셀 자손의 족장은 오그란의 아들 바기엘이요 그 군대는 계수함을 입은 자 사만 일천 오백 명이며 또 납달리 지파라 납달리 자손의 족장은 에난의 아들 아히라요 그 군대는 계수함을 입은 자 오만 삼천사백 명이니 단의 진에 속한 계수함을 입은 군대의 총계가 십오만 칠천육백 명이라 그들은 기를 따라 계수함을 입은 자니 모든 진의 군대 곧 계수함을 입은 자의 총계가 육십만 삼천오백 오십 명이었으며 레위인은 이스라엘 자손과 함께 계수 되지 아니하였으니 여호와께서 모세에게 명하심과 같았느니라. 이스라엘 자손이 여호와께서 모세에게 명하신 대로 다 준행하여 각기 가족과 종족을 따르며 그 기를 따라 진 치기도 하며 진행하기도 하였더라 민2:1-34

성 막

성막은 지금부터 3,500년 전 이스라엘 백성이 출애굽 하여 광야에 있을 때, 하나님께서 모세에게 지시하여 만든 성전의 모형이다.

1. 우리가 왜 성막을 공부해야 하는가?

먼저 성막을 공부해야 할 이유부터 살펴보도록 하자.

1) 성막은 신 구약 성경 중 약 50여 장에 걸쳐서 증거하고 있다.

성막은 출애굽기 13장, 레위기 18장, 민수기 13장, 신명기 2장, 히브리서 4장에 기록되어 있다. 이렇게 하나님은 50여 장에 걸쳐서 성막을 들어서 말씀하고 계신다. 그 외에도 법궤나 향단, 제단에서 사용하는 그릇 등 성경의 많은 곳에서 구약의 제사제도에 대하여 언급하고 있다. 그러므로 이 성막을 이해할 수 없다면 우리는 성경 진리 50여 장에 대해서 무식한 성도가 되며, 많은 성경말씀에 대해서도 이해할 수 없게 된다. 그러므로 반드시 성막을 공부할 필요가 있는 것이다.

2) 예수 그리스도에 대한 계시가 모형으로 나타난 곳이 성막이다.

이제 성막을 차례로 공부하면서 구체적으로 알게 되겠지만 성막은 예수 그리스도의 전생애에 대한 예표가 된다.

> 그러므로 형제들아 우리가 예수의 피를 힘입어 성소에 들어 갈 담력을 얻었나니 그 길은 우리를 위하여 휘장 가운데로 열어 놓으신 새롭고 산 길이요, 휘장은 곧 저의 육체니라 히10:19-20

성막 안에 있던 휘장은 예수 그리스도의 육체라고 언급하였다. 예수 그리스도가 십자가에서 운명할 때 그 휘장은 위에서부터 아래까지 찢어졌다.

성막의 내부를 보면 성소가 있고 지성소가 있다. 거기에는 성소와 지성소를 가로막고 있는 휘장이 있었다. 휘장을 열고 지성소 안을 들어갈 때에는 반드시 대제사장이 수송아지의 피를 가지고 들어가게 되어 있다. 제사장이 지성소에 들어갈 때 피 없이 들어가면 죽음을 면치 못한다. 그 피는 예수 그리스도가 십자가에서 흘린 보혈을 상징한다.

죄인 된 인간이 하나님을 만날 수 있고, 감히 하나님을 '아바 아버지'라 부를 수 있는 것은 예수 그리스도의 보혈의 공로다. 예수 그리스도의 거룩한 이름이 없이는 하나님을 만날 수 없다. 뿐만 아니라 성소와 지성소를 가로막고 있던 휘장이 예수 그리스도가 십자가에서 죽으실 때 위에서 아래까지 찢어졌다. 아래서 위로 찢어진 것은 인간이 찢은 것이지만 위에서 아래로 찢은 것은 하나님이 찢은 것이다.

> 예수께서 큰 소리를 지르시고 운명하시다. 이에 성소 휘장이 위로부터 아래까지 찢어져 둘이 되니라 막15:38

그 휘장은 곧 예수 그리스도의 육체라고 했다. 예수 그리스도께서 십자가에서 그 몸을 찢으셨을 때 휘장도 찢어졌다. 예수께서 십자가에서 운명하실 때 큰 지진이 있었다고 하였다. 그 지진의 여파로 휘장이 찢어졌는가? 휘장을 연구하면 그 휘장은 손가락 네 개를 합한 두께의 천으로 짜여 있고 고리로 걸려 있었다. 지진이 일어나도 찢어질 수가 없게 되어 있다.

휘장은 예수 그리스도의 육체를 의미한다. 구약시대에는 대제사장이 수송아지의 피를 가지고 휘장을 열고 지존하신 하나님을 뵈러 지성소에 들어갔다. 이제 신약을 사는 우리들은 누구든지 예수 그리스도의 이름으로 지존하신 하나님을 직접 뵐 수 있다. 이 사실만 보아도 성막이 온전히 예수 그리스도에 대하여 증거하고 있다는 사실을 알 수 있다. 성막을 알면 예수가 보인다.

3) 성막은 특히 신약의 히브리서를 연구하는 데에 큰 도움이 된다.

히브리서의 주제는 우리의 대제사장이 되시는 예수 그리스도다. 혹자는 말하기를 히브리서는 신약과 구약을 연결하는 가교의 책이라고 하였다. 히브리서는 구약적 냄새를 피우면서도 신약의 대제사장이 되시는 예수 그리스도를 조명하고 있다. 신약 안에 있는 구약은 히브리서이다. 그러므로 성막을 이해하지 못한다면 히브리서에 무식한 성도가 될 것이다.

4) 모형에 대한 시청각적 교육의 제 1번이 성막이다.

우리가 성경을 이해하는 데 실물 교육이 필요할 때가 있다. 이스라엘의 겨자씨와 탕자가 주어먹던 쥐엄열매, 이런 실물이 성경을 이해하는 데 도움을 많이 주는 것도 사실이다. 그러나 그런 실물이 없어도 이해는 할 수 있다.

성막에 대한 이해는 그렇지 않다. 성막은 반드시 시청각적 교육이 필요하다. 그 모형을 보면서 연구하여야 할 진리인 것이다.

2. 성막의 명칭

성막은 여러 가지 명칭으로 불러졌다. 먼저 "성막"은 히브리어로 '미쉬칸' 인데 '거처, 처소' 라는 뜻으로 하나님이 임재하시고 거룩히 구별된 예배의 장소였다. 또 거룩한 하나님이 친히 임재하는 거룩한 장소라고 해서 "성소"라고 불려졌다(출 29:4). 또 '모이는 곳' 이라는 뜻에서 '회막' 이라고 했다(출 29:42).

율법과 계명을 가지고 하나님이 다스리는 곳이라는 뜻에서 "증거막" 이라고도 했다(민 1:53). 율법이 들어 있는 법궤가 있기에 "법막" 이라고 했다(대하 24:6). 또 은혜를 베푸는 장소라고 해서 "시은소"라고도 했다. 그 외에도 '하나님의 집', '여호와의 집', '하나님의 처소' 등으로 불려졌다.

1) 성전 변천의 역사

이스라엘 백성은 예루살렘 성전이 있기 전에는 성막에서 하나님께 예배를 드렸다. 에덴동산에서 하나님의 임재로부터 출발한 교회는 노아의 방주를 거쳐 광야 시대의 성막으로 이어진다. 솔로몬은 예루살렘, 현재 무슬림 사원이 있는 곳에다 예루살렘 성전을 지었다. 이 성전을 솔로몬 성전이라고도 불렀다. 솔로몬 성전은 B.C. 586년 유다 나라가 바벨론에 망할 때 파괴 되었다.

그 후 유다 백성은 바벨론 포로 70년 사역이 끝났을 때 유다의 지도자인 학개와 스룹바벨을 중심하여 3차에 걸쳐 약 50만 명이 귀환하였다. 그들은 성전을 재건하였는데 그 성전을 학개 성전 또는 스룹바벨 성전이라고도 하였다. 그 후 로마가 유다 나라를 통치할 때 헤롯은 정치적 목적으로 유대인의 환심을 사기 위하여 대대적인 성전 건축을 하였는데, 그 성전을 헤롯 성전이라고 불렀다. 헤롯은 많은 건축을 하였는데 그가 건축한 맛사다, 통곡의 벽, 가이사랴, 여리고 겨울 궁전 등은 지금도 남아 있는 유적이다.

헤롯 성전은 주후 70년경에 로마 원로원의 결정에 의거 예루살렘이 로마의 장군 타이터스(Titus)에 의해 파괴될 때 돌 위에 돌 하나 남기지 않고 허물어졌다. 지금은 그 성전의 옛터에 무슬림 사원이 세워져 있다. 630년대에 아랍인들이 무력으로 정복하여 세운 것이다.

이스라엘은 세계의 중심이 이스라엘이라고 생각한다. 이스라엘의 중심은 예루살렘이고, 예루살렘의 중심은 성전이며, 성전의 중심도 지성소이고 지성소의 중심은 법궤라고 생각한다.

이스라엘의 모세 다얀 장군은 1967년 6월에 6일 전쟁을 통해 통곡의 벽을 탈환했으나 그 벽 너머의 옛 성전 터에는 여전히 아랍의 사원이 버티고 있다. 이스라엘의 영광이었던 성전이 이제는 수치의 상징으로 남아 있다.

세계의 화약고도 이곳 성전을 중심한 장소이다. 이곳에 제 3 성전이 세워질 적에는 가증한 것이 거룩한 곳에 나타나는 종말의 때가 될 것이다.

3. 성막은 무엇을 하는 곳인가?

1) 하나님께 예배드리는 장소이다.

구약시대 광야에 거한 성막은 거룩한 지성소에 법궤가 안치되어 있고, 성소에는 떡상과 금등대와 향단이 있고, 성막 뜰에는 번제단과 물두명이 안치되어 있는 거룩한 장소이었다. 하나님 임재의 상징으로 낮에는 구름기둥, 밤에는 불기둥이 임재 하여 있었다. 이스라엘 백성은 이 성막에서 제물을 희생하며 하나님께 예배를 드렸다.

2) 하나님께서 죄인을 만나 주신 장소이다.

인간에게 가장 중요한 것은 하나님과의 만남이다. 그러나 죄를 지은 인간은 하나님을 만날 수가 없다. 죄를 범한 인간이 하나님을 뵈면 죽는다. 죄인이 하나님을 뵈면 죽는다는 것은 히브리인의 사상이었다. 하나님은 거룩하시며, 하나님은 완전하시다. 하나님은 영광으로 충만하시며 죄를 조금도 용납지 않으신다. 창조주 하나님은 빛이시며 어두움도 없고 죄도 없으시다.

우리가 어두운 곳에서 일을 하다가 햇빛이 비취는 밝은 곳에 나오면 앞이 보이지 않는다. 빛이 어두워서 보이지 않는 것이 아니라 내 눈이 어두워서 보이지 않는 것이다. 죄인은 죄 없으시고 거룩하고 영광이 충만한 하나님을 뵈면 죽는 것이다.

로마의 황제 트리이안(Trayan)이 유대의 유명한 학자였던 '여호수아' 라는 랍비를 만났다.

"랍비여! 내게 하나님을 보여주면 하나님을 믿겠소."

랍비는 대답하기를,

"폐하, 폐하는 하나님을 볼 수 없습니다. 폐하가 하나님을 보면 죽습니다. 왜냐하면 죄로 부패한 인간은 하나님을 볼 수 없기 때문입니다."

"랍비여! 그러한 말로 나를 설득시킬 수는 없소. 나는 꼭 하나님을 보아야 하겠소."

이때 정오의 눈부신 태양이 내리 쬐고 있었다.

"폐하, 저 태양을 바라보십시오."

황제는 태양을 바라보았다.

"눈이 부셔서 아무 것도 보이지 않는다."

"폐하, 사람은 피조물인 태양의 광채도 바라볼 수가 없거늘 어찌 창조주 하나님에 영광을 바라볼 수 있겠습니까?"

밖에서 죄를 지은 아버지는 집 안에 있는 어린 아이의 맑은 눈동자를 부끄러움 없이 바라볼 수 없다. 죄를 지은 사람은 양심이 있다면 순진한 어린아이의 맑고 초롱초롱한 눈동자를 바라보기에도 부끄러움을 느끼게 된다. 또 사람은 피조물인 태양의 광채도 바라 볼 수 없거늘 하물며 피조물인 인간이 창조주 되신 하나님을 어떻게 만날 수 있으며, 죄인이 죄 없으신 하나님을 어떻게 만날 수 있겠는가? 그럼에도 불구하고 하나님이 피조물이요 죄인을 만나 주신 장소가 있다. 그곳이 바로 성막이었다. 성막에는 낮에는 구름기둥, 밤에는 불기둥이 하나님의 임재의 상징으로 덮여 있다.

하나님은 또 "거기서 내가 너와 만나고 속죄소 위, 곧 증거궤 위에 있는 두 그룹 사이에서 내가 이스라엘 자손을 위하여 네게 명할 모든 일을 네게 이르리라" 고 했다(출 25:22). 하나님이 인간을 만나 주신 장소가 바로 성막이다.

3) 죄를 용서 받을 수 있던 장소이다.

이스라엘 백성이 죄를 범했을 적에 그들은 흠 없고, 점 없는 양을 가지고 왔다. 제사장은 그 양에게 안수하여 죄인의 죄를 전가시켰다. 이제 그 양을 잡아서 번제단에서 태웠다. 그리고 그 피를 제단에 뿌렸다. 그때 제사장은 하나님께 고한다.

"여호와여! 양의 피를 받으소서. 이 피를 보시고 주의 백성의 죄를 사하소서."

"내가 양의 피를 보고 내 백성의 죄를 사하노라"

그 양은 곧 예수 그리스도의 상징이다.

우리가 하나님 앞에 나갈 수 있는 것은 의로워서가 아니라 주 예수 그리스도의 보배로운 피가 우리 죄를 덮었기 때문이다. 하나님은 죄인 된 우리를 보시지 않고 우리 대신 죽은 그리스도의 피를 보시고 우리를 받으신다.

죄인이 죄 용서함을 받을 수 있는 곳은 성막이다. 죄인이 죄 용서함을 받을 수 있는 곳은 곧 예수 그리스도 안에서다. 오직 예수 그리스도 안에서 그의 피 흘림을 통해서 만이 우리 죄를 해결할 수 있다. 구약은 죄인을 위하여 예수의 모형인 제물로서의 짐승이 죽고 신약은 죄인을 위하여 예수가 죽어야 했다.

4. 성막을 중심한 삶의 교훈

성막을 지을 당시 사용된 길이의 단위는 규빗이었다. 한 규빗은 팔꿈치에서부터 손가락에 이르고 한 손바닥 넓이가 더한 길이이다.

> 내가 본즉 집 바깥 사면으로 담이 있더라 그 사람의 손에 척량하는
> 장대를 잡았는데 그 장이 팔꿈치에서 손가락에 이르고 한 손바닥
> 넓이가 더한 자로 육척이라 겔 40:5

성막은 길이가 100규빗(약 45m)이고, 너비는 50규빗으로 장방형으로 되어 있다. 이스라엘 12지파는 성막을 중심으로 해서 동서남북으로 3개 지파씩 나누어서 진을 쳤다.

1) 하나님 백성은 하나님만 바라보고 살라.

> 여호와께서 모세와 아론에게 일러 가라사대 이스라엘 자손은 각각
> 그 기와 그 종족의 기호 곁에 진을 치되 회막을 사면으로 대하여 치
> 라. 동방 해 돋는 편에 진 칠자는 그 군대대로 유다의 진기에 속한
> 자라 민 2:1-3

동쪽에는 유다, 잇사갈, 스불론
서쪽에는 에브라임, 므낫세, 베냐민
남쪽에는 르우벤, 시므온, 갓
북쪽에는 단, 납다리, 아셀 지파가 진을 쳤다.

이스라엘 12지파는 성막을 중심으로 해서 동서남북에 진을 쳤다. 그들이 진을 치되 문의 방향은 반드시 성막을 향하도록 했다. 그들은 항상 하나님 임재의 상징인 성막을 바라보며 살았던 것이다. 성막을 등진다는 것은 하나님에 대한 배신으로 생각했다.

하나님이 아히야 선지자를 통하여 여로보암을 책망할 때,
"나를 네 등 뒤에 버렸다"(왕상 14:9)고 하였다.

하나님이 예레미야를 통하여 이스라엘을 책망할 때도,
"그 등을 내게로 향하고 그 얼굴을 내게로 향하지 아니하다가
환난을 당할 때에는 이르기를 일어나 우리를 구원하소서"(렘 2:27)
하고 부르짖는다고 하였다.

하나님 백성은 오직 하나님만 바라보고 살아야 한다.

성막은 곧 예수 그리스도의 상징이요, 또한 예수 그리스도의 몸인 교회의 상징이다. 성도의 삶의 자세는 항상 예수 그리스도를 바라보고 살아야 한다. 성도는 예수 그리스도의 몸인 교회를 가까이 하고 교회에 마음을 두고 교회 중심의 삶을 살아야 한다.

일찍이 청교도가 미국에 건너가서 가장 먼저 한 일은 하나님께 예배드릴 수 있는 교회를 지었다. 그 다음 병원을 짓고, 주택을 짓고, 학교를 지었다.

우리나라는 주택가에 교회를 짓게 되면 주민들이 진정서를 낸다. 교회 주변에는 집값이 떨어지고, 교회 주변에 이사 오기를 꺼려한다. 이것은 교회가 잘못 되었든지 주민이 잘못 되었든지 복 받을 일이 못 된다.

교회는 인생의 중심이 된다. 우리는 예수 그리스도를 중심으로 해서 선민의식을 가지고 살아야 한다. 교회를 향하여 등을 돌리지 말고 항상 교회를 가까이 해야 한다.

2) 성막을 중심으로 마귀와 싸우는 군인의 자세로 살라.

이스라엘 백성이 이동할 때는 성막(법궤)이 앞서 행하도록 하였다.

그들이 여호와의 산에서 떠나 삼일 길을 행할 때에 여호와의 언약

> 궤가 그 삼일 길에 앞서 행하며 그들의 쉴 곳을 찾았고 그들이 행진할 때에 낮에는 여호와의 구름이 그 위에 덮였었더라 궤가 떠날 때에는 모세가 가로되 여호와여 일어나사 주의 대적들을 흩으시고 주를 미워하는 자로 주의 앞에서 도망하게 하소서 하였고 궤가 쉴 때에는 가로되 여호와여 이스라엘 천만인에게로 돌아오소서 하였더라 민 10:33-36

그리스도인의 삶은 오직 하나님만 바라보고 하나님이 앞서 행하도록 하는 것이다. 내 생각이 하나님 생각보다 앞서지 말고 내 행동이 하나님 보다 앞서서 뛰지 말라.

민수기 2장에서는 성막과 관련하여 다음과 같은 군사 용어를 찾아 볼 수 있다. "기", "기호", "진을 치되", "군대"는 군사 용어이다.

이것은 무엇을 뜻하는가? 그리스도인의 생활은 칼뱅이 말한 대로 '십자가 아래서의 전투의 생활'이다. 그리스도인은 죄와 더불어 피 흘리기까지 싸우며, 하나님의 전신갑주를 입고 마귀와 싸우는 생활이다. 싸움이 없이는 승패가 있을 수 없고, 승패가 없이는 소유의 변동이 없다. 싸워서 이기는 생활이 그리스도인의 생활이다. 그러한 삶을 살 때 하나님은 우리를 위하여 친히 싸우신다.

> 내가 너희에게 말하기를 그들을 무서워 말라 두려워하지 말라 너희 앞서 행하시는 너희 하나님 여호와께서 애굽에서 너희를 위하여 너희 목전에서 모든 일을 행하신 것같이 이제도 **너희를 위하여 싸우실 것이며** 광야에서도 너희가 당하였거니와 사람이 자기 아들을 안음같이 너희 하나님 여호와께서 너희의 행로 중에 너희를 안으사 이곳까지 이르게 하셨느니라 신 1:29-31

만군의 여호와는 하늘 군대인 천군 천사를 사역자로 삼으시고 땅의 군대의 총 사령관이 되며 만왕의 왕이요, 만주의 주가 되신다. 그 분을 우리 심령의 좌소에 모시면 우리를 품에 안으시고 인도하신다.

3) 하나님 백성은 교회 공동체라는 인식을 가지고 살라.

이스라엘 12지파가 성막을 바라보고 성막을 중심으로 해서 진을 치고 산 것은 하나의 공동체 의식을 갖게 하기 위한 것이다.

교회는 천국 문에 이르기까지 한 공동체이다. 천국 문에 이르기까지 낙오되는 사람이 없어야 한다. 교회 공동체 의식이 깨어지면 방향 잃은 배와 같다.

필자는 공동체 훈련을 받은 일이 있다. 여러 사람이 둘씩 짝을 짓고, 두 사람 앞에는 신문지 한 장을 갖다 놓았다. 사회자의 말이 그 신문지를 신문지로 생각하지 말고 "배"로 생각하라고 했다.

"지금부터 두 분이 한 배를 타십시오."

둘이 타기에는 넉넉한 배였다.

"내리십시오. 그 배를 반으로 접어서 타십시오."

이제 거동하기 불편하여졌다.

"다시 내리십시오. 또 반으로 접어서 타십시오. 여러분은 공동 운명입니다. 생사고락을 같이 하십시오."

이렇게 몇 번 하는 동안 배는 아주 작은 배가 되었다. 공동체로서 물에 빠지지 않기 위해서는 서로 껴안아야 했고, 한쪽 발은 양보해야 되었고, 나중에는 업어 주어야 했다.

이스라엘 지파는 한 지파가 침략을 받았을 적에 결코 다른 지파가 방관하지 않았다. 공동체로 살았던 것이다. 교회는 예수 그리스도 안에서 하나의 공동체다. 목사는 장로를 위해 주어야 하고, 장로는 목사를 위해 주어야 한다. 목사는 성도를 사랑하고 섬겨야 하며, 성도는 목사를 존경해야 한다. 교회가 하나의 공동체라는 의식이 깨어지면 사탄이 공격하여 온다. 사탄은 교회 공동체를 깨기 위하여 이간질 하고 반목질 시하게 한다.

이렇게 이스라엘 백성은 하나님의 성막을 중심으로 해서

첫째로, 하나님에게 등을 돌리지 말고 하나님만 바라보고 살고,

둘째로, 하나님 백성은 하나님을 앞세우고 마귀와 싸우는 임전한 군인의 자세로 살아가도록 했으며,

셋째로, 하나님 백성은 교회공동체 의식을 가지고 살도록 하였다.

5. 성막은 신앙 생활의 전 과정이며 예수 그리스도의 모형이다.

성막의 구조는 성막 뜰과 성소, 그리고 지성소로 크게 세 부분으로 나누어져 있지만 전체적으로는 일곱 가지로 세분된다. ①성막의 문, ②번제단, ③물두멍, ④떡상, ⑤등대, ⑥분향단, ⑦법궤이다. 이는 우리 성도가 구원 받아 하나님을 만나는 전 과정을 계시하신 것이다.

문이 되시는 예수 그리스도 안으로 들어와서,

번제단에서 십자가의 구속을 체험하고,

물두멍에서 손과 발을 씻는 성화의 과정과 성소에 들어가 떡상에서 생명의 떡이 되는 하나님의 말씀을 받고,

등대에서 내 등에 기름을 채우는 성령의 충만과,

분향단에서 성령의 조명 아래서 기도를 드리며,
지성소에 들어가 속죄소에서 하나님을 만나는 과정이다.
예수는 그를 믿지 않는 유대인들에게 이렇게 말하였다.

> 너희가 성경에서 영생을 얻는 줄 생각하고 성경을 상고하거니와 이 성경이 곧 내게 대하여 증거하는 것이로다 요5:39

> 모세를 믿었다면 나를 믿었으리니 이는 그가 내게 대하여 기록하였음이니라 그러나 그의 글도 믿지 아니하거든 내 말을 믿겠느냐 요5:46-47

예수가 말한 성경은 구약 성경이며 구약 성경 중에서도 모세의 글, 즉 모세 5경을 말한 것이다. 모세 5경 중에서도 출애굽기 레위기 민수기 신명기는 성막과 절기에 대하여 가장 많은 부분을 할애하여 기록하였다. 성막도 예수 그리스도이며, 절기도 예수 그리스도이다. 성막과 절기를 알면 예수 그리스도가 보인다.

Chapter 2
구원의 문이 되신
예수 그리스도 안으로 들어오시오

그러므로 예수께서 다시 이르시되 내가 진실로 너희에게 말하노니 나는 양의 문이라 나보다 먼저 온 자는 다 절도요 강도니 양들이 듣지 아니 하였느니라 내가 문이니 누구든지 나로 말미암아 들어가면 구원을 얻고 또 들어가며 나오며 꼴을 얻으리라 요10:7-9

1. 피 뿌림 받은 언약의 백성

구약 시대의 성막은 예수 그리스도에 대한 완전한 모형이다. 성막은 이스라엘 백성이 애굽에서 나와 광야에 있을 때에 하나님이 모세를 불러서 성막의 모형을 말씀했고, 모세는 그 성막과 성막 안에 있는 모든 기구를 만들었다.

성막의 설계자는 하나님이시다. 모세는 시내 산에서 하나님으로부터 친히 새긴 율법을 받았을 뿐만 아니라 성막에 대한 설계도도 함께 받은 것이다. 모세가 시내 산에 올라가 하나님으로부터 십계명을 받기 전, 모세는 먼저 율법을 낭독하였다.

> 언약서를 가져 백성에게 낭독하여 들리매 그들이 가로되 여호와의 모든 말씀을 우리가 준행 하리이다 출24:7

이스라엘 백성은 모세가 낭독하는 율법을 듣고 외치기를 "여호와의 율법을 우리가 준행 하리이다" 했다. 이스라엘 백성들의 이 외침은 어리석은 외침이었다. 자기 의로서 하나님의 말씀을 지켜보겠다는 것이다.

모세는 송아지의 피를 취하고 그 피의 반은 언약서에, 반은 백성에게 뿌렸다. 이로서 이스라엘 백성은 하나님과 피로 맺어진 언약의 백성이 되었다.

> 모세가 그 피를 취하여 백성에게 뿌려 가로되 이는 여호와께서 이 모든 말씀에 대하여 너희와 세우신 언약의 피니라 출24:8

율법을 자기 의로 지키겠다는 이스라엘 백성의 어리석음에 대한 하나님의 처방은 무엇인가? 그것은 인간의 의를 보지 않고 예수 그리스도의 피를 보겠다는 것이다. 모세는 산에 올랐다. 그때부터 40주야를 산에 있었고, 하나님은 모세에게 두 증거판, 곧 십계명을 주셨다.

대개 우리는 모세가 산에서 십계명을 받은 것까지 알고 있다. 하나님은 모세에게 십계명만 준 것이 아니라 성막에 관한 설계도도 보여 준 것이다.

출애굽기 25장부터 31장까지는 성막의 모형, 성막 안에 둘 기물들, 제사장의 의복, 하나님 앞에 제사 드리는 방법 등 여러 가지에 대해서 하나님께서 모세에게 말씀하고 계신다.

그리고 출애굽기 32장은 이스라엘 백성이 모세가 산에서 더디 내려 옴을 보고 아론을 중심으로 해서 금송아지를 만들고, 금송아지를 섬긴 사실을 기록하고 있다. 율법을 다 지키겠다는 이스라엘 백성은 속히 범죄 했다. 하나님과의 언약을 파괴 했다.

율법의 제 1계명, 제 2계명에 도전하였다. 하나님은 모세에게 백성이 내가 명한 길을 속히 떠났다고 그들의 범죄를 말씀하고 계신다.

> 그들이 내가 그들에게 명한 길을 속히 떠나 자기를 위하여 송아지를 부어 만들고 그것을 숭배하며 그것에게 희생을 드리며 말하기를 이스라엘아 이는 너희를 애굽 땅에서 인도하여 낸 너희 신이라 하였도다 출32:8

자기 의로 율법을 다 지키겠다는 백성이 얼마나 어리석었는지를 알 수 있다. 하나님은 어리석은 백성을 잘 아셨다. 그래서 그들을 위하여 율법만 주신 것이 아니라 성막도 아울러 주셨다. 성막을 통하여 예수 그리스도를 계시하셨다. 예수 그리스도를 통해서만 죄 용서함을 받을 수 있다는 것을 보여 주신 것이다. 성막은 구약의 율법 안에 있는 예수 그리스도에 대한 복음이다. 율법과 복음은 하나이다.

"사람이 율법으로 구원 받을 수 있는 것일까? 율법으로 구원 받을 수 있다. 완전하게 다 지키면 된다. 그러나 율법을 다 지킨 사람은 이 세상에 단 한 사람도 없다. 그래서 우리는 이렇게 말할 수 있다.

'율법으로 구원 받을 수 있다. 그런데 없다.'

그래서 복음이 필요하다.

율법은 율법대로 완전하고 복음은 복음대로 완전하다. 그러나 율법만으로 생명을 탄생시킬 수 없다. 복음은 복음대로 완전하다. 그러나 복음만으로 안 된다. 율법과 복음이 합하여진 곳에 생명이 탄생된다.

남자는 남자대로 완전한 사람이다. 여자는 여자대로 완벽한 사람이다. 그러나 남자만으로 생명을 탄생시킬 수 없다. 여자는 여자만으로 훌륭한 생명이다. 그러나 여자만으로 안 된다. 남자와 여자가 합하여진 곳에 생명이 탄생된다.

율법의 목적은 정죄이고 복음의 목적은 용서이다.

율법이 여자라면 복음은 남자이다.

율법은 지키는 것이고 복음은 퍼뜨리는 것이다.

율법은 안 지키면 죽고 복음은 전하지 않으면 화가 있다.

율법의 끝은 복음이고 복음의 끝은 율법이다.

진정한 율법인은 복음을 받아 드리게 되고 진정한 복음인은 율법을 철저히 지키게 된다.

율법에 머물면 저주로 가고 복음에 머물면 은혜에 도달하게 된다.

구약의 마지막 구절은 저주를 선포하고 있고 신약의 마지막 구절은 은혜를 선언하고 있다." [1]

죄인이 죄를 용서 받을 수 있었던 곳이 성막이다. 사람이 사는 세계에는 도덕과 윤리가 있다. 또 철학이 필요하다. 그러나 거기에는 죄에 대한 처방은 없다. 죄를 범한 인생에게 도덕과 윤리와 철학은 아무런 해답을 줄 수가 없다.

율법을 범한 죄인이 다시 하나님 앞에 나갈 수 있는 길은 무엇인가?

그것이 바로 성막이다. 성막을 통해서 사죄의 은총을 얻고, 하나님께 나갈 수 있는 길이 열렸던 것이다. 이것은 곧 오늘날 현대를 살아가는 우리들에게 말씀하여 주시는 계시다. 오직 예수 그리스도를 통해서 만이 하나님께 나갈 수 있다는 것이다. 예수는 곧 길이요, 진리요 생명이다. 예수 그리스도를 통해서 만이 죄 사함을 얻을 수 있다. 그 외에 다른 길은 없다.

2. 문이 되시는 예수 그리스도 안으로 들어오시오

성막 전체의 구조는 지성소와 성소와 뜰로 나뉘어져 있다. 뜰로 들어가는 문은 뜰문(the Gate)(출 27:16)이라고 했으며, 성소에 들어가는 문을 성막 문(the Vail Door) (출 26:36)이라고 했고, 지성소에 들어가는 문을 휘장이라고 했다.

지성소의 휘장을 열고 들어가 하나님을 만날 수 있는 길은 뜰문을 통해야 한다. 이 문은 곧 예수 그리스도를 상징한다. 이 문을 통하지 않고는 들어갈 수 있는 다른 문은 없다.

> 그러므로 예수께서 다시 이르시되 내가 진실로 진실로 너희에게 말하노니 나는 양의 문이라 나보다 먼저 온 자는 다 절도요 강도니 양들이 듣지 아니 하였느니라 내가 문이니 누구든지 나로 말미암아 들어가면 구원을 얻고 또는 들어가며 나오며 꼴을 얻으리라 요10:7-9

요한복음 10장에서는 양 우리의 "문"이신 예수 그리스도와 예수 그리스도의 "목장"을 연상하여 볼 수 있다.

목자는 아침이면 양들을 위하여 문을 열고 안내한다. 저녁이면 양을 점검하고 울타리 안으로 들인다. 목장은 산울타리로 둘렸다. 그 울타리 안에는 택함을 받은 양들이 있다.

양들이 들어가고 나가는 문은 하나 밖에 없다. 그 문에는 목자가 양을 보호하기 위하여 지키고 있다. 울타리 밖에는 이리와 맹수가 있다. 그리고 다른 양들이 있다. 양의 가죽을 쓴 이리가 울타리 근처에 와서 양을 유혹하기도 한다.

양은 어리석은 동물이다. 스스로 먹이를 구할 수도 없고, 스스로 길을 알 만한 지혜도 없다. 양은 다른 짐승처럼 뛰기를 잘한다든지, 아니면 사나운 발톱이나 날카로운 부리나 공격할 수 있는 뿔이 있는 것도 아니다. 양은 반드시 목자의 보호 아래서만 살아갈 수 있는 동물이다.

목자는 양을 보호하기 위해서 방망이와 지팡이와 제구를 가지고 있었다. 방망이는 가까이에 있는 짐승을 쫓는 호신기구이며, 지팡이는 양을 바른 길로 인도하기 위하여 필요하였고, 제구를 이용하여 멀리 있는 짐승을 쫓았다.

목자는 양을 보호하기 위해서 생명을 아끼지 않으며 좋은 꼴을 먹이기 위해서 희생을 아끼지 않는다. 목자는 양들을 위하여 문을 열고 닫는다. 열 처녀 비유에서 미련한 다섯 처녀들이 문을 열어 달라고 문을 두드렸다. 그러나 목자 되시는 예수는 "나는 너를 모른다."고 하였다.

우리 앞에 왜 닫힌 문이 있는가?

다윗의 열쇠를 가지신 그 분, 한 번 열면 닫을 사람이 없고 닫으면 열 사람이 없는 목자장 되시는 예수 앞에서 순종하는 양으로 돌아가라.

내 앞에 열린 문이 있기를 바란다면 양은 목자를 신뢰하여야 한다. 목자의 음성을 들어야 한다. 목자에게 순종하여야 한다.

양은 목자의 말에 순종치 않아 길을 잃어버릴 때 있다. 또 양의 가죽을 쓴 이리의 유혹에 죽을 줄 모르고 따라 가는 양도 있다. 어리석은 양은 울타리를 넘어서 나간다. 그 양이 울타리를 넘으려면 목자 몰래 울타리를 뛰어 넘어야 한다. 또 문을 지키고 있는 목자를 밟고 도망하기도 한다. 그럴 때마다 목자는 상처를 입게 된다.

교회에서 문을 뛰쳐나가는 어리석고 못된 양들을 생각해 보자. 목자를 통하지 않고 개구멍으로 들어 왔다가 개구멍으로 나가는 양도 있다.

양이 뛰쳐나갈 때, 그래도 일말의 양심은 있어서 목자의 발만 살짝 밟고 나가는 양이 있다. 목자는 그 양을 찾아서 심방을 하여야 한다. 그러나 어떤 양은 목자의 가슴을 밟고 나간다. 그때 목자는 가슴앓이를 한다.

어떤 양은 목자의 얼굴에 똥을 싸고 나간다. 목자가 얼굴을 들 수 없도록 온갖 거짓되고 더러운 소문을 낸다. 그래서 목자가 얼굴을 들고 다니지 못하게 하는 양이 있다.

울타리 안의 목장에는 뿔 달린 염소와 뒷발질하는 황소도 있다.

여호와는 나의 목자시니 내가 부족함이 없으리로다 그가 나를 푸른 초장과 잔잔한 물가로 인도 하시리라

나를 푸른 초장과 잔잔한 물가로 인도하시는 목자는 순종하는 양의 목자가 되신다. 결코 고집 많은 황소나 뿔 달린 염소의 목자가 아니시다.

황소 같이 고집 피우고 뒷발질하며 염소같이 들이받는 사람들이 여호와는 나의 목자라고 착각하고 있다.

양으로 돌아가라. 양은 목자를 신뢰하여야 한다. 양은 목자의 음성을 들어야 한다. 양은 목자에게 순종하여야 한다.

양 우리 안에는 염소가 있다. 염소는 심술 많은 동물이다. 양들이

모여 있으면 가서 뿔로 받아 양들을 흩어놓는다. 여름철 양들이 한데 어울려 모여 있으면 속에 양들은 질식하여 죽는다. 그런데 염소가 있어서 양들이 모여 있는 꼴을 보지 못하고 염소가 들이받기 때문에 양들이 산다.

동해에서 잡은 오징어를 서울로 옮기는 도중에 성질 급한 오징어는 다 죽어버린다. 그런데 오징어를 죽지 않게 옮기는 방법은 오징어와 함께 꽃게를 몇 마리 넣어둔다. 꽃게에 잡히지 않으려고 긴장하며 스트레스를 받기 때문에 오징어는 죽지 않는다.

목장에는 양들과 함께 염소가 있다. 가라지와 알곡은 추수 때까지 함께 자라는 법이다. 그러나 추수 때가 되면 가라지는 버리고 알곡은 곡간에 들인다. 양은 오른편에 염소는 왼편에 둔다.

너는 어떤 목양을 하였느냐?

6·25 전쟁이 끝난 후 우리나라는 무척 가난했다. 고아가 된 남매가 있었다. 참으로 어렵게 살았다. 그렇지만 그들 남매는 신문 배달도 하고 남의 집에 식모도 하면서 서로 의지하고 위로하며 살았다. 이들 남매는 주일이면 교회는 결석하지 않았다. 그런데 오빠가 폐병이 걸렸다. 기침을 할 때마다 피를 토해 일도 하지 못하고 자리에 앓아 눕게 되었다. 당시는 폐병에 걸리면 약이 귀해서 거의 다 죽었다.

여동생은 오빠의 병을 고치기 위하여 더 열심히 일했다. 그러나 오빠의 병은 더 심하여 갔다. 동생은 남의 집에 식모살이만 해서는 자기 입만 해결할 수 있었지 오빠의 약값은 마련할 길이 없었다. 그녀는 잘못된 생각인지 알았지만, 오빠를 살리기 위하여 밤거리에 나가기 시작했다. 그의 몸을 팔아 오빠의 약값을 마련했던 것이다. 그렇게 번 돈으로 미군 부대에서 나오는 약을 구입했고, 몇 달 동안 동생이 사다 주는 약을 먹은 오빠는 병세가 잡혔고 병이 나았다. 그런데 교회 안에는 소문이 돌기 시작했다.

동두천 밤거리에서 그 여자를 만났다는 소문이었다.

"그 여자를 교회에서 내쫓아야 한다."

소문은 걷잡을 수 없이 돌기 시작했다. 마침내 오빠가 그 이야기를 들었다. 동생이 몸을 팔아서 번 돈으로 산 약을 먹고 폐병이 나았다는 사실을 안 오빠는 너무 괴로워 약을 먹고 자살을 했다.

그 오빠의 시체를 안고 절규하던 동생은 오빠가 없는 세상에 미련이 없어 그녀도 약을 먹고 죽었다. 두 남매가 출석하던 교회 목사는 두 남매의 시체를 앞에 놓고 장례식을 하게 되었다.

그때 목사는 이렇게 장례식 설교를 했다.

"하나님, 내가 하나님의 나라에 가면 주님 나에게 물으시겠지요? 너는 목양를 어떻게 하였느냐? 그때 저는 이렇게 밖에 말할 수 없습니다. 주님! 나는 양을 목양한 것이 아니라 물고 뜯어 죽이는 이리 떼만 목양하다가 왔습니다."

어떤 현인의 제자 중에 한 사람이 남의 말을 좋아하는 제자가 있었다. 이 사람은 듣는 대로 말을 옮기고 험담을 잘했다. 선생은 제자를 불러서 이렇게 말했다.

"말은 생명의 수분이요 파멸의 무기라네. 남을 판단하는 말은 세 개의 문을 통과한 후에 하는 법일세."

"선생님, 그 세 개의 문이 어떤 문입니까?"

"첫 번째 문은 내가 하는 말이 정확한 사실에 근거하여야 하는 문일세.

두 번째 문은, 내가 그런 말을 할 자격이 있느냐 하는 문을 통과하여야지.

세 번째 문은, 이 말이 이웃에 무슨 유익이 있을까 하는 문을 통과하는 걸세."

목자는 우리 안에 있는 양을 돌보는 일을 하지만 우리 밖에 있는 다른 양들을 찾는다.

> 또 이 우리에 들지 아니한 다른 양들이 내게 있어 내가 인도하여야 할 터이니 저희로 내 음성을 듣고 한 무리가 되어 한 목자에게 있으리라 요10:16

우리 안에는 선택 받은 양들이 있고 우리 밖에도 선택 받은 양들이 있다. 목자는 우리 밖에서 길을 찾아 헤매는 다른 양들을 우리 안으로 인도해야 한다.

리빙스톤은 기독교 선교사에 있어서 위대한 사람이었다. 목사요, 의사요, 자선가요, 지리학자요, 탐험가요, 박애가로서 그의 업적은 너무나 컸다.

그는 아프리카에서 일평생 선교사로서 선교 사업을 완성하였다. 그가 세상을 떠났을 적에 영국 국회는 그의 무덤을 영국 열왕들이 묻혀 있는 웨스트민스터 사원에 안장하기로 결의하였다. 그의 시신을 운구하려고 아프리카에 갔을 때에 아프리카 사람들은 시신을 줄 수 없다고 하였다. 그가 이 땅에서 선교 사업을 하였으니 이 땅에 우리와 함께 있어야 한다는 것이다. 할 수 없어서 타협을 했다. 아프리카 사람들을 사랑했던 리빙스톤의 심장은 아프리카에 묻고, 나머지 시신만 영국으로 가기로 했던 것이다.

그러므로 리빙스톤의 무덤은 두 곳에 있다. 심장은 아프리카에, 시신은 영국 웨스트민스터 사원에 묻혀있다. 영국에서 그의 장례가 국장으로 치러지던 날, 영국 조야는 그의 찬란한 업적을 칭송하며 찬사를 아끼지 아니했다. 이 모습을 보고 있던 한 노인은 그 영광스러운 장례 행렬을 보며 계속 눈물을 흘리고 있었다.

신문기자가 그 노인에게 물었다.

"노인장께서는 왜 그렇게 눈물을 흘리십니까?"

"예, 리빙스톤과 나는 스코트랜드의 같은 고향에서 살았습니다. 우리는 친한 친구였고 같이 교회 다니고 같이 공부했습니다. 그러나 나는 교회를 떠났고 술을 좋아했으며 향락으로 살았습니다. 그러나 리빙스톤은 계속 신앙을 지키며 착실히 공부하고 헌신하여 이 위대한 업적을 남겼습니다. 그는 오늘날 이렇게 영광을 받습니다만 나는 초라한 노인이 되었습니다. 나는 나 자신이 가엾어서 눈물을 흘리는 것입니다."

"로마가 하루 아침에 이루어지지 않았다"는 유명한 말이 있다. 인생의 아름다운 꽃은 하루아침에 이루어지지 않는다. 젊어서부터 목표를 설정하고 인생을 헌신과 정열에 살은 사람과 그렇지 못한 사람은 그 노년에 가서 영광이 다르며, 저 하늘나라에 가서는 더욱 다를 것이다.

리빙스톤의 유해는 영국 웨스트민스터 사원에 안장되었다. 웨스트민스터 사원은 건물의 역사성과 그 곳에 묻힌 유명한 분들의 무덤을 보기 위하여 많은 관광객이 방문한다. 리빙스톤의 유해 앞 사원 바닥에는 다음 성경 구절이 기록 되어 있다.

> 이 우리에 들지 아니한 다른 양들이 내게 있어 내가 인도하여야 할 터이니 저희도 내 음성을 듣고 한 무리가 되어 한 목자에게 있으리라 요10:16

리빙스톤이 이 말씀 앞에서 얼마나 도전을 받았기에 검은 아프리카 대륙에서 이 말씀과 함께 그의 인생을 불태웠는가? 얼마나 이 말씀을 묵상하고 이 말씀이 그를 감동시키고 변화시키고 도전을 주었기에 이 말씀을 그의 유해가 있는 사원 바닥에 기록하였을까?

3. 문은 동편에 하나 밖에 없다(출 27:13).

성막의 문은 항상 동편에 있다. 그리고 하나 밖에 없다. 성막을 칠 때에는 문을 항상 동쪽을 향하도록 했다. 성막은 하늘의 성소인 천국의 그림자다(히 8:4-5).

동쪽은 태양이 솟아오르는 곳이다. 동쪽에서부터 여명이 밝아오면서 어두움은 물러간다. 광명한 태양이 떠오르면 한 밤의 어두움의 세력은 다 물러간다. 장차 나타날 그리스도는 의의 태양이 되신다(말 4:2). 해 돋는 쪽은 항상 소망을 가리킨다. 예수 그리스도는 우리의 유일한 구원의 소망이시며, 의의 태양이시다.

> 예수께서 또 일러 가라사대 나는 세상의 빛이니 나를 따르는 자는 어두움에 다니지 아니하고 생명의 빛을 얻으리라 요8:12

우리는 예수 그리스도에게 소망을 두어야 한다. 세상에 두는 소망은 무너지고 허망한 꿈으로 사라진다. 그러나 예수 그리스도에게 두는 소망은 영원하다.

성막은 죄를 가지고 들어왔다가 죄를 버리는 곳이다. 성막은 기도를 가지고 들어왔다가 응답을 가지고 나가는 곳이다. 성막은 병을 가지고 왔다가 건강을 가지고 나가는 곳이다. 성막은 문제를 가지고 왔다가 해결을 가지고 나가는 곳이다.

성막을 칠 때 문은 동편으로 두게 하였다. 성막의 사면 동서남북에는 이스라엘 12지파가 성막을 중심하여 진을 쳤다. 성막의 문이 동서남북에 하나씩 네 개라면 편리할 것이다.

그러나 성막의 문은 동편에 오직 하나밖에 없다. 이는 구원은 오직 예수 그리스도 한 분뿐임을 계시한다. 이 세상에는 많은 종교가 있다. 그러나 하나님 앞으로 가는 길은 오직 예수 그리스도 뿐이다.

> 내가 곧 길이요 진리요 생명이니 나로 말미암지 않고는 아버지께로 갈 자가 없느니라 요14:6
>
> 다른 이로서는 구원을 얻을 수 없나니 천하 인간에 구원을 얻을 만한 다른 이름을 우리에게 주신 일이 없음이라 행4:12

4. 네 가지 문의 색깔과 예수 그리스도의 복음서

문을 가로질러서 걸려 있는 포장은 하얀 세마포에 청색, 자색, 홍색의 무늬가 있다.

> 뜰 문을 위하여는 청색 자색 홍색실과 가늘게 꼰 베실로 수놓아 짠 이십 규빗의 장이 있게할찌니… 출27:16

자색- 왕권의 상징, 만왕의 왕
홍색- 피의 색깔, 희생의 상징, 고난 받으시는 예수
흰색- 완전함, 의의상징, 죄 없으신 예수 그리스도의 완전한 인성
청색- 하늘색, 예수 그리스도의 신성

이 네 가지 색깔은 4복음서와 비교할 수 있다.

자색- 마태복음, 왕이신 예수 그리스도
홍색- 마가복음, 섬기는 종으로 오신 예수 그리스도
흰색- 누가복음, 인성을 지니신 예수 그리스도
청색- 요한복음, 신성을 지니신 예수 그리스도

마태복음의 저자는 마태이며, 수신자는 유대인이다.
마태는 1장부터 왕의 족보를 기록하고 있다. 1장 1절에 "아브라함과 다윗의 자손 예수 그리스도의 세계라"로 시작한 말씀은 다윗의 혈통을 타고 예수 그리스도가 만왕의 왕으로 오심을 기록하고 있다.

마태복음은 구약의 예언을 60여 회 이상 인용하면서 "이루어졌느니라" "이루려 하심이라." 이러한 말을 많이 하였다. 이것은 구약의 선지자들이 예언한 말씀을 이루시려고 예수 그리스도가 이 세상에 오셨고, 그가 곧 만왕의 왕이 되신다는 것이다.

마태복음의 수신자는 유대인이기에 마태는 유대의 전통이나 풍습을 말할 때 아무 설명 없이 기록했다. 마태복음에는 유대인과 예수님과의 충돌이 가장 많이 기록되어졌다.

마태는 예수가 메시아요, 곧 만왕의 왕으로 보았고, 유대인은 예수가 메시아 되심을 부인했다. 예수님은 복음에 거치는 유대인을 향하여 "이 돌 위 떨어지는 자는 깨어지겠고 이 돌이 사람 위에 떨어지면 저를 가루로 만들어 흩으리라"(마 21:44)했다.

마가복음의 저자는 마가이다. 마가는 베드로를 통하여 예수를 알았으며 베드로의 통역관으로 일하였다. 마가복음에서는 서론이 없고, 예수님의 세례 받음과 즉시 일하시는 예수를 소개했다.

마가복음은 행동하는 예수 그리스도를 보여 주며, 예수 그리스도의 활동이 영화의 스크린처럼 끊이지 않고 활동적으로 전개된다. 마가복음은 간결하면서도 그리스도의 복음에 긴박감을 느끼게 한다.

마가복음에는 "곧", "바로", "즉시"와 같이 긴박감을 느끼게 하고 움직임을 보여 주는 말이 40여 번 기록되어 있다. 결국 이것은 예수 그리스도가 무던히도 바빴다는 사실을 증거한다. 그는 쉴 사이도 없이 일하셨는데 섬기는 종과 같이 일했다. 종은 시간이 없다. 예수님은 종과 같이 바쁜 일과를 보냈다. 마가복음은 섬기는 종으로 오신 예수 그리스도에 대하여 기록하였다.

누가복음의 저자는 사랑 받는 의원 누가라 했다. 누가는 예수 그리스도의 직접 제자는 아니었다. 누가는 바울을 통하여 예수 그리스도를 알았다.

바울이 감옥에 있을 때 누가는 바울과 함께 감옥에 있었다. 당시 로마의 법은 죄인이 감옥에 있으면 수종들 수 있는 가족이나 친구가 함께 있는 것을 허용하고 있었다. 누가는 의리 있는 사람이었고 믿음의 사람이었다. 누가는 예수 그리스도의 어렸을 적의 모습을 소개하고 예수가 사람 되심을 자세히 증거하고 있다.

누가복음의 특징은 문장이 유창하면서도 구원의 진리를 알기 쉽게 하기 위하여, 탕자의 비유, 잃은 양의 비유, 과부의 기도 비유 등등의 비유를 많이 기록하였다.

또 "인자의 온 것은 잃어버린 자를 찾아 구원하려 함이라"(눅 19:10) 했다. 인자는 곧 하나님의 아들이었다. 그 하나님이 우리와 똑같은 사람이 되셨다는 것을 증거 했다. 누가는 인성을 지니신 예수 그리스도에 대하여 자세히 보았던 것이다.

요한복음의 저자는 사도 요한이다. 요한은 예수 그리스도가 곧 하나님 되심을 증거 하였다.

> 태초에 말씀이 계시니라 이 말씀은 곧 하나님이시니라 그가 태초에 하나님과 함께 계셨고 만물이 그로 말미암아 지은바 되었으니 지은 것이 하나도 그가 없이는 된 것이 없느니라 그 안에 생명이 있었으

니 이 생명은 사람들의 빛이라 요1:1-4

이 말씀에 대입법을 사용하여 읽어보면 예수가 곧 하나님 되심을 알 수 있다. 태초에 예수는 말씀으로 존재하였다. 말씀과 예수는 동격이다. 그리고 '그'는 예수이다. '말씀'과 '그'에 예수를 대입하여 읽어보라.

> 태초에 예수가 계시니라 이 예수는 곧 하나님이시니라 예수가 태초에 하나님과 함께 계셨고 만물이 예수로 말미암아 지은바 되었으니 지은 것이 하나도 예수가 없이는 된 것이 없느니라 예수 안에 생명이 있었으니 이 생명은 사람들의 빛이라 요1:1-4

요한은 이적을 표적으로 보았고, 모든 이적은 예수 그리스도가 하나님 되심의 표적으로 설명했다. 또 "믿음"과 "생명"에 대해서 강조했고, 그 생명은 하나님의 생명인데 오직 믿음으로 예수 그리스도를 통해서 주어진다. 믿음으로 영생을 얻게 하시는 분은 하나님이시다. 그 영생은 바로 예수 안에 있다.

성막의 문은 예수 그리스도시다. 성막에 들어가는 문은 오직 하나이며, 그 문은 네 자기 색깔로 되어있다. 예수님은 구원의 유일한 문이요, 만왕의 왕이요, 섬기는 종이요, 인성을 지니신 참되신 사람이요, 참 하나님이 되신다.

Chapter 3
십자가 앞으로 달려 나오시오 (번제단)

너는 조각 목으로 장이 오 규빗, 광이 오 규빗의 단을 만들되 네모 반듯하게 하며 고는 삼 규빗으로 하고 그 네 모퉁이 위에 뿔을 만들되 그 뿔이 그것에 연하게 하고 그 단을 놋으로 쌀 지며 재를 담는 통과 부삽과 대야와 고기 갈고리와 불 옮기는 그릇을 만들되 단의 그릇을 다 놋으로 만들 지며 단을 위하여 놋으로 만들지며 단을 위하여 놋으로 그물을 만들고 그 위 네 모퉁이에 놋 고리 넷을 만들고 그물은 단 사면 가장자리 아래 곧단 절반에 오르게 할지며 또 그 단을 위하여 채를 만들되 조각 목으로 만들고 놋으로 쌀지며 단 양편 고리에 그 채를 꿰어 단을 메게 할지며 단은 널판으로 비게 만들되 산에서 네게 보인 대로 그들이 만들지라 출27:1-8

그가 또 조각 목으로 번제단을 만들었으니 장이 오 규빗이요, 광이 오 규빗이라 네모 반듯하고 고는 삼 규빗이며 그 네 모퉁이 위에 그 뿔을 만들되 그 뿔을 단과 연하게 하고 단을 놋으로 쌌으며 단의 모든 기구 곧 통과 부삽과 대야와 고기 갈고리와 불 옮기는 그릇을 다 놋으로 만들고단을 위하여 놋 그물을 만들어 단 사면 가장자리 아래 두되 단 절반에 오르게 하고 그 놋 그물 네 모퉁이에 채를 꿸 고리 넷을 부어 만들었으며 채로 조각 목으로 만들어 놋으로 싸고 단 양편 고리에 그 채를 꿰어 메게 하였으며 단은 널판으로 비게 만들었더라 출38:1-7

번제단

출 27:1-8, 38:1-7

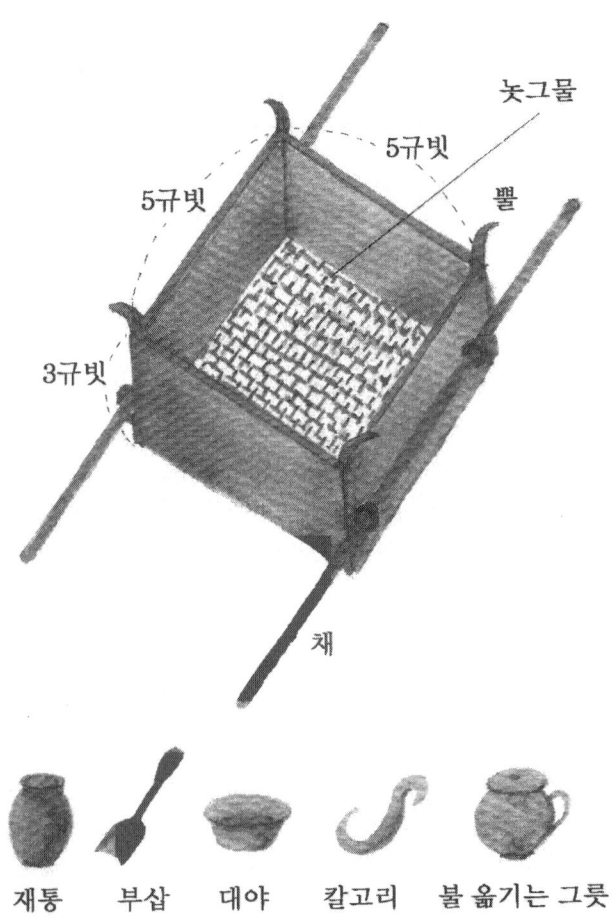

성막의 문을 들어서면 제일 먼저 만나는 것이 번제단이다. 번제의 뜻은 "올라간다"의 뜻인데, 여기서 하나님께 바쳐질 제물을 잡아서 내장을 꺼내고 각을 떠서 불로 태워 그 향연을 하늘로 올라가게 하는 것이다.

번제단의 위치는 성막 뜰에 위치하고 있다. 이곳은 할례 받은 이스라엘 사람이면 누구나 들어갈 수 있는 곳이다. 번제단을 통하지 않고는 아무도 지성소로 나갈 수 없다. 번제단에서는 죄인들의 죄를 전가 받은 우, 양이 희생되는 곳이다. 죄인들이 속죄의 제단에서 죄가 용서받기 전에는 아무도 지성소에서 거룩한 하나님을 만날 수 없다.

1. 번제단의 제물

번제단은 우리 죄를 전가 받은 짐승(제물)이 희생되는 곳이다. 죄인이 제물을 가지고 왔을 때 제사장은 그 제물에 대하여 흠이 있는가 없는가를 판정한다. 하나님 앞에 드려질 제물은 흠도 점도 없는 깨끗한 제물이어야 한다. 그 제물은 바로 예수 그리스도의 상징이다. 예수 그리스도는 흠도 점도 없는 온전한 제물이 되셨다.

제사장은 그 제물을 받아서 제물에 안수하여 죄인의 죄를 전가시켰다. 죄를 지으면 죄의 삯은 사망이기에 그 죄인은 죽어야 한다. 하나님은 죽을 수밖에 없는 죄인을 위하여 번제단에서 속죄하는 길을 만드셨다.

죄를 지은 자는 1년 된 흠 없는 양을 가지고 제사장에게 갔다. 그리고 제사장에게 죄를 고백하면 제사장은 양에게 안수하여 그 사람의 죄를 그 양에게 전가시켰다. 그리고 죄인을 대신하여 죄를 뒤집어 쓴 그 양을 희생시켰다. 더러운 내장은 꺼내서 버리고 각을 떴다. 피는 제에 바르고, 제물은 불로 태워서 하나님께 드렸다.

그 양은 예수 그리스도의 상징이다. 예수 그리스도는 만민의 죄를 담당하시고, 온누리 죄인의 죄를 전가 받으셨다. 하나님은 십자가에서 희생되어진 어린 양 되신 예수 그리스도를 제물로 받으셨다. 예수 그리스도는 십자가에서 물과 피를 쏟으셨다. 예수는 하늘의 속죄소에 단번에 그 몸을 희생시키시므로 드려진 제물이 되셨다. 예수가 희생되어지므로 우리가 하나님 앞에 나갈 수 있는 길이 활짝 열려진 것이다. 믿는 자에게 사죄의 은총이 주어진 것이다.

2. 번제단의 불

제단의 제물을 태우는 불은 사람이 지펴서 만든 불이 아니었다. 번제단의 불은 하늘에서 내려왔다.

> 불이 여호와 앞에서 나와 단 위에 번제물과 기름을 사른지라 온 백성이 이를 보고 소리 지르며 엎드렸더라 레 9:24

제단 위의 불이 어떻게 지펴졌는가에 대해서는 알 수 없다. 불기둥에서 불이 붙었는지 아니면 천둥 치는 번개에서 붙었는지 알 수 없다. 불은 여호와로부터 나왔다.

아론의 아들 나답과 아비후가 제사장의 직무를 수행하면서 각기 향로를 가져다가 여호와의 명하시지 않은 다른 불을 담아 여호와 앞에 분향하였다가 불이 여호와 앞에서 나와 그들을 삼켜서 그들이 여호와 앞에서 죽었다고 했다(레 10:1-2).

또 단 위의 불은 항상 피워서 꺼지지 않게 했다. 제사장은 아침마다 나무를 그 위에 태우고 번제물을 그 위에 벌여 놓고 화목제의 기름을 그 위에 사르며 불을 끊이지 않고 단 위에서 피워 꺼지지 않게 했다(레 6:12-13).

번제단에서 불이 끊이지 않고 항상 타고 있다는 것은 하나님께서 우리 죄를 해결하는 기다림에는 끊임이 없다는 뜻이다. 우리는 속히 자신을 제물로 번제단에 가지고 나가야 한다. 제단의 불은 우리 죄를 태워서 우리자신을 제물로 드릴 수 있도록 항상 기다리고 있다.

뿐만 아니라 우리를 제물로 받으시고 우리 구원을 이루시는 분은 전적으로 하나님이시다. 하나님 편에서 불이 나와서 제물을 불살랐다.

하나님께서 가인의 제사를 물리치고 아벨의 제사는 받으셨다. 아벨의 제사는 불로 열납한 것이다. 갈멜산 상의 엘리야의 제단에 하늘에서 불이 내려와서 제물을 불살라 열납하셨다. 다른 불은 죽음을 가지고 왔다. 하나님으로부터 오지 아니한 다른 불로써 제물을 태울 수 없다.

우리가 구원 받은 것은 전적인 하나님의 은혜이다. 인간의 도덕이 구원에 도움이 될 수 없다. 다른 종교가 구원을 줄 수 없다. 인간의 행위로 구원 되지 않는다. 인간의 수양이 구원을 줄 수 없다. 하나님만이 우리 죄를 사하시고 우리를 구원하신다.

3. 번제단의 재료와 모형

번제단은 조각목에 놋을 씌워서 만들도록 했다. 그래서 번제단을 놋제단이라고 한다.

1) 번제단은 놋으로 되어 있다.

성경에 놋이 상징하는 뜻은 두 가지가 있다.

첫째는 심판이다.

> 여호와께서 폐병과 열병과 상한과 학질과 한재와 풍재와 썩은 재앙으로 너를 치시리니 네 머리 위에 **하늘은 놋이 되고** 여호와께서 비 대신에 티끌과 모래를 네 땅에 내리시니 그것들이 하늘에서 네 위에 내려서 필경 너를 멸하리라 신 28:22-24

하늘의 재앙을 말할 때에 그 하늘을 가리켜 놋이 되리라고 했다. 폐병, 열병, 상한과 학질, 한재, 풍재, 썩은 재앙은 놋이 의미하는 저주와 심판이다.

이사야는 장차 재앙이 변하여 축복이 되리라는 표현을 "내가 금을 가지고 놋을 대신한다." 고 하였다(사 60:17).

이스라엘 백성이 출 애굽하여 길이 험하므로 모세와 하나님을 원망하다가 광야에서 서식하는 불 뱀에 물려서 죽게 되었다. 그때 하나님은 모세에게 명하기를 너희가 본 불 뱀의 모형을 놋으로 만들어 장대에 달도록 했다. 장대에 달린 놋 뱀은 저주와 심판의 상징으로 장대에 달았다.

둘째, 강한 능력과 승리를 의미한다.

승리자 그리스도를 말할 때에 "그 눈은 불꽃 같고 그의 발은 풀무에 달련 된 빛난 주석 같다"(계 1:15) 고 했다. "주석"이란 곧 "놋"을 의미 한다. 열왕기상 4장 13절에도 "놋 빗장"이란 말이 나오는데 그것은 아무도 꺾을 수 없는 강한 문빗장을 의미하는 말이다.

사무엘상 17장 5절과 6절을 보면 군인들의 갑옷과 투구는 놋으로 되어 있었다. 그처럼 놋은 강한 것이기에 능력과 승리를 상징하는 데에 사용되었다. 그러므로 번제단이 놋으로 되어져 있다는 것은 예수 그리스도의 대속의 능력과 승리를 모형적으로 보여주는 것이다. 놋제단은 곧 십자가의 모형이다. 우리는 약하나 십자가를 통하여 죄를 이기고 죽음을 이긴다. 이처럼 번제단은 능력의 십자가, 승리의 십자가를 계시하는 모형이다.

칼 발트는 십자가에는 더불(W) 이미지가 있다고 하였다.

첫째는 내가 얼마나 큰 죄인이면 죄 없는 하나님의 아들 예수가 나를 대신해서 저주를 받아 십자가에서 죄값을 지불하여야 했는가?

둘째는 내가 얼마나 귀한 존재이기에 하나님의 아들이 십자가에서 나를 대신하여 죽으시고 나를 구원하셨는가 하는 이미지이다.

십자가는 우리의 죄를 처단하는 저주의 심판임과 동시에 사죄의 은총과 구원의 승리이다. 번제단이 놋으로 되어 있는 것은 양면성이 있다. 일면은 죄를 처단하는 심판이요 일면은 사죄의 은총과 구원의 승리이다.

호세아 2:15절에 "아골 골짜기로 소망의 문을 삼아주리라"는 말씀이 있다. 아골 골짜기는 아간이 죄값으로 돌에 맞아 죽은 괴로움의 골짜기이다. 그곳이 어떻게 소망의 문이 되겠는가?

아골 골짜기에서 죄인 아간의 죄를 처단하지 않으면 하나님은 다시는 그 백성과 함께 하지 않겠다고 하였다. 그러므로 여호수아는 죄인 아간을 찾아내어 그 죄를 아골 골짜기에서 처단하였을 때에, 그 일은 괴로움이요 아픔이었지만, 그 후 하나님은 다시 그 백성과 함께 하였고 패전했던 아이 성 전투에 재도전하여 크게 승리할 수 있었던 것이다.

이와 같이 회개에도 양면성이 있고 십자가에도 양면성이 있다. 번제단이 놋으로 되어 있다는 것은 저주와 축복, 심판과 승리 양면성을 내포하고 있다.

4. 번제단의 뿔

번제단에는 4개의 뿔이 있다. 이 뿔은 두 가지 측면에서 생각할 수 있다.

첫째는 실용적인 면에서 그 뿔은 희생되어지는 짐승을 제단 뿔에 매어서 희생시켰다. 제단에 있는 4개의 뿔에 제물을 묶어 희생시켰다.

> 그 네 모퉁이 위에 뿔을 만들되 그것을 놋으로 쌀지며 출27:2
>
> 줄로 희생을 제단 뿔에 맬지어다 시118:27

둘째는 영적 의미가 있다.

제단 뿔은 심판과 구원의 능력을 상징적으로 비유하고 있다.

향단에도 4개의 뿔이 있다. 향단의 뿔은 실용적인 면에서는 뜻이 없으며 영적 상징일 뿐이다. 그러나 번제단의 뿔에는 실용적인 면 외에 상징의 뜻이 있다.

뿔은 심판의 상징이다.

뿔은 놋으로 만들어져 있다. 놋은 저주와 심판을 상징한다고 전술하였다. 뿔이 사람을 받아서 죽이는 것은 아니다. 그러나 예수 그리스도의 복음 사역을 방해하거나 교회를 핍박하고 어지럽히다가 저주와 심판을 초래한 사람이 얼마나 많은가! 그 수가 부지기수이리라! 예수 그리스도의 구속의 사역을 방해하면 심판을 받는다.

뿔은 능력과 구원의 상징이다.

열왕기상 1장 50절에 보면 아도니야가 솔로몬을 두려워하여 일어나 가서 제단 뿔을 잡았다. 죽을 죄인이라도 성전에 와서 제단 뿔을 잡으면 용서를 받았다. 이 제단의 뿔은 죽을 죄인을 구원하는 십자가의 사죄의 은총을 비유한 것이다. 뿔은 능력과 구원을 상징한다.

반역을 도모하다가 실패한 아도니야가 성전에 들어가 제단 뿔을 잡았을 적에 솔로몬은 그를 끌어내고 죽이지 아니하였다. 그러나 아도니야가 전왕 다윗의 동첩인 아비삭을 자기 아내로 줄 것을 요청하였을 때 또 다시 반역의 의도가 있는 것을 알고 아도니야를 죽였다.

고대 근동에서는 정복자가 자기가 정복한 나라의 왕의 첩들을 취하였다. 이 관습은 이제 내가 그 나라를 제압하고 평정하였다는 의미가 있었기 때문이다. 아도니야가 밧세바를 찾아가 부친이 취하였던 아비삭을 자기 아내로 줄 것을 동생 솔로몬에게 부탁하여 달라는 청을 받았을 적에 둔한 밧세바는 그 의도를 알지 못하고 솔로몬에게 찾아와 아비삭을 아도니야에게 줄 것을 허락하라고 하였지만 지혜로운 솔로몬은 쉽게 아도니야의 생각을 간파할 수 있었다.

다윗의 아들 압살롬이 반역을 모의하고 다윗 왕궁을 점령한 후 가장 먼저 한 일은 다윗의 첩들을 잡아서 백주에 지붕 위에서 자기 아내로 삼았다. 이제 이 나라는 압살롬의 나라가 되었다는 선포적 의미로 행한 짓이었다.

아모스 3장 14절에 "내가 이스라엘의 모든 죄를 보응 하는 날에 그 단의 뿔을 꺾으며 땅에 떨어뜨린다"고 하였다.

여기 뿔을 꺾는다는 것은 제단 전부를 헐어 버린다는 뜻이요 또한 이스라엘의 모든 영광의 뿔이 꺾인다는 뜻이다. 향단의 뿔이 그리스도의 중보의 기도의 능력을 상징한다면 제단의 뿔은 성도들을 구원하는 능력의 상징이다.

바울은 "내가 복음을 부끄러워하지 아니하노니 이 복음은 모든 믿는 자에게 구원을 주시는 하나님의 능력이 됨이라"(롬 1:16)했다.

복음의 능력은 예수 그리스도를 붙잡는 사람마다 구원을 준다.

그리스도인들은 그리스도의 보혈의 능력과 구원의 능력으로 사는 사람들이다.

Chapter 4
제사 제도에 나타난 그리스도

1. 구약의 5대 제사

성막 안에서 행하여지는 제사에는 여러 종류가 있다. 그 제사는 곧 오늘의 예배와 연결된다. 구약의 제사 제도는 레위기에서 자세히 언급하고 있다.

창세기는 시작의 책이다. 창세기에서 창조가 시작되고(1장), 인류가 시작되고(2장), 죄가 시작되고(3장), 예배가 시작되고(4장), 사회가 시작이 되고(5장), 심판이 시작되고(6장), 구원이 시작되고(7장), 회복이 시작되고(8장), 언약이 시작되고(9장), 국민이 시작된다(10장).

출애굽기는 속죄의 책이다. 레위기는 제사 곧 예배의 책이다. 민수기는 봉사의 책이다. 신명기는 순종의 책이다.

하나님은 예배를 통해서 자신을 계시하시고, 그 예배를 통하여 이스라엘 백성과 교제가 이루어졌다. 죄인이 하나님 앞에 나갈 수 있는 길은 제사(예배)이다.

거룩함이 희생 제물의 제도를 통하여 계시되었다. 모든 제사 제도는 세상 죄를 지고 가는 하나님의 어린 양을 영접하도록 준비한 것이다. 아론보다 더 높으신 대제사장 되시는 예수 그리스도를 영접하도록 준비한 것이다. 또한 제사법을 통하여서 하나님을 섬기는 법을 가르쳐 준 것이다.

제사를 통해서 하나님께 드리는 제물의 분류는 다음과 같다. 번제(燔祭), 소제(素祭), 화목제(和睦祭), 속죄제(贖罪祭), 속건제(贖愆祭)이다.

1) 번제(레위기 1장)

번제는 히브리어로 "오라(Olha)"인데, "올라간다"를 의미한다. 번제는 제물을 전부 태워서 하나님께 드렸다. 일부 다른 제물들은 드리는 자와 제사장이 먹는 부분이 있었으나 번제는 제물의 껍질을 벗긴 후 전체를 태워서 드렸다.

> 제사장은 그 전부를 단 위에 불살라 번제를 삼을지니 이는 화제라 여호와께 향기로운 냄새니라 레1:9

번제는 평소에 흔히 드리는 제물이었고, 하나님의 명령에 의해 매일 드렸으며, 모든 절기에 드리는 중요한 제물이었다.

번제는 이스라엘 전체를 위한 집단적 번제와 개별적인 번제가 있다. 집단적인 번제는 매일 아침과 저녁으로 드렸으며 이것은 중단할 수 없었다. 그래서 일명 상번제라고도 불린다. 제물은 어린양 한 마리로 한정하였다. 번제에 쓰이는 불은 꺼지면 아니 되었다. 향단에 향을 피우는 불도 번제단에서 옮겨 온 것이었다.

개인이 드리는 번제는 평소에, 또는 절기 시에 드렸는데 제사장의 위임식, 여인들의 산후결례, 문둥병 환자가 정결케 되는 번제, 나실인의 서원이 끝날 때 등등의 이유로 번제를 드렸다. 그때의 제물은 소나 양, 염소, 또는 비둘기로 정하였는데 자기 형편과 능력에 따라서 제물을 드렸다.

하나님의 제물의 크고 작음이 문제가 아니라 마음과 정성을 받으셨다. 하나님의 빈부의 차이를 생각해 가난하여 힘이 없는 사람들까지도 그 형편에 맞게 제물을 바치게 하셨다. 그 힘이 미치는 대로 하나님께 드렸다. 결과는 하나님 앞에 향기로운 것이다.

양을 드릴 수 있는 능력이 있는 사람이 집비둘기를 드리면 안 된다. 자기 능력껏, 힘껏 드려야 한다. 예수님의 어머니 마리아는 결례를 행할 때 비둘기 한 쌍을 드렸다. 이것을 미루어 보아 예수님의 어린 시절은 가난했다는 것을 알 수 있다(눅 2:24).

제물을 바치는 의식에는 여섯 부분이 있다.

★희생의 헌납- 제물을 드리는 자가 친히 예물을 가지고 와서 헌납하였다(소, 양, 염소, 비둘기).
★안수- 죄인이 희생 제물에 손을 얹고 제사장이 죄인의 죄를 제물에 전가를 선언한다(안수하지 않은 것은 동물이고, 안수하면 제물이 된다).
★제물을 희생시킴- 죄의 결과는 사망을 의미한다.

위의 세 부분은 모든 피의 제물에 있어서 동일하다.

★피 뿌림- 희생 시키는 제물의 피를 받아 단 사면에 뿌림(레 1:5). 대속제일에는 속죄소에 뿌렸음. 이는 대제사장이 하는 일로써 속죄 사역의 완성을 의미한다.
★제물을 불로 태움- 전부를 하나님께 드리는 의식이다.
★희생물 나누어 먹음- 희생물을 제사장과 드린 자가 나누어 먹었다. 이 의식은 화목제에 한하였다.

2) 소제(레 2:1-16, 6:14-23)

소제란 뜻은 히브리어로 '민하' 로 "선물"을 의미한다.

선물은 받는 이의 위엄과 권위를 인식하며, 선물을 드림에 있어서는 은총을 입고자 하는 소원을 표시하였다. 소제 제물은 일부분만 불에 태우고 나머지는 제사장에게 주었다. 이는 하나님의 사랑의 은총이었다. 소제는 번제와 마찬가지로 아침저녁에 매일 드렸다.

번제와 소제를 비교하면, 번제는 생명 있는 제물을 하나님께 드렸고, 소제는 생명이 아닌 토양의 생산물을 드렸다. 번제는 먼저 안수를 하여서 죄를 대속 하는 구속의 관념이 있었고, 소제는 안수도 없고 피 흘림도 없고 속죄의 관념도 없다. 소제에 있어서 전 관념은 하나님을 위한 선물의 관념이었으며, 하나님의 은총을 입고자 하는 소원 이었다. 번제는 태워서 전부를 하나님께 드렸으나, 소제는 적은 부분만 기념물로 태웠고(레 2:2) 나머지는 제사장과 그 가족에게 주었다(레 2:3). 번제의 목적이 죄 사함에 있다면 소제는 번제나 화목제를 드린 후에 감사함으로 소제를 드렸다. 소제는 가난한 사람이 너무 가난하여 비둘기도 양

도 드릴 수 없을 때 소제를 드렸다

소제는 다른 제물과는 달리 드리는 제물이 식물이었다. 소제는 곡식을 곱게 빻아 그 가루로 떡을 만들고, 번철에 구워서 기름과 유향을 가미해 바치는 것이다.

> 누구든지 소제의 예물을 드리려거든 고운 가루로 예물을 삼아 그 위에 기름을 붓고 또 그 위에 유향을 놓아 레2:1

소제의 예물은 고운 가루로 드려야 한다.

고운 가루가 되기 위하여서는 부서지고 빻아야 한다. 고운 가루가 되기 위하여서는 부서지고 깨지는 고통과 인내가 있어야 한다. 이는 그리스께서 십자가의 죽음으로 나가는 길이였으며, 주님을 따르는 제자의 길이다.

소제는 고운 가루로 예물을 삼고 그 위에 기름을 부었다.

기름은 성령을 의미한다. 예수의 사역은 성령과 함께 한 사역이었다.

> 하나님이 나사렛 예수에게 성령과 능력을 기름 붓듯 하셨으며 행10:38

> 주의 성령이 내게 임하였으니 이는 가난한 자에게 복음을 전하게 하시려고 내게 기름을 부으시고 나를 보내사 포로 된 자에게 자유를 눈먼 자에게 다시 보게 함을 전파하며 눌린 자를 자유케 하고 주의 은혜의 해를 전파하게 하려하심 이라 눅4:18-19

소제의 예물에는 유향을 가미하였다.
그리스도께서는 향기로운 제물이 되셨다.

> 그리스도께서 너희를 사랑하신 것 같이 너희도 사랑가운데서 행하라. 그는 우리를 위하여 자신을 버리사 향기로운 제물과 생축으로 하나님께 드리셨느니라 엡 5:2

소제의 예물에는 소금을 가미하였다.

> 네 모든 소제 위에 소금을 치라 내 하나님의 언약의 소금을 네 소제에 빼지 못할지니 네 모든 예물에 소금을 드릴지니라 레 2:13

소금은 맛을 내고 썩지 않게 하는 것이지만 변하지 않는 축복의 언약 이라는 의미가 있다.

> 이스라엘 하나님 여호와께서 소금 언약으로 이스라엘 나라를 영원히 다윗과 그 자손에게 주신 것을 너희가 알 것이 아니냐 대하 13:5

예수 안에는 믿는 자에게 구원을 주시는 생명의 언약이 있다. 하나님의 말씀은 변하지 않는 소금 언약이 된다.

소제에는 누룩과 꿀을 가미하지 못하게 하였다.

> 무릇 너희가 여호와께 드리는 소제물에는 모두 누룩을 넣지 말지니 너희가 누룩이나 꿀을 여호와께 화제로 드려 사르지 못할지니라 레 2:11

누룩은 부풀게 하고 번져나가게 하고 썩게 하는 것이다. 누룩은 허풍과 외식과 부패를 의미한다.

예수는 바리새인의 누룩인 외식과(눅 12:1), 사두개인의 누룩인 부활이 없다는 사상과(마 16:6) 헤롯의 누룩(막 8:15)인 괴악함과 악독함을 조심하라고 하였다. 예수는 누룩 없는 순전한 떡이 되신다. 꿀은 달콤한 죄의 유혹을 말한다. 죄에는 잠시의 쾌락이 있다고 하였다. 음녀의 입술은 유혹하는 꿀을 떨어뜨린다(잠 5:3).

그리스도는 고운 가루와 같이 순결하시고 깨끗하며 죄가 없으시다. 그의 사역은 성령이 함께 하시는 능력이었다. 귀신은 예수를 보면 무서워 떨며 쫓겨나갔다. 앉은뱅이가 일어나고 문둥병자가 고침을 받았다. 바람과 바다도 순종하였다. 그의 사역은 향기로운 사역이었다. 그의 말씀은 권세요 영원한 축복의 언약이 되셨다. 우리는 생명의 떡 되시는 예수를 먹어야 한다.

> 나는 하늘로서 내려온 산 떡이니 사람이 이 떡을 먹으면 영생하리라 나의 줄 떡은 곧 세상에 생명을 위한 내 살이로라 하시니라 요 6:50
>
> 이 떡을 먹는 자는 영원히 살리라 요 6:58

3) 화목제(和睦祭)(레 3:1-17)

화목제는 "제바크 쉬라빔"으로 '화해하다' '조정하다' 의 뜻이다. 화목제는 결론부터 말하면 하나님과의 화평을 말하고 교통을 말하는 것이다. 화목제는 먼저 번제를 드린 후 화목제를 드렸다. 화목제는 먼저 희생이 있고 그 후에 잔치가 있었다.

번제와 화목제를 대조하면 제물을 드리는 것은 번제와 같다. 그러나 번제는 전부 태워서 하나님께 드렸다. 그러나 화목제는 일부는 태워서 하나님께 드렸으나 화목제는 제물에 각을 떠서 제물의 뒷다리와 가슴을 제사장에게 드렸다.

번제 의식은 제물이 태워졌을 적에 끝난다. 그러나 화목제는 기름기가 있는 부분은 태운 후에 제사장과 더불어 희생의 잔치를 가졌다. 제물을 드린 자도 그 희생물의 분깃을 가질 수 있었다(레 7:15). 그리고 제물을 드린 자가 제사장과 더불어 가지는 교제의 시간은 가장 기쁜 시간이었다.

그리스도는 화목 제물이 되셨다. 화목제는 우리로 하여금 하나님과 교제할 수 있게 하시는 그리스도의 모형이다.

> 이제 우리는 화목을 얻게 하신 우리 주 예수 그리스도로 말미암아 하나님 안에서 또한 즐거워하느니라 롬 5:11

> 이제는 전에 멀리 있던 너희가 그리스도 예수 안에서 그리스도의 피로 가까워졌느니라 그는 우리의 화평이신지라. 둘로 하나를 만드사 중간에 막힌 담을 허시고 원수 된 것 의문에 속한 계명의 율법을 자기 육체로 폐하셨으니 이는 이 둘로 자기의 안에서 한 새 사람을 지어 화평하게 하시고 또 십자가로 이 둘을 한 몸으로 하나님과 화목하게 하심이라 엡 2:13-16

우리는 예수 그리스도의 희생으로 하나님과의 화목을 얻고, 이제 예수 그리스도로 말미암아 하나님 안에서 즐거워한다.

화목제에는 감사제와 서원제와 낙헌제의 세 가지 예물이 포함되어 있다(레 7:15-16).

★감사제물- 하나님이 주신 복에 대한 감사와 죄 사함 받은 감격에서 드리는 제물(레 7:12)
★서원제물- 하나님께 서원하고 그 서원이 응답 되었을 때 드리는 제물
★낙헌제물- 즐거운 마음과 자원하는 마음으로 드리는 제물

번제는 제물의 가죽을 벗긴 후 모든 제물은 불에 태워서 하나님께 드렸다. 그러나 화목제는 피는 받아 단 사면에 뿌리고 모든 기름기가 있는 부분은 불에 태우고 가슴과 오른 쪽 뒷다리는 아론의 자손 제사장에게 드리도록 하였다.

> 만일 예물이 염소면 그것을 여호와 앞으로 끌어다가 그 머리에 안수하고 회막 앞에서 잡을 것이요 아론의 자손은 그 피를 단 사면에 뿌릴 것이며 그는 그 중에서 예물을 취하여 여호와께 화제를 드릴지니 곧 내장에 덮인 기름과 내장에 붙은 모든 기름과 두 콩팥과 그 위의 기름 곧 허리 근방에 있는 것과 간에 덮인 꺼풀을 콩팥과 함께 취할 것이요 제사장은 그것을 단 위에 불사를지니 이는 화제로 드리는 식물이요 향기로운 냄새라 모든 기름은 여호와의 것이니라 너희는 기름과 피를 먹지 말라 이는 너희 모든 처소에서 대대로 영원한 규례니라 레 3:12-17

하나님은 기름은 여호와의 것이라고 선언하며 하나님이 받으시는 향기로운 냄새하고 선언하였다. 그리고 기름과 피를 먹지 말라고 선언하였다. 먹지 말라 한 동물의 기름을 먹으면 건강에 해로운 것이다. 동맥 경화증과 고혈압 당뇨와 같은 현대병의 원인이 되는 것들이다 그리고 피에는 동물이 죽을 때 받는 스트레스로 인한 독소가 피에 있다.

하나님은 사랑이시다. 사랑의 하나님께서 이런 것들은 하나님께 돌려 기름은 불에 태우고 피는 단 사면에 뿌리도록 하였다. 그리고 짐승의 가슴과 오른쪽 뒷다리는 제사장에게 드리도록 하였다. 가슴은 사랑의 상징이다. 오른쪽 뒷다리는 가장 힘 있는 부분이다. 제사장은 하나님의 대리자이다. 따뜻한 사랑과 힘을 다하여 하나님과 화목하고 제사장과 화목하라는 의미이다.

4) 속죄제와 속건제

속죄제와 속건제는 인간의 죄를 사함 받기 위해서 드리는 제사이다.

속죄제와 속건제의 구별은 무엇인가?

속죄제와 속건제의 구별을 하기 전, 먼저 죄에 대해서 언급할 필요가 있다.

인간의 죄는 크게 두 가지로써 사람이 하나님께 대하여 범한 죄가 있고, 사람에게 지은 죄가 있다.

십계명에서 보듯이 제1계명에서 제4계명까지를 하나님께 대한 계명이라면 5계명에서 10계명까지는 이웃에 대한 계명이다.

십계명 1계명에서 4계명까지 범한 죄는 하나님께 대하여 지은 죄이다. 5계명에서 10계명 까지를 범한 죄는 사람에 대하여 지은 죄이다. 또 죄는 배상이 필요 없는 죄가 있으며 반드시 배상이 따르는 죄가 있다. 이처럼 죄를 둘로 나누어 생각했기 때문에 자연히 그 죄를 속하는 제사도 두 가지가 있게 했다.

사람이 하나님께 대해서 지은 죄를 사함 받기 위해서는 속죄제를 드리고, 인간에게 지은 죄는 속건제로써 사함을 받게 했던 것이다. 속건제는 "아사암"으로 '의무를 다하지 못하다' '범죄 하다' 의 의미를 가지고 있다. 의무를 다하지 못한 것에 대하여는 배상이 따랐으며 속건제를 드리도록 하였다. 그리고 나실인의 서원(민 5:2-12)이나 문둥병자의 정결례 시(레 14:10-12) 속건제를 드리도록 하였다. 제사장들은 법규에 따라서 어떤 죄는 속건제를 드리게 하고, 어떤 죄는 속죄제를 드리게 했던 줄 알았다.

그러나 하나님께 대한 죄와 인간에게 지은 죄는 어떤 경우에 있어서는 그 구별이 어려울 수도 있다. 그러므로 결국은 속죄제와 속건제는 거의 구별 없이 함께 드리게 되었다. 속죄제는 희생제물을 재 버리는 곳 영문 밖에서 불태우게 하였다. 이는 예수 그리스도가 영문 밖에서 십자가에 희생되어짐을 의미한다. 그리고 피는 번제단에 바르고 나머지는 번제단 곁에 부었다.

속죄 사역의 순서는 다음과 같다.
(1) 제물을 드리는 자가 반드시 제물을 가져와야 한다.
(2) 희생의 제물이 될 짐승의 머리에 안수하여 죄를 고백하고 죄를 전가한다.
(3) 제물을 제사장에게 넘겨주면 제사장은 희생물을 죽었다.
(4) 그 피를 제단 뿔에 바르고 나머지는 제단 곁에 부었다.

여기서 희생의 제물은 어린 양 되는 예수 그리스도를 상징하고 있다. 그리고 그 피를 뿌릴 때, 하나님은 그 피로써 죄인의 죄를 덮으시고 죄를 보지 않으시고 희생의 피를 보신다.

우리는 대제사장 되시는 예수 그리스도에게 나아가 우리 죄를 자백해야 한다. 죄의 자백은 곧 하나님 앞에서의 상한 심령을 의미한다.

> 주께서 구하는 제사는 상한 심령이라 시51:17

뿐만 아니라 우리를 대신해서 희생당하신 어린양의 피를 보고 하나님은 우리 죄를 용서 하시고 기억지 않으신다.

하나님은 그리스도의 피를 보고 우리 죄를 기억지 않으신다.

속죄제는 집단적인 죄를 위해서는 매 절기마다 드렸고 개인적인 죄를 위해서는 필요할 때마다 개인적으로 드렸다.

속죄제가 수직적인 죄의 관계라면 속건제는 평행적인 죄의 관계이다.

속죄제는 집단적인 죄를 위해서 드리는 제물이 있었으나 속건죄는 집단적인 것은 없고 개인적인 제물만 있다.

속건제는 이웃에 대하여 잘못된 죄와 의무를 다 이행하지 않은 죄이기에 배상이 따랐으며 배상은 규정에 의거 제사장이 가치판단을 하도록 하였다. 속건제의 제물은 사람에게 대한 권리 침해의 죄였기 때문에 완전히 배상하고 반환하여야 할 의무를 지니며, 희생은 항상 수양으로 하였다. 그 수양의 가치 판단은 제사장이 하도록 하였다.

> 예물을 제단에 드리다가 거기서 네 형제에게 원망들을 만한 일이 있는 줄 생각나거든 예물을 제단 앞에 두고 먼저 가서 형제와 화목하고 그 후에 와서 예물을 드려라 마5:23-24

2. 범죄자의 신분에 따라 제물은 구별되었다.

속죄제는 집단적인 죄를 위해서는 매 절기마다 드렸고, 개인적인 죄를 위해서는 언제든지 드릴 수 있었다. 번제단의 불은 항상 끊이지 않고 타고 있었다.

제물은 범죄자의 신분과 능력에 따라서 다음과 같이 구분 되었다.

★ 기름 부음 받은 제사장이 범죄 했을 때- 수송아지(레 4:3)
★ 온 회중의 죄를 속하기 위해서- 수송아지(레 4:13,14)
★ 족장이 범죄 했을 때- 숫염소(레 4:22,23)
★ 일반 백성들이 범죄했을 때- 암 염소, 또는 암 양, 집비둘기나 산비둘기 한 쌍(레 4:27, 28, 32)
★ 비둘기도 드릴 수 없는 가난한 자가 범죄했을 때- 고운 가루 에바 1/10(레 5:11-13)

여기서 문제가 되는 것은 비둘기도 드릴 수 없는 가난한 자가 범죄 했을 때는 그 죄를 속하기 위하여 고운 가루 에바 1/10을 드리도록 한 것이다.

율법의 규정은 피 흘림이 없이는 죄 사함이 없다. 그러므로 가난한 자가 속죄의 제사를 드리기 위하여 고운 가루를 가져 왔을 때 제사장은 그 사람을 기다리게 하였다가 다른 사람이 양이나 비둘기를 가져오면 그 사람의 제물에 곁들여서 죄 사함을 받게 하였다. 이것은 가난한 사람들까지 배려한 하나님의 큰 사랑이었다.

> 너희 목마른 자들이 물로 나아오라 돈 없는 자도 오라 너희는 와서 사먹되 돈 없이 값없이 와서 포도주와 젖을 사라 사 55:1

나는 가난해서 교회 못 나가겠다든지 나는 돈 없어서 신앙생활 못하겠다는 말이 나오게 해서도 안 되고 이런 말로 핑계 댈 수도 없다.

고운 가루도 없는 사람은 어떻게 하는가? 이스라엘 백성은 들에 가면 언제든지 이삭을 주울 수 있다. 율법은 가난한 자를 위하여 이삭을 남겨 두라 했고, 고아와 객을 위하여, 가난한 자를 위하여 밭 한 모퉁이는 다 거두지 말고 남겨두라고 하였다. 범죄자의 신분에 따라 바쳐진 제물이 구분되었다는 점에서, 이 말씀은 오늘날 교회에 적용하여 볼 수 있다.

만약 목사와 집사가 한 날 한시에 똑같은 죄를 지었다고 가정하자. 그러면 하나님은 누구의 죄를 더 크게 묻고 다스릴 것인가? 그것은 두말할 것 없이 목사의 죄부터 다스릴 것이다.

기름 부음 받은 제사장이 범죄 하면 수송아지를 드렸다. 또한 온 이스라엘 집단 회중의 죄를 속하기 위하여 수송아지를 드렸다. 제사장의 범죄는 온 회중의 범죄와 버금간다. 교회의 장로와 목사의 직분은 동급이다. 지도자는 더 큰 책임이 있는 것이다.

이와 같은 진리를 알지 못하고 장로와 목사의 직분을 탐한다면 야고보가 말한 것 같이 선생 된 너희의 받을 심판이 더 크다. 더 중한 직분에는 더 중한 책임이 따르는 법이다.

3. 바쳐진 제물은 반드시 죽여야 한다.

번제단에 바쳐진 모든 제물은 반드시 죽어야 했다. 살아있는 것은 하나님이 받지 아니 했다. 제물은 죽여서 목을 끊고, 각을 뜨고, 피를 쏟고 하나님께 바쳤다.

만일 여호와께 드리는 예물이 새의 번제이면 산비둘기와 집비둘기의 새끼로 예물을 삼을지니 제사장은 그것을 단으로 가져다가 그 머리를 비틀어 끊고 그 단 위에 불사르고 피는 단 곁에 흘릴 것이며
레 1:14, 15

그 머리를 비틀어 끊었다. 제물은 완전히 죽였다. 살아있는 것은 하나님께 바쳐질 수 없다.

Chapter 5
생활로 드리는 예배

> 너희 몸을 하나님이 기뻐하시는 거룩한 산제사로 드리라 이는 너희
> 의 드릴 영적 예배니라

바울은 구약의 제사 제도를 잘 이해한 사람이다. 바울은 구약에 능통했다. 구약 신학에서는 바울을 따라 갈 사람이 없었다. 그는 로마서에서 이렇게 말했다.

> 너희 몸을 하나님이 기뻐하시는 거룩한 산제사로 드리라 이는 너희
> 의 드릴 영적 예배니라 롬12:1

바울의 이 말은 구약시대의 제사제도를 염두에 두고 한 말이다. 몸으로 드리는 예배, 산제사는 구약의 예배에서 바쳐지는 죽은 제물에 대한 역설적 진리이다.

구약 시대 때는 사람이 죄를 지으면 죄 용서함 받기 위해서는 제사를 드려야 하는데 제물로 짐승을 가지고 왔다. 자기 능력에 따라 비둘기나 양이나 염소나 황소를 가지고 왔다. 죄를 지은 사람은 제사장 앞

에서 제물에 손을 얹고 자기 죄를 고백하면 제사장은 "이 사람의 죄를 양에게 전가하노라."하고 선언하였다. 그 순간부터 제물 된 양이나 소, 비둘기는 대신 죄 짐을 지게 되었다.

어떤 양은 이웃을 미워했다. 어떤 양은 거짓말 했다. 어떤 염소는 탐심에 붙들려서 도박으로 돈을 날렸다. 어떤 황소는 간음했다. 어떤 비둘기는 도둑질 했다.

이제 제사장은 이 제물들을 성전에서 죽였다. 변명할 기회를 주지 않았다. 제물들이 억울하다고 고함칠 수도 없었다. 제물들은 제단 뿔에 꽁꽁 묶어서 칼로 죽임을 당했다. 제사장이 각을 뜨고 피를 쏟고 불에 태웠다. 비둘기는 모가지를 비틀어 끊었다. 그 제물은 반드시 죽여서 드렸다. 산 것은 하나님이 받지 아니하였다. 하나님은 반드시 죽여서 드린 제물을 받았지 산 것은 받지 않았다.

아브라함 시대의 계약

오늘날은 쌍방이 계약을 할 때 문서로 약정서를 만들고 사인을 하던지 도장을 날인하여 하나씩 나누어 갖는다.

율법은 모세 때에 주어졌다. 율법이 주어지기 이전, 모세 이전, 아브라함 시대 때에는 종이가 발달되지 않았고 글자가 널리 통용되지 못하였다. 그들은 구두로 계약을 하고 새를 잡아서 쪼개어 놓았다. 새를 쪼개 놓았다는 것은, 만약 너와 나 사이에 계약을 위반하면 네 몸을 이렇게 쪼갠다는 의미이었다. 죽음을 의미한 것이다.

쌍방은 쪼갠 새를 앞에 놓고 저 사람은 이쪽으로 건너고, 이 사람은 저쪽으로 건넌다. 이 일을 두 번 반복하였다. 그리고 쪼갠 새 옆에 돌무

더기를 쌓았다. 계약을 어기면 이렇게 쪼개어 죽이고 돌무더기 속에 장사 지낸다는 의미였다. 하나님은 예배드리는 자에게도 당시 사회 통념대로 바쳐지는 제물은 반드시 쪼개어서 죽일 것을 요구하였다.

창세기 15장에 보면 아브라함이 하나님께 예배하는 장면이 있다.

> 아브라함이 모든 것을 취하여 그 중간을 쪼개고 그 쪼갠 것을 마주 대하여 놓고 그 새는 쪼개지 아니하였으며 창15:10

아브라함은 다 쪼갰는데 새는 쪼개지 아니했다. 그때 "솔개가 그 사체 위에 내릴 때에 아브라함이 쫓았다"(창 15:11).

하나님이 열납하여야 할 예배에 솔개가 내려왔다. 이때 솔개는 성령이 임한 것이 아니다. 불길한 예조이었다. 그리고 아브라함이 깊은 잠이 들고 캄캄하고 심히 두려운 그때 하나님이 말씀했다.

> 네 자손이 애굽에 내려가 400년 간 객이 되어 그들을 섬길 것이다

제물은 죽어야 하나님이 받는다.

모세 시대에 하나님은 율법을 주었다. 제물은 반드시 죽여서 드리도록 했다. 목을 끊고 각을 뜨고 완전히 죽였다. 새를 제물로 드릴 때 무자비하게 죽였다.

> 만일 여호와께 드리는 예물이 새의 번제이면 산비둘기나 집비둘기의 새끼로 예물을 삼고 제사장은 그것을 단으로 가져가다가 그 머리를 **비틀어 끊고**, 그 단위에 불사르고 피는 단 곁에 흘릴 것이며
> 레 1:14-15

머리를 비틀어 끊었다. 완전히 비참하게 죽였다. 그 제물은 누구를 상징한 것인가? 우리 죄를 담당한 예수 그리스도의 상징이다. 예수는 십자가에서 우리 죄를 담당하시고 양손과 양발에 못 박히고, 옆구리에 창을 받고 죽었다.

구약시대 때에 죽여서 드리는 제물, 곧 죽은 제물에 대한 역설적 진리가 바울이 말하는 "거룩한 산제사"라는 의미이다. 그런데 바울은 몸으로 드리는 예배를 강조하였다.

> 너희 몸을 하나님이 기뻐하시는 산제사로 드려라

이것은 신약을 살아가는 모든 성도는 하나님 앞에 드려지는 거룩한 제물이 되라는 것이다. 구약 시대에 제물은 죽어야 하나님이 받지 산 것은 받지 아니했다.

> 내가 그리스도와 함께 십자가에 못 박혔나니 그런즉 이제는 내가 산 것이 아니요 오직 내 안에 그리스도께서 사신 것이라 갈2:20

그리스도가 십자가에 못 박혔을 때에 나도 그리스도와 함께 십자가에 못 박혔다. 우리가 예수 믿기가 왜 이렇게 힘든가? 불평도 많고 원망도 많다. 아직도 죽지 못해서 펄펄 살아 있는 것이 많다. 혈기와 정욕, 시기, 질투, 음심, 인색함, 자존심, 이기심이 죽지 못하고 살아 있다. 그래서 그 혈기와 자존심으로 말 한마디 하면 남의 속을 벌컥 벌컥 뒤집어 놓는다. 세상 헛된 것, 갖고 싶은 것이 많아서 진리의 가치가 깨달아지지 않는다.

또 왜 이렇게 불안한가? 그 이유는 하나이다. 내가 죽지 아니했다. 아무리 큰 죄인이라도, 종신형을 언도 받아 감옥에 갇혀 있어도 죽으면 내 보낸다. 죽으면 자유하다. 송장 가두어 두는 감옥은 없다.

몸으로 드리는 예배, 생활로 드리는 예배를 드리는 것은 생활 예배이다. 생활예배가 되기 위해서는 죽어야 된다. 음심이 죽어야 된다. 혈기가 죽어야 된다. 탐심이 죽어야 된다. 자존심이 죽어야 한다. 자존심이 살아서 언어폭력을 하면 안 된다.

60대 부부가 있었다. 자녀들은 다 커서 독립하고 두 부부만 남았다. 부인이 그 날은 애교를 부렸다. 옷을 다리미질 해서 예쁘게 입고, 젊을 때 입던 목이 푹 파인 옷을 꺼내 입었다. 거울을 보면서 옛날 그 옷을 입을 수 있었던 젊은 날을 생각하며 남편한테 애교 있게 말했다.

"여보, 나 어때?"

남편이 아래 위로 쳐다보더니 퉁명스럽게 말하였다.

"그 옷만 다려 입지 말고 목에 있는 주름살도 다리지 그래."

남편의 말 한마디에 기분이 썰렁해졌다. 부인 입에서 좋은 말이 나올 리가 없다.

"저 놈의 영감태기하고는 기분이 맞지 않아 살 수가 없어."

우리가 예수 믿기가 이렇게 힘든 것은 반은 죽고 반은 살아있어서 그렇다. 아무것도 아닌 자존심이 살아서 언어폭력을 행사한다. 완전히 죽어야 한다.

어릴 때 시골서 닭을 잡은 기억이 있다. 집에 귀한 손님이 오면 어머니는 저 보고 닭 한 마리 잡으라고 했다. 동생은 나보다 두 살 아래이고 부모님만 있었으니 닭 잡는 것은 내 몫이었다. 그래서 나는 초등학교 5학년 때부터 닭을 잡았다.

닭을 잡을 때 날개깃을 잡고 모가지를 비틀어서 닭을 잡는다. 그날은 닭의 목을 한 번 비틀었다. 그런데 닭이 날개깃을 힘껏 치는 바람에 닭을 놓쳤다. 한 번 목을 비틀은 그 닭은 마루 밑으로 방으로 뛰어다니며 쳐 박히고 날고 끽끽거리고, 정말 가련해서 볼 수가 없었다.

> 내가 그리스도와 함께 십자가에 못 박혔나니 그런즉 이제는 내가 산 것이 아니요 갈2:20

예수 믿는 사람은 그리스도와 함께 십자가에 못 박혔다. 죽었다. 그런데 절반 죽어서 예수 믿으려니까 예수 믿기가 힘들다.

미물 짐승도 희생시켜 죽일 때는, 죽지 않겠다고 울부짖고 비명을 지르는데 하물며 만물의 영장이라고 하는 사람이 그 꼿꼿한 자존심을 꺾고 죽는 일이 쉬운가? 쉽지 않다.

이것은 하나님의 말씀의 힘과 성령의 능력이 아니고는 할 수 없다. 구약시대 제사장은 소와 양을 희생시키기 위하여 칼로 희생시켰다. 오늘 우리는 무엇으로 나를 죽일 수 있는가? "하나님의 말씀의 검과 성령으로" 나를 죽여야 한다.

> 하나님의 말씀은 살았고 운동력이 있어 좌우에 날선 어떤 검보다 예리하여 혼과 영과 관절과 골수를 쪼개기까지 하며 또 마음의 생각과 뜻을 감찰하나니 히4:12

미물 짐승도 죽을 때는 죽지 않겠다고 비명을 지르고 퍼덕거리며 더러운 배설물을 쏟아 놓는다. 하물며 만물의 영장인 사람이 쉽게 죽으려 하겠는가?

뻣뻣한 자존심이 꺾이고, 튼튼히 쌓아진 자아의 성을 무너뜨리고, 아집이 꺾이고, 혈기가 죽는 것이 쉽게 되겠는가?

하나님의 말씀과 성령의 능력이 아니고는 할 수 없다. 하나님의 말씀과 성령으로 자기를 쳐서 육의 소욕을 완전히 죽여서 하나님이 기뻐하시는 제물로 드려야겠다.

말씀의 검이 내 죄악을 수술하고 나를 죽일 수 있다. 성령은 권세요, 능력이요, 파워로 역사한다. 말씀의 검과 성령의 능력으로 자기를 쳐서 육의 소욕을 죽이라. 그러면 하나님이 받으신다.

예배를 통하여서 자기 자아의 죽음을 경험하여야 한다. 내 뜻, 내 의지, 내 욕망, 내 고집이 죽어야 한다.

우리는 세상에서 하고 싶은 일들이 너무 많다. 한국에 있는 젊은 학생들은 누구나 다 외국에 나가서 공부하고 싶어 한다. 미국에 나와 있는 유학생은 한국 학생이 가장 많다. 중국과 일본에도 수 없이 나가 있다. 유학 온 학생들은 남보다 특권을 누리는 것이다.

사업가들은 세계를 다니면서 사업하기를 원한다. 부인들은 세계를 다니면서 여행을 하고 싶어 한다. 인생은 짧은데 하고 싶은 일들은 너무나 많다. 그래서 욕망은 죽음보다 강하다고 했다.

또 죄는 우리에게 거머리처럼 달라붙어 떨어지지를 않는다. 근심이나 걱정은 하지 않으려고 하여도 마음대로 되지를 않는다. 인간의 감정이나 생각은 너무나 정교하여서 우리의 의지로는 절대로 마음대로 되지를 않는다. 만일 내 의지대로 내 마음을 자유롭게 조종하고 감정을 조종할 수 있다면 우리는 누구나 다 성인군자가 되었을 것이다. 그런데 그 욕망과 의지가 조정되어질 때가 언제 인가?

내 마음이 하나님의 말씀과 은혜로 채워질 때다. 그때 욕망이 떨어져 나간다. 야망이나 분노나 더러운 생각들이 떨어져 나간다. 의지가 조절되기 시작한다. 그래서 시편 기자는 이렇게 말했다.

> 청년이 무엇으로 그 행실을 깨끗케 하리이까 주의 말씀을 따라 삼갈 것이니이다 시 119:9

이렇게 말하는 이유는 특별히 청년의 때가 야망이나 욕심이나 정욕이 너무 강하다는 것이다. 그런데 그것들이 인간의 의지로 다스려지지 않는다.

"주의 말씀을 따라 삼갈 것이니이다."

하나님의 말씀이 내 야망보다, 내 잘못 된 의지보다, 내 정욕보다 더 강하다. 말씀으로 나를 다스릴 수 있다.

그리스도인은 한 번만 죽는 것이 아니라 날마다 죽어야 한다.

우리는 한 번 죽을 수는 있다. 그런데 사도 바울은 말하기를 "나는 날마다 죽는다"고 했다(고전 15:31). 날마다 죽기는 쉽지 않다. 그리스도인은 한 번만 죽는 것이 아니라 계속 날마다 죽는 것이다.

「죽으면 죽으리다」라는 책을 쓴 안이숙 사모님은 일제 강압시기 때 순교하기로 결심을 한 사람이었다. 죽기로 작정한 사람은 무서운 것이 없다. 그러니까 자기를 고문하고 취조하는 일본 순경들 앞에서도 당당하게 말을 할 수 있었다. 그런데 조국이 해방이 되어서 순교하지 못하고 감옥을 나왔다. 그 분은 목사님과 결혼을 하고 목회를 하면서 이런 말씀을 종종 했다.

"하나님, 어쩌자고 순교하지 못하게 하시고 날마다 이 고생을 하게 하십니까?"

순교보다 어려운 것이 날마다 죽는 것이다.

내 마음에 왜 평화가 없는가? 왜 기쁨이 없는가? 왜 신앙생활이 허탈감에 빠져있는가? 불평이 많은가? 이유는 하나이다. 내가 아직도 죽지 않았기 때문이다. 날마다 죽지 못해서 그렇다.

현대를 살아가는 그리스도인들이 하나님께 드릴 예배는 영적인 예배이다. 바울의 말을 빌려 쓰면 몸으로 드릴 예배이다. 몸으로 드릴 예배가 신령과 진정으로 드려지는 영적인 예배가 되기 위해서는 육신의 소욕이 죽어야 한다. 탐심이 죽어지고, 혈기가 죽어지고, 음심이 죽어져야 한다. 세상을 향한 정욕이 죽어져야 한다. 형제를 향한 시기와 질투심이 죽어져야 한다. 이런 것들이 죽어지지 않고 펄펄 살은 것 가지고 와서 "하나님께 이 몸 드립니다." 하여도 이는 하나님이 거절한 가인의 제물이 될 것이다.

자신을 죽여라. 철저히 죽어야 한다. 짐승이 죽을 때 절반 죽은 것은 가련해서 볼 수 없다. 예수 믿으면서 절반쯤 죽어서는 신자 노릇 못한다. '나' 라는 자아의식 때문에 불평이 많다. 고집을 세우고, 오기를 부리며, 부패한 자존심을 내세운다. 내 몸을 불의의 병기로 사용한다.

그러므로 예수 믿는 것이 괴롭다.

내 마음 속에 왜 평화가 없는가? 왜 기쁨이 없는가? 왜 신앙생활이 허탈감에 빠져 있고 이렇게 나약한가? 왜 이렇게 불평이 많은가? 이유는 간단하다. 내가 덜 죽어서 그렇다.

완전히 죽어서 바쳐지면 편하다. 그러면 하나님이 받으신다. 죽으라. 죽으면 하나님의 영이 살리신다. 이것이 중생이다. 중생도 성화도 다 같은 성령의 역사이다. 그러나 중생은 일회적 사건이지만 성화는 반복적 사건이요, 죽는 날까지 계속 되어진다. 날마다 죽는 것은 날마다 성화로 이어진다.

제물에는 언제든지 "대신" 의 의미, 중보적 의미가 있다.

제물은 왜 죽는가? 내 죄 때문에 대신 죽는다. 양이 내 대신 간음한 죄를 뒤집어쓰고 죽었다. 황소가 내 대신 도둑질한 죄를 뒤집어쓰고 죽었다. 비둘기가 내 대신 거짓말한 죄를 뒤집어쓰고 죽었다. 그리스도는 왜 십자가에서 못 박히셨는가?

> 그가 찔림은 우리의 허물을 인함이요
> 그가 상함은 우리의 죄악을 인함이라
> 그가 징계를 받음으로 우리가 평화를 누리고
> 그가 채찍에 맞음으로 우리가 나음을 입었도다 사 53:5

주님이 내 허물, 내 죄악을 대신 담당하고 십자가에서 죽었다.

그리스도인의 삶은 남을 위해서 사는 삶이다. 대신 십자가를 지는 삶이다. 내가 남의 것을 취하면 괴로움이 따른다. 내가 남을 위해 희생하여 주고자 하는 마음이 있을 때 평화가 있고 삶의 만족이 있다. 내가 내 자신만을 위해 거짓말을 할 때 평화는 없다.

내가 희생하지 못하고 영광만을 취하고자 할 때 거기에는 불안이 있고 권모술수가 따른다. 시기와 질투가 있고 음모가 있다. 그러나 내가 섬기는 자가 되면 거기에는 이해와 화평과 은혜가 넘친다.

내가 남을 위해서 산다는 것이 쉽지는 않다. 자신만을 위해서 살면 힘이 없다. 그렇게 살다 50이 지나면 성취감 보다 허무감에 빠진다. 인생은 허무로 끝난다. 그러나 다른 사람을 위해서 사는 삶은 힘이 있다.

그 힘이 남편을 위하면 열녀요, 국가를 위하면 충신이요, 다른 사람을 위하면 위인이요, 하나님을 위하면 헌신이 된다.

어느 시골에서 버스가 뒤집혀져서 많은 사람들이 중경상을 입고 시골 병원에 입원했다. 피를 구할 수 없어서 많은 사람들이 죽어가고 있었다. 그때 옆에 있던 중환자 한 사람이 의사에게 말했다.

"선생님! 저 사람에게 제 피를 뽑아 주십시오! 제 피는 O형입니다."

"아니요, 당신도 피가 필요합니다. 당신도 피가 모자라서 죽어가고 있습니다."

"선생님 저는 깡패였습니다. 나는 평생 남의 것만 뺏으며 살았습니다. 이제 내가 예수 믿은 지 1년이 되었습니다. 나는 내 생명의 마지막이 온 줄로 압니다. 죽기 전에 무엇인가 나도 주고 싶습니다. 어서 내 피를 저 사람에게…"

의사는 숨을 거두어 가는 그 청년의 혈관에 주사기를 꽂았다. 그 청년은 한없는 평화를 얻으며 조용히 숨을 거두었다.

내가 죽음으로 다른 사람이 생명을 얻었다. 그리스도인의 제사적인 삶은 날마다 내가 죽는 삶이다. 그리고 "대신", 곧 중보적인 삶을 사는 것이다.

내가 죽으면 사는 것은 영이 산다.
육신의 생각이 죽으면 영의 생각이 산다. 내가 죽으면 내 안에 그리스도가 산다.

> 내가 그리스도와 함께 십자가에 못 박혔나니 그런즉 이제는 내가 산 것이 아니요 오직 내 안에 그리스도께서 사신 것이라 갈2:20

내가 죽으면 예수가 산다. 육의 생각이 죽기 전에는 육신의 팔로 사람 때리는 일을 했다. 놀음도 했다. 이제 육의 생각을 죽이면 그 팔이 봉사하는 팔이 된다.

육신의 생각이 죽기 전의 내 입은 불평하고 저주하고 험담하였다. 육신의 생각이 죽은 후의 내 입은 찬송하고, 축복하고 기도하고, 위로하고, 믿음 있는 말을 하고 소망 있는 말을 하게 된다.

내가 죽으면 그리스도가 산다. 그리스도가 영광을 받는다. 이것이 바로 "몸으로 드리는 예배, 생활로 드리는 예배"이다. 말씀과 성령으로 내 육의 생각을 죽이고 내가 중보적인 삶을 살고, 성령의 생각으로 살면, 이것이 하나님이 받으시는 거룩한 산제사가 된다. 하나님은 이런 사람을 찾으신다.

Chapter 6
쓰임 받는 그릇이 되십시오

너는 조각목으로 장이 오 규빗, 광이 오 규빗의 단을 만들되 네모 반듯하게 하며 고는 삼 규빗으로 하고 그 네 모퉁이 위에 뿔을 만들 되 그 뿔이 그것에 연하게 하고 그 단을 놋으로 쌀 지며 재를 담는 통과 부삽과 대야와 고기 갈고리와 불 옮기는 그릇을 만들되 단의 그릇을 다 놋으로 만들지며 단을 위하여 놋으로 그물을 만들고 그 위 네 모퉁이에 놋 고리 넷을 만들고 그물은 단 사면 가장자리 아래 곧 단 절반에 오르게 할지며 또 그 단을 위하여 채를 만들되 조각목 으로 만들고 놋으로 쌀 지며 단 양편 고리에 그 채를 꿰어 단을 메 게 할지며 단은 널판으로 비게 만들되 산에서 네게 보인 대로 그들 이 만들지니라 출27:1-8

성경은 인생을 가리켜서 토기장이 되시는 하나님이 만든 질그릇에다 비유하였다. 사람이 흙에서 만들어졌고, 흙에서 만들어진 인생은 실로 잘 깨어지는 그릇이다. 남자는 25세, 여자는 23세를 기준으로 하여 육체는 쇠하여지고 35세가 지나면 힘과 정욕뿐만 아니라 세포까지 쇠하여 진다. 그리고 필경 깨어져서 흙으로 돌아가는 것이 육체이다. 전도자 솔로몬은 풍자적으로 우리 몸을 비유해서 말했다.

> 은 줄이 풀리고 금 그릇이 깨어지고 항아리가 샘 곁에서 깨어지고 바퀴가 우물 위에서 깨어지고 흙은 여전히 땅으로 돌아가고 신은 그 주신 하나님께로 돌아가기 전에 기억하리라 전 16:6, 7

사람은 필경,
은줄이 풀린다. 힘줄이 힘없이 늘어진다.
금 그릇이 깨어진다. 위장은 소화 기능을 잃게 된다.
항아리가 샘 곁에서 깨어진다.
끊임없이 펌프질 하여 온 몸에 피를 공급하는 심장도 펌프질을 중단 할 때가 있다.
바퀴가 우물 위에서 깨어진다.
심장으로부터 보내지는 피를 상하 대정맥과 동맥의 파이프를 통하여 온몸에 보내지만 그 파이프도 막히고 깨질 때도 있다.
흙은 여전히 땅으로 돌아간다.
필경 흙에서 온 육체는 흙으로 돌아간다.
신은 그 주신 하나님께로 돌아간다.
하나님으로부터 온 영혼은 그 주신 하나님께로 돌아간다.

우리 육체는 깨어지는 그릇으로 필경 흙으로 돌아가는 존재이다.

1. 그릇에 비유된 인생

성경은 인생을 가리켜서 "그릇"이라고 표현했다.
예수께서 사도 바울을 가리켜서 택한 나의 그릇이라 하였다.

> 이 사람은 내 이름을 위하여 이방인과 임금들과 이스라엘 자손들 앞에 전하기 위하여 택한 나의 **그릇**이라 행 9:15

> 큰 집에는 금과 은의 그릇이 있을 뿐 아니요 나무와 질그릇도 있어 귀히 쓰는 것도 있고 천히 쓰는 것도 있나니 그러므로 누구든지 이런 것에서 자기를 깨끗하게 하면 귀히 쓰는 그릇이 되어 거룩하고 주인의 쓰심에 합당하여 모든 선한 일에 예비함이 되리라 딤후 2:20, 21

큰 집은 교회로 보아도 좋을 것이며, 국가 사회로 보아도 좋다. 그리고 그릇은 교회 안에 있는 사람들이며, 또는 국가 사회를 구성하고 있는 사람들이다. 인생은 확실히 그릇으로 쓰임 받는 존재이다.

> 이스라엘은 이미 삼키웠은 즉, 이제 열국 가운데 있는 것이 기뻐하지 아니하는 그릇 같도다 호 8:8

호세아 선지자는 죄로 더러워진 그 백성을 기뻐하지 않는 그릇에 비유하였다. 또 사도 베드로는 여자는 더 연약한 그릇이라고 하였다.

> 남편 된 자들아 이와 같이 지식을 따라 너의 아내와 동거하고 저는 더 연약한 그릇이요 벧전 3:7上

인생은 그릇이다. 그릇은 재료가 무엇으로 만들어졌느냐에 따라서 금 그릇, 은 그릇, 나무 그릇, 질그릇으로 구분 할 수 있고, 용기에 따라서 큰 그릇 작은 그릇이 있고, 용도에 따라 귀하게 쓰임 받는 그릇, 천하게 쓰임 받는 그릇도 있다.

우리 주위에는 여러 종류의 그릇이 있다. **일회용 그릇**이 있다. 한 번 쓰고 버리는 그릇이다. 깨어지기 쉬운 그릇이 있다. **유리 그릇** 같은 종류는 잘 깨어진다. 이는 여자라는 그릇이다. 여자는 남자 보다 상처도 잘 받고, 감정도 쉽게 상한다. "여자"라는 그릇은 조심해서 다루어야 할 것이다. **더러운 그릇**이 있다. 씻지 않고는 쓸 수 없는 그릇이다. **깨끗한 그릇**이 있다. 주인의 손에서 쓰임 받는 그릇이다.

2. 깨뜨리는 그릇

1) 부정한 그릇

구약 시대에는 부정한 그릇은 반드시 깨뜨리라고 하였다.

> 그것 중 어떤 것이 어느 질그릇에 떨어지면 그 속에 있는 것이 다 부정하여 지나니 너는 그 그릇을 깨뜨리라 레11:33

기어 다니는 것 중 부정한 것이 그릇에 떨어지면 그 그릇은 부정하니 깨뜨리라고 하였다. "부정하다"는 뜻은 "더러워지다", "불결하다", "속되다", "부패하다" 등의 뜻이 있다.

유출 병 있는 자가 만진 질그릇은 깨뜨리고 목기는 다 물로 씻을지니라 레 15:12

이는 죄와 접촉이 얼마나 부서움을 가리킨다. 신앙인은 죄가 무서운 줄 알아야 한다. 죄는 반드시 죄 값을 내야 하기 때문이다.

2) 악인

악인은 불원간에 깨어지는 그릇이다. 악인은 철창 앞에 깨어지는 질그릇이다. 질그릇과 철창은 대조적이다. 하나님은 "네가 철창으로 저희를 깨뜨림이여 질그릇 같이 부스리라"(시 2:9) 하였다.

"깨뜨림"이란 단어의 뜻은 "산산이 때려 부수다", "훑다", "박살내다", "해고 시키다", "힘차게 내려치다", "탕진하다(재산)", "파하다" 등의 뜻이 있다.

역사는 증거하고 있다. 수많은 부정한 그릇들과 악인들이 하나님의 철창 권세에서 깨어졌다. 부정하게 재산을 축적한 자들의 재산은 탕진 되었다. 뇌물을 받은 자들이 해고 되었다. 악으로 뭉쳐진 자들이 흩어졌다. 죄로 인하여 더러워지고 속된 그릇 같은 인생들이 깨어졌다. 의학자들의 말에 의하면 이 세상에는 약 삼만 가지의 질병이 있다고 한다. 그 중에서 5000가지는 병의 원인과 치료법을 알고 있지만 그 나머지는 치료 할 수 없다고 한다. 그리고 신학자들의 말에 의하면 질병의 70-80%가 죄로 인한 병이라고 진단한다. 병원마다 깨어진 육체들이 의술과 약을 통한 하나님의 일반 은총의 치유를 기다리고 있다.

예수 그리스도는 철창 권세를 가지신 분이다.

> 그가 철장을 가지고 저희를 다스려 질 그릇 깨뜨리는 것과 같이 하리니 나도 내 아버지께 받은 것이 그러하니라 계2:27

"그리스도께서는 왕국을 건설 하실 때 악한 마귀 세력과 악한 자들을 철창으로 질 그릇 깨뜨리듯 심판 하신다." 2)

더러워서 씻을 수 없는 그릇은 깨뜨려 버리듯이 죄에서 떠나지 않는 사람, 회개하지 않는 사람은 깨뜨림 받을 수밖에 없는 운명에 놓인 그릇들이다. 질 그릇 앞에 놓은 심판의 철창을 생각하라.

3. 쓰임 받는 그릇

1) 깨끗한 그릇

좋은 그릇이라 할지라도 더러워진 그릇은 쓸 수 없다. 쓰임 받는 그릇은 깨끗한 그릇이다.

> 그러므로 누구든지 이런 것에서 자기를 깨끗하게 하면 귀히 쓰는 그릇이 되어 거룩하고 주인의 쓰심에 합당하며 모든 선한 일에 예비함이 되리라 딤후2:21

"거룩"은 하나님께 사용되는 말이다. 이 말이 사람에게 사용되어질 때에는 "깨끗하다"라는 말로 표현된다.

거룩한 하나님은 죄가 없는 분이시며 그 분은 불결한 것, 더러운 것을 용납지 아니 하신다. 더럽고 불결한 것은 곧 죄를 의미한다. 자기를 깨끗하게 하면 귀히 쓰는 그릇이 되고 모든 선한 일에 쓰임 받게 된다.

2) 보배를 담은 그릇

육체는 깨어지기 쉬운 질그릇이다. 그러나 질 그릇 같은 인생 일지라도 그 질 그릇 속에 보배가 담겨져 있으면 그 보배로 인하여 질그릇까지 보호함을 받는다. "우리가 이 보배를 질그릇에 가졌다"(고후 4:7) 하였다.

보배는 무엇인가? 진리 되시는 예수 그리스도가 보배이다. 하나님의 뜻을 이루고자 하는 사명감이 보배이다. 사람마다 나를 통하여 이루시고자 하는 하나님의 뜻을 발견하고 사명을 찾아야 한다.

사명을 찾는 방법은 다음 세 가지 면에서 기도하면 구체적으로 잡힌다.

첫째, 내가 남보다 더 많이 가졌다고 생각되는 일에 사명이 있다.

둘째, 내게 항상 부담이 되는 일에 사명이 있다.

셋째, 남보다 더 아픔이 있는 것에 사명이 있다.

또한 하나님의 영광에 살고자 하는 목적의식이 보배이다.

금 같은 믿음이 보배이며 하나님을 향한 사랑의 열정이 보배이다.

질 그릇 인생이 가슴에 보배를 간직할 때 그 보배로 인하여 질그릇까지 보호 받고 귀히 쓰임 받는다.

사람의 인격을 어떻게 평가해야 하는가? 그 사람이 살고 있는 집이 크고 좋은 저택이면 그 사람이 훌륭한 것인가? 아니면 그 사람이 훌륭해서 그 사람이 살고 있는 집까지 돋보여야 되는가?

물질문명 속에 사는 사람들의 가치관이 집을 보고 사람을 평가하려는 경향이 있다. 아파트 평수가 크면 그 사람도 훌륭하고 아파트 평수가 작으면 거기에 사는 사람도 못난 사람인가?

옷이 날개라는 말이 있다. 확실히 옷을 잘 입으면 그 사람이 돋보이는 것은 사실이다. 그렇다고 옷이 훌륭해서 그 사람이 훌륭한 것인가? 아니면 그 사람의 인격이 훌륭해서 그 사람이 입은 옷까지 돋보여야 하는가?

간디는 인도인들에게 숭배 받는 인물이다. 간디는 항상 맨발에 무명옷을 걸치고 다녔다. 영국 황실에서 간디를 만난 여왕은 간디의 삐끔한 치아를 보고 말했다.

"내가 당신의 그 치아를 상아 치아로 하여 주겠소."

간디의 대답은 이러했다.

"내 민족이 다 상아 치아로 할 적에 나도 상아 치아를 하겠소."

민족을 생각하는 간디의 그 높은 정신이 간디를 민족의 영웅으로 만들었다. 그러므로 그는 맨발에 무명옷을 걸쳤지만 그 무명옷이 돋보였고 영국 황실을 자기 집 같이 드나들었다.

그리스도인의 마음속에는 예수의 생각으로 가득해야 한다. 질그릇 인생에 "보배"가 가득 담겨져야 한다. 보배를 담은 질그릇은 보배로 인하여 그릇까지 귀하게 보호 받는다.

필자가 공직에 있을 때이었다. 사회 유능 인사들의 모임을 주선한 일이 있었다. 그 파티에는 많은 귀부인들이 호화롭게 치장을 하고 참석하였다. 그 중에 한 부인은 돈이 많은 분이었다. 그 분은 귀걸이, 목걸이, 팔지, 가락지 등의 보석으로 꾸미고 나왔다. 나는 그분의 목걸이를 보면서 말을 건넸다.

"원장님, 그 목걸이가 그 옷에 잘 어울립니다."

"그렇습니까? 감사합니다."

"그런데 그 목걸이 혹시 가짜 아닙니까?"

이 분은 이런 질문을 받고도 전혀 개의치 않았다. 오히려 활짝 웃으며 말했다.

"이것 가짜인줄 어떻게 아셨지요? 이것 가짜입니다."

이 귀부인은 돈이 많은 분이었지만, 진짜 보석은 은행 금고에 두었다. 그리고 외출을 할 때는 진짜와 꼭 같은 가짜를 끼고 외출을 한다는 것을 알고 있었다. 이 분은 진짜가 있기에 "그 목걸이 가짜 아닙니까?" 하는 질문을 받고도 전혀 얼굴이 붉어지지 않고 여유가 있었다. 그러나 만약 그 분이 정말 가난해서 가짜를 목에 걸었다면 이런 여유는 없었을 것이다.

오늘 우리는 왜 이렇게 여유가 없는가? 왜 이렇게 시끄러운 소리가 나는가? 빈 수레가 더 요란하다. 내 속에 들은 것이 없기 때문이다. 예수 진리가 내 속에 있다면 시끄러운 소리는 나지 않을 것이다. 예수 보배를 가진 사람은 여유가 있다.

4. 번제단의 부속 그릇들

번제단에서 구약의 5대 제사 곧 번제, 소제, 화목제, 속죄제, 속건제가 시행되었다. 1년 365일 번제단의 불은 꺼지지 않고 항상 타고 있었다. 번제 단에서는 항상 제물을 불태우는 재가 떨어지고 있었다. 또 제단에서 끊임없이 떨어지는 재를 처리하지 않고서는 계속해서 불이 탈수 없다. 번제단을 위하여서 5개의 그릇이 중요한 역할을 한다.

1) 고기 대야

고기 대야는 번제단에 올라 갈 고기를 담는 그릇이다. 하나님의 제단에서의 고기 그릇은 무엇인가? 이것은 전도해서 하나님의 교회에 제물이 될 사람을 데리고 오는 사람이 고기 그릇이다. 하나님의 교회가 부흥 되려면 고기 그릇이 많아야 한다.

복음을 전할 때 너무 관상을 보지 말라 하였다. 저 사람은 불교 신자이기 때문에 안 되고, 저 사람은 너무 바빠서 안 되고, 이래저래 관상을 보게 되면 전도 대상자가 없다.

노방전도, 심방전도, 행위전도, 문서전도 등 부지런히 전도해서 하나님의 번제단에 바쳐질 제물이 있어야 한다. 제물이 없으면 번제단이 필요가 없다. 양이 없으면 목자가 필요 없고, 성도가 없는 교회는 건물에 불과하다.

전도를 잘 하면 하늘에 상급이 크다. 전도하기를 원한다면 예수 자랑하고 은혜 자랑하여야 한다. 교회 자랑하고 목사 자랑 하여야 한다. 자랑거리가 없다면 불평하지 말고 입을 다물어라.

좋은 소식은 세 사람이나 네 사람 건너가고, 나쁜 소식은 열여섯 사람이 건네진다고 한다. 좋은 말 하는 사람 네 사람이 나쁜 말 하는 한 사람 당하기가 어렵다. 전도하기를 원하면 부지런히 좋은 소식을 전하여야 한다. 섬겨야 하고 위해 주어야 한다. 말만 하고 섬김이 없으면 위선자가 되기 쉽다.

2) 고기 갈고리

고기 갈고리는 고기 그릇의 제물(고기)을 찍어서 번제단에 올려놓는 기구이다. 교회에서 갈고리의 역할은 무엇일까?

이는 사랑의 갈고리이다. 사랑의 갈고리 역은 먼저 교회에서 안내위원을 생각 할 수 있다. 새로 오는 교인은 어딘지 어색하여 교회에 정을 잘 붙이지 못한다. 새 신자는 융화가 잘 되지 않는다.

이때 갈고리 역할을 잘 해야 한다. 사랑의 갈고리 역할로 그를 예수에게 연결시켜야 한다. 갈고리에 찍힌 고기는 그 교회는 사랑이 넘친다고, 친절하다고 입을 모아 칭송한다. 그러나 갈고리에 찍히지 못한 고기는 도망가되 불평을 하고 도망간다.

교회 안에 있는 모든 성도들은 누구나 돈 안 드는 봉사를 할 수 있다. 누구나 사랑의 갈고리 역할을 할 수 있다. 먼저 웃음의 봉사를 하여 보자.

사람의 마음에 상처를 주는 것은 사건 그 자체보다도 말에서 상처를 받고 얼굴 표정에서 기분이 상할 때가 많다.

사람의 얼굴은 작은 것이지만 이것이 요물이다. 사람의 얼굴 중에서 눈과 입은 뛰어나게 자기표현을 잘한다. 특히 눈은 작은 것이로되 이것이 독살스러운 모습을 하면 온 몸에 소름을 끼치게 한다.

째려보는 눈,

가재같이 흘기는 눈,

독살스럽게 노려보는 눈이 그렇다.

그런가 하면

애수에 찬 눈,

호수같이 맑고 깨끗한 눈,
눈물 젖은 눈,
윙크하는 눈,
사랑에 불타는 정열의 눈이 있다.

애정이 있는 눈으로 바라보며 눈웃음을 칠 때는 사람의 간장을 녹인다.

역시 얼굴 중에서 가지 표현을 가장 잘 하는 것은 입이다. 입은 작은 것이지만 하얀 이를 살짝 드러내고 웃어 줄 때는 분위기가 훈훈하여지고 사람을 기분 좋게 만든다.

미인의 기준도 입이 우선이라고 한다. 입이 못생겼으면 미스 코리아에 나갈 생각은 하지 말아야 한다. 얼굴 화장을 다하고 입술을 화장하지 않으면 보기 흉하다. 그러나 다른 곳은 화장하지 아니해도 입술만 화장하면 온 얼굴이 화장한 것 같이 보인다. 그러므로 여자들은 종종 자동차 안에서 간단히 입술만 화장하는 것을 볼 수 있다. 화장을 할 때 입술은 특별한 칼라를 택하여 붉게 칠한다. 그 입이 자기표현을 다양하게 한다.

비웃는 입,
천박하게 웃는 입,
거품을 품고 정신없이 지껄이는 입,
한 일 (一)자로 굳게 다문 의지의 입,
입술을 깨물며 악으로 부들부들 떠는 입,
병약하여 파리한 입술,

젊고 건강한 붉은 입술,
항상 밝게 미소하는 입이 있다.

우리는 이와 같이 자기표현을 잘하는 눈과 입을 갖고 어떻게 봉사할까?

여기 임마누엘 칸트의 말이 있다.
"선의로 웃는 웃음은 반갑다.
악으로 웃는 웃음은 무섭다.
되는대로 웃는 웃음은 천박하다.
전혀 웃지 않는 사람은 어렵고 까다롭다."

이 세상에서 가장 아름다운 것은 꽃이 아니다. 이 세상에서 가장 아름다운 것은 사람이고 그 사람이 지니고 있는 교양 있는 웃음이다.

비웃음은 아주 기분 나쁘다.
쓴 웃음은 괴로운 데서 나온다.
억지로 웃는 웃음은 매인 사람의 웃음이다.
좋아서 웃는 웃음은 그 사람을 젊게 만들고 행복하게 한다.
간사한 웃음은 교활하다.
거짓된 웃음에는 음모가 있다.

활짝 밝게 웃자!

살짝 웃는 미소로 사람을 대하자!

웃음은 봉사 중에서도 돈 안 드는 봉사요 가장 하기 쉬운 봉사이다.

살짝 웃는 미소는 신선한 봉사요 우아한 봉사이다.

선의로 웃자. 눈도 웃고 입도 웃어서 얼굴에 환한 웃음을 주자.

웃음을 잃고 살아가는 병든 사회에서 웃음의 봉사를 잃지 말자. 웃음은 돈 안 드는 우아한 봉사이다.

또한 교회 안에서 쉽게 할 수 있는 봉사는 악수의 봉사이다. 악수에는 윤리가 있다. 먼저 연세 많은 분과 젊은 사람이 만났을 때는 누가 먼저 손을 내밀어야 하는가? 연세 많은 분이 먼저 손을 내밀어야 한다. 젊은 사람이 먼저 내밀면 무례한 일이다. 여자와 남자가 만났을 때는 누가 먼저 손을 내밀어야 하는가? 여자가 먼저 손을 내밀어야 한다. 그런데 요즈음 마음이 컴컴한 사람들이 많아서 남자가 먼저 손을 내민다.

잘 모르는 사람이나 서로 연령을 잘 모르는 사람, 교회 새 신자가 왔을 때는 누가 먼저 손을 내밀어야 하는가? 이는 먼저 손을 내미는 사람이 봉사하는 사람이다. 이 사람이 사랑이 있는 사람이요, 섬기는 사람이다. 저 사람이 손을 내밀면 나도 손을 내놓겠다. 이것은 누구나 다 할 수 있다. 저 사람이 악수 하자고 손을 내미는데, 나는 손을 내놓지 않는다면 원수관계이다. 그런데 교회는 왠지 봉사 받겠다는 사람만 모인다. 내가 먼저 손을 내밀지 않는다. 악수할 때 손이 아프도록 힘껏 쥐는 사람이 있다. 이는 포옹하면서 진하게 포옹하여 무례하고 당황스럽게 하는 일과 같다.

오늘날 교회에 새로운 성도 한 사람이 왔다면 백 명은 고사하고 열

명만 먼저 손을 내밀어 악수의 봉사를 해 보라. 그 교회는 사랑이 넘치는 교회일 것이다. 돈으로 봉사 하는 것도 좋지만 먼저 돈 안 드는 봉사, 웃음의 봉사, 악수의 봉사로 사랑의 갈고리 역할을 해야 할 것이다.

3) 불 옮기는 그릇

불 옮기는 그릇은 제단의 제물 위에 불을 쏟아 제물을 불태우는 것이다. 제물은 번제단 위에서 태워져야 한다. 제물은 태워서 그 향기를 여호와께 드리는 것이다. 제물은 태우는 것은 불같은 성령의 역사이다.

교회는 성령 충만한 성도들이 있어야 한다. 불같은 성령으로 죄악이 소멸되고 하나님을 향한 열정이 있어야 한다. 하나님은 열정 있는 사람을 쓰신다. 기도에 열심 있고 성령의 감동이 있어서 능력이 파도쳐야 한다. 찬송에 성령의 감동이 있어야 한다. 말씀에 생명의 역사가 있어야 한다. 봉사에 충성스럽고, 말씀에 충만한 성도들이 있어야 한다. 사역에 성령의 기름 부음이 필요하다. 그렇지 않으면 교회는 냉냉한 교회가 된다.

4) 부삽

제단에서 제물이 타면 재가 생긴다. 부삽은 그 재를 긁어서 재통에 담는 역할을 한다. 재를 긁어 내지 않으면 재가 쌓여서 제단의 불은 꺼진다.

"재"는 쓸모없는 시험 꺼리다. 제물이 완전히 희생되기까지는 많은 재가 생긴다. 교회에는 말도 많고 시험도 많다. 지상의 교회에는 완전한 교회가 없다. 당신 자신이 불완전하기 때문에 불완전한 당신이 교회의 회원이 된 이상 교회는 불완전하다.

하등 동물인 돼지도 죽을 때는 꽥꽥거린다. 닭을 잡아도 퍼덕거린다. 하물며 고등 동물인 인간이 제물이 되서 죽어지려니 별 소리가 다 나는 것이 당연지사다. 그래서 시험의 재는 쌓이고, 그 재 때문에 제단 불은 활활 타지 못한다. 이 시험의 재를 긁어내는 데는 부삽이 있어야 한다. 교회는 이 사람, 저 사람의 시험을 속히 긁어 담는 부삽 같은 성도가 많아야 한다.

5) 재를 담는 통(재통)

부삽으로 긁은 재는 재통에 담았다가 모아진 재는 진 밖에 버린다. 재는 재통에 넣어서 뚜껑을 덮어야 한다. 재통에 담지 않는 재는 바람에 날려서 온 성전을 더럽게 한다.

재통 같은 성도는 교회의 화목의 은사를 받은 자다. 교회는 재통과 같은 사람이 많이 있어야 한다. 모든 성도의 재와 같은 시험을 긁어 담고 십자가 밑에 나가서 거기다 기도로 쏟아 놓는 재통 같은 성도가 되어야 한다.

재를 긁어 담았으면 그 재는 지정된 곳에 버려야 한다. 아무데나 버리면 안 된다. 긁어 담은 재를 십자가 밑에 버려야 한다. 어제 교회 등록하고 들어와서 겨우 은혜의 불붙은 사람에게 재를 쏟아 놓으면 그 불은 꺼지게 마련이다.

재통에는 반드시 뚜껑이 있다. 재를 긁어 담으면 반드시 뚜껑을 닫아서 재가 날아가지 않도록 해야 한다. 아무에게나 가서 입 뚜껑을 열지 말라. 입 뚜껑을 꼭 닫으라. 예수님에게 가서 뚜껑을 열고 쏟아 놔야 한다.

하나님의 교회에서는 이러한 다섯 가지 그릇들이 있어야 한다. 전도의 사명자, 사랑의 은사자, 불 같이 뜨거운 능력의 사람들, 재를 잘 처리하는 지혜자, 그리고 시험이라는 재를 담아 영문 밖으로 가지고 나가는 지도자들이 있어야 한다. 이들이 다 자기 사명을 수행하여야 교회가 교회다워진다.

> 큰 집에는 금과 은의 그릇이 있을 뿐 아니라, 나무와 질그릇도 있어 귀히 쓰는 것도 있고, 천히 쓰는 것도 있나니 딤후2:20

교회와 국가 사회라는 집에서 깨끗한 그릇으로 주인의 손에서 쓰임 받고, 보배를 담은 그릇으로 주님의 보호함 받는 귀한 그릇이 되어야 할 것이다. 제단에서 쓰임 받는 그릇으로 봉사하여야 할 것이다.

Chapter 7
물두멍에서 죄를 씻으십시오

여호와께서 모세에게 일러 가라사대 너는 물두멍을 놋으로 만들고 그 받침도 놋으로 만들어 씻게 하되 그것을 회막과 단 사이에 두고 그 속에 물을 담으라. 아론과 그 아들들이 이 두멍에서 수족을 씻되 그들이 회막에 들어갈 때에 물로 씻어 죽기를 면할 것이요. 단에 가까이 가서 그 직분을 행하여 화제를 여호와 앞에 사를 때에도 그리 할지니라. 이와 같이 그들이 그 수족을 씻어 죽기를 면할지니 이는 그와 그 자손이 대대로 영원히 지킬 규례니라 출30:17-21

그가 놋으로 물두멍을 만들고 그 받침도 놋으로 하였으니 곧 회막 문에서 수종 드는 여인들의 거울로 만들었더라 출38:8

물두멍

출 30:17-21, 38:8

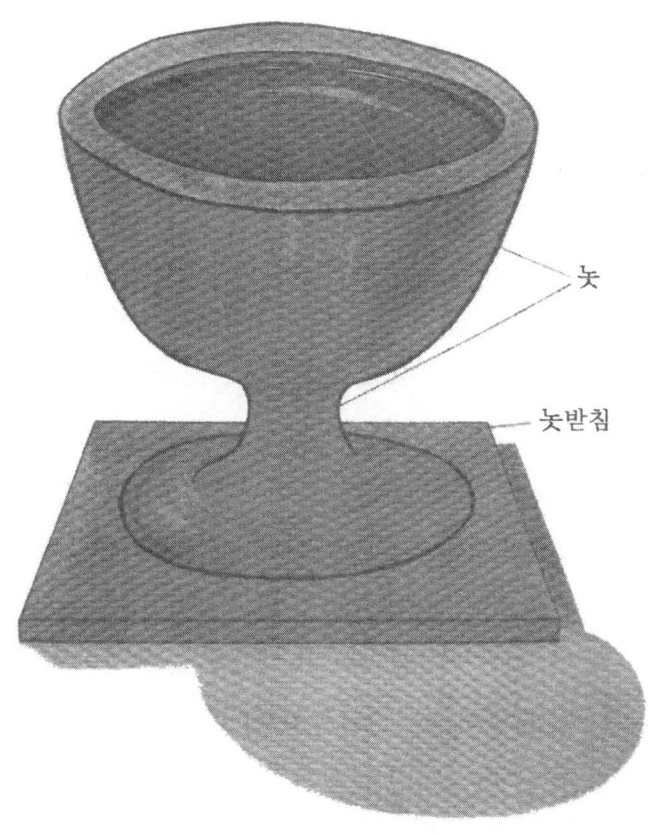

1. 물두멍의 위치와 그 교훈

성막의 동편 문으로 들어가면 제일 먼저 만나는 것이 번제단이다. 번제단에서 제물이 불태워 바쳐지고 피가 뿌려졌다. 이제 제사장은 성소의 휘장을 열고 성소에 들어가기 전에 물두멍을 거쳐야 한다.

여기에서 "수족을 씻어 죽기를 면하라"는 말씀은 물두멍을 통과하지 않으면 아무도 성소에 들어가지 못한다는 것이다. 성소에 들어가려면 반드시 물두멍을 통과하여야 한다.

물두멍의 위치는 번제단과 성소의 문에 이르는 그 중간에 위치한다. 번제단이 그리스도의 십자가의 희생을 상징한다면 성소의 문은 장차 나타날 하늘의 지성소를 의미한다. 그렇다면 십자가로 구속받은 성도들이 장차 하늘나라에 이르기까지 그 중간 행로에 필요한 것은 무엇일까? 그것은 곧 물두멍이다. 번제단이 신자들의 칭의를 상징한다면 물두멍은 신자들의 계속적인 성결 곧 성화를 의미한다.

번제단과 물두멍이 있는 성막 뜰에는 마루 바닥이 없었다. 거기에는 제사장들이 앉을만한 의자도 없었다. 또한 그곳은 거룩한 곳이기에 신을 벗어야 했다. 제사장의 발은 맨발로 먼지 있는 땅을 밟고 다녔다. 제사장은 번제단에서 거룩한 희생의 사역을 하고 거룩한 성소에 들어가는 어간에 발은 먼지에 더러워져 있다. 또 손은 희생의 피에 더러워져 있다. 더러워진 그 발과 그 손을 물두멍에서 씻어야 한다.

오늘날 성도의 위치는 어디인가?

성도는 번제단에서 예수 그리스도의 십자가의 의를 전가 받은 사람들이다. 예수님께서 베드로에게 말씀 하신대로 이미 목욕한 자다. 그렇다고 죄 없는 자는 아니다. 목욕은 하였어도 발은 씻어야 한다.

> 만약 우리가 죄 없다고 하면 스스로 속이고 또 진리가 우리 속에 있지 아니할 것이요 요일 1:8

우리는 계속해서 매일 매일의 죄를 자백해야 한다.

> 만일 우리가 우리 죄를 자백하면 저는 미쁘시고 의로우사 우리 죄를 사하시며 모든 불의에서 우리를 깨끗게 하실 것이요 요일 1:9

이 일은 천국 문에 들어가는 그날까지 계속되어야 한다. 중생의 씻음은 단번에 그리고 영원히 되어지는 것이다. 그러나 우리가 중생의 씻음을 단번에 얻었다할지라도 우리가 긍휼하심을 받고 때를 따라 돕는 하나님의 은혜를 얻기 위해서는 은혜의 보좌 앞에는 날마다 나가야 한다. 이것이 성도의 성화의 과정이다. 거룩하게 되는 성화는 하루 아침에 이루어지는 것이 아니다. 매일 매일 죄 씻음 받는 성결의 과정을 통해서 이루어진다.

2. 물두멍의 재료와 그 교훈

> 물두멍은 놋으로 만들고 받침도 놋으로 만들어 회막과 단 사이에 두고 그 속에 물을 담으라

물두멍의 재료는 놋이었으며 그 받침도 놋이었다. 놋쇠는 "승리"와 "하나님의 심판"이라고 언급하였다. 그리고 물두멍에는 물을 담았다. 물은 하나님의 말씀을 상징한다. 이곳 물두멍에서 성도들의 죄가 취급

되었다.

번제단에서 죄의 형벌이 영원히 해결 되었으며, 물두멍에서는 중생한 후의 성도들이 범한 더러운 죄들이 철저하게 처리되고 있는 것이다.

물두멍의 크기와 규모에 대해서는 언급이 없다. 성막의 모든 기구는 규격과 모형에 대해서 자세히 말씀하고 있다. 그러나 유일하게도 물두멍에 대해서는 언급이 없다. 그 이유는 상당한 교훈적 의미를 지니고 있다. 그 물두멍을 적용하는 데에는 제한이 없다. 물의 양에 대해서도 제한이 없다.

물두멍은 제사장이 더러워질 때마다 깨끗하게 하기 위해서 필요한 것이기 때문에 그때마다 물두멍에서 물을 사용하였다. 그 일은 하루에 몇 십 차례씩 아니면 그 이상인지도 모른다.

이것은 하나님 아버지의 무한한 용서를 의미한다.

> 내 형제가 내게 죄를 범하면 몇 번이나 용서하여 주리이까 일곱 번까지 하오리까? 마18:21

예수님 당시 랍비들의 교훈은 세 번까지 용서하라고 했다. 베드로는 예수님의 수제자쯤 되었으니 랍비들 보다는 훌륭하다고 생각하고 일곱 번까지 하오리까 하고 자문자답하였다. 이때 예수님의 대답은 "일곱 번뿐 아니라 일흔 번씩 일곱 번이라도 할지니라"(마 18:22) 고 하셨다.

용서는 무제한이다. 죄는 심판이 따른다. 그러나 물로 더러움을 씻는 자마다 사죄의 은총이 주어진다. 용서가 베풀어 진다. 그 용서는 무한히 전개된다.

3. 물두멍의 용도와 그 교훈

1) 수족을 씻어 죽기를 면하라.

손과 발을 씻되 회막에 들어갈 때 물로 씻어 죽기를 면할 것이요
출 30:20

회막에 들어가려면 손과 발을 씻어야 한다. 손은 봉사를 의미하고 발은 걸어 다니는 행동을 의미한다. 제사장이 거룩한 사역의 봉사를 하고 거룩한 성막 앞에서 걸어 다녀도 거기에는 먼지가 있고 피가 묻어 있다. 교회의 거룩한 봉사에도 죄로 오염될 수 있고, 성도의 발걸음은 실족한 데 빠질 수 있다. 이제 정결하게 하는 씻음의 역사가 있어야 한다.

죄는 우리를 사망으로 인도한다. 물로 씻어서 죽기를 면하라. 물두멍에는 항상 물이 채워져 있다. 수종 드는 여인들이 물을 채웠다. 그 물은 곧 말씀을 상징하기도 한다. 씻음의 역사는 거룩함의 역사이다. 하나님의 말씀으로 우리 죄를 씻어 정결함이 있어야 한다.

우리가 거룩하게 되는 길이 무엇인가?

저희를 진리로 거룩하게 하옵소서 아버지의 말씀은 진리니이다
요 17:17
이는 곧 물로 씻어 말씀으로 깨끗하게 하사 거룩하게 하시고 엡 5:26

위의 성경 말씀과 같이 우리는 하나님의 말씀으로 거룩하여질 수 있다. 진리와 하나님의 말씀은 동격이다. 진리와 말씀을 구분하여서 '나는 말씀의 아버지' 라고 주장하여 물의를 일으켰던 오류는 범하지

말아야 한다.

목사는 교회의 영적인 아버지가 아니다. 목사는 목사이다. 사모는 교회의 영적인 어머니가 아니다. 사모는 사모이다. 영적인 아비 사상을 잘못하는 데서 이단이 나온다.

> 청년이 무엇으로 그 행실을 깨끗하게 하리이까 주의 말씀을 따라 삼 갈 것이니이다 시 119:9

중생과 성결은 구분된다. 중생도 성결도 다같이 성령의 역사이다. 성령은 말씀과 함께 역사하신다. 중생이 일회적이라면 성결은 계속적이요 반복적이다. 예수 믿고 한 번 회개한 것으로 만족해서는 안 된다. 예수 그리스도의 보혈로 속죄함을 받았지만 계속해서 말씀으로 죄 씻음을 받고 거룩하여지는 성화의 과정이 있어야 한다. 예수 그리스도의 피는 우리의 죄를 씻기며 성령과 말씀은 죄로 오염된 마음을 씻기어서 거룩하게 한다.

주님이 내일 오시던 100년 후에 오시던 우리 그리스도인에게 가장 중요한 삶의 명제는 성령 충만한 삶이고, 거룩하고 경건하게 사는 것이다. 주님의 재림을 기다리는 성도는 내 삶의 터전에서 매일 매일 거룩하고 경건하게 살아야 한다.

> 주의 날이 도적같이 오리니…너희가 어떠한 사람이 되어야 마땅하뇨? 거룩한 행실과 경건함으로 하나님의 날이 임하기를 바라보고 간절히 사모하라 벧후 3:10-12

4. 경건한 삶을 살라

1) 마음의 성전을 깨끗케 하라

> 너희가 하나님의 성전인 것과 하나님의 성령이 너희 안에 거하시는 것을 알지 못하느뇨? 누구든지 하나님의 성전을 더럽히면 하나님이 그 사람을 멸하시리라 하나님의 성전은 거룩하니 너희도 그러하니라 고전 3:16-17

성전의 개념은 성령이 거하시는 곳이다. 이 교회 안에 성령이 거하시니 성전이다. 내 마음에 성령이 오셔서 거하시니 나는 곧 성전이다. 내 마음이 죄로 더러워지면 성령이 탄식하시고 성령이 떠나신다. 성령이 떠나시면 악령이 오고 악령은 그 사람을 멸하여 죽이기까지 한다.

2) 기도와 말씀으로 경건하여 진다(딤전 2:1-2)

기도가 따르지 않는 경건은 있을 수 없다. 신앙의 위인들은 기도함으로 그들의 경건이 입증되었고 모든 사람들을 위하여 기도와 간구와 중보 기도와 감사함으로 기도하였다.

3) 경건을 연습하라

> 육체의 연습은 약간의 유익이 있으나 경건은 범사에 유익하니 금생과 내세에 약속이 있느니라 딤전 4:8

새벽기도 하는 것도 육체의 연습으로 경건에 이르는 길이다. 성경을 읽는 것도 습관적으로 읽어야 한다. 매일 읽을 성경 장수를 정하여 놓고 읽는 것도 경건에 이르는 길이다.

4) 자족하는 마음을 가져라

자족하는 마음이 있으면 경건이 큰 이익이 되느니라 딤전 6:6

욕심은 무한하여 밑 빠진 구멍과 같다. 무한한 것은 유한한 것으로 채울 수 없다. 무한한 것으로만 채워질 수 있다. 이 우주에 무한한 것은 하나님 한 분 뿐이시다.

5) 혀에 재갈을 물리라

누구든지 스스로 경건하다 생각하며 자기 혀를 재갈 먹이지 아니하고 자기 마음을 속이면 이 사람의 경건은 헛것이라 약 1:26
망령되고 헛된 말을 버려라 저희는 경건치 않음에 점점 나아가니 딤후 2:16

"긴장하지 않은 무방비 상태에서 자연스럽게 흘러나오는 말이 무엇인가를 보면 현재의 경건의 상태를 진단할 수 있다"(정필도 목사).

화평케 하는 말, 감사하는 말, 싸매주는 말, 축복하는 말, 겸손한 말, 남을 세워주는 말, 수용하는 말은 경건한 삶에 도움이 된다. 그러나 음란한 말, 남의 허물을 들추어내는 말, 원망하는 말, 교만한 말, 절망하는 말, 비난하는 말, 공격하는 말, 조급한 말은 경건을 깬다.

너희 말을 항상 은혜 가운데서 소금으로 고르게 함과 같이하라 그리하면 각 사람에게 마땅히 대답할 것을 알리라 골 4:6

주님이 오실 마지막 때를 사는 우리는 늘 성령 충만을 염원하며 항상 기도하기에 힘쓰며 경건하게 사는가?

그리스도인에게 경건은 생명이다. 경건만 준비되면 하나님은 그 사람을 당신의 사역에 찾아 쓰신다. 하나님은 하나님의 사람들이 거룩한 입술을 가지기를 원한다. 입을 열면 하나님의 은혜를 나누고 싶어 애가 타는 그런 사람들을 찾고 계신다.

하나님은 모든 사람이 가지고 있는 다양한 기질과 성품을 선용하신다. 그 성품이 내성적이든 외향적이든 문제가 되지 않는다. 다만 거룩의 옷을 입기만 하면 된다. 마귀는 그리스도인의 경건을 깨뜨리려고 기회를 엿보고 있다. 그러므로 늘 은혜의 깊은 바다로 가라. 깊은 곳에서 헤엄치던 사람은 얕은 물에서 수영하지 않는다.

할 말 다하고 사는 사람은 절대로 경건한 사람 아니다. 들은 대로 분별없이 말 옮기는 사람도 절대로 경건한 사람이 아니다. 음담패설 즐기는 사람은 절대로 경건한 사람이 아니다.

경건한 삶에는 관심이 없고, 만날 사람, 만나지 않아도 될 사람 다 만나고, 해야 할 말, 하지 말아야 할 말 분간 없이 다 말하고, 음담패설 즐기고 세속에 묻혀 산다면 경건은 하나도 없고 흙탕물에 빠졌다가 나온 것 같은 삶의 연속이 될 것이다.

5. 회막문에서 시중 드는 여인들의 거울로 만든 물두멍

옛날의 거울은 놋 거울이었다. 현대와 같이 유리로 되어진 깨끗한 거울은 13세기 이후에 나타난 것이다. 옛날에는 놋에다 기름칠 한 놋 거울을 사용하였다. 그 놋 거울은 희미하게 보였다. 그래서 바울 사도는 말하기를 "우리가 이제는 거울로 보는 것 같이 희미하나 그때에는 얼굴과 얼굴이 대하여 볼 것이요"(고전 13:12) 했다.

여기의 거울은 놋 거울을 두고 한 말씀이다.

물두멍은 이스라엘 여인들이 보는 놋 거울을 가지고 만들였으며, 그 거울은 여인들이 애굽에서 나올 때에 가지고 나온 것이다. 거울은 여인들의 필수품이다. 여인들의 귀중한 필수품이 주님의 거룩한 사역을 위해서 바쳐졌다. 내 신앙의 거룩함을 유지하기 위해서는 하나님께 가장 값진 것을 바쳐야 한다.

네 보물이 있는 그 곳에 네 마음도 있느니라 마6:20

내 마음이 어디에 가 있는가를 알려면 내 돈이 어디에 쓰여지고 있는가를 보면 알 수 있다.
내 돈이 애인에게 쓰여지고 있다면 내 마음은 애인에게 가 있다.
내 돈이 술집에 쓰여지고 있으면 내 마음은 술집에 있다.
내 돈이 놀음판에 쓰여지고 있다면 내 마음은 놀음판에 가 있다.
내 돈이 주님의 사역에 쓰여지고 있다면 내 마음은 주님에게 있다.

거울의 용도는 무엇인가?
거울은 자기 자신을 있는 모습 그대로 비추어 준다. 거울로 자신을 보게 하여 자기 얼굴의 티를 제하고 단정하게 하는 역할을 한다.

> 누구든지 도를 듣고 행하지 아니하면 그는 거울로 자기의 생긴 얼굴을 보는 사람과 같으니 제 자신을 보고 가서 그 모양이 어떠한 것을 곧 잊어버리거니와 자유하게 하는 온전한 율법을 들여다 보고 있는 자는 듣고 잊어버리는 자가 아니요 실행하는 자니 이 사람이 그 행하는 일에 복을 받으리라 약1:23-25

자유하게 하는 율법은 곧 하나님의 말씀이다. 하나님의 말씀을 보는 것은 거울을 보는 것과 같다. 하나님의 말씀은 내 죄를 보여주고 있다.

성경을 헬라어로 "케논"이라고 했다. 그 뜻은 도량형기인 '자' 규범'이란 의미를 가지고 있다. 또 동사화 되면 '측량한다'의 뜻이 된다.

성경 말씀은 우리 생활의 규범이 된다. 성경 말씀은 신자의 생활을 측량한다. 나를 성경이라는 말씀의 거울에 비추어 보지 않으면 인간은 하나님 앞에서 실패자가 된다. 그러므로 우리는 우리를 온전케 하는 성경을 항상 들여다보고 자신을 깨끗하게 하여야 한다.

야고보는 자기를 들여다 볼 수 있는 거울을 소개하면서 '자유하게 하는 온전한 율법'이라고 했다.

온전한 율법은 곧 하나님의 말씀에 대한 별명이다.

나를 자유하게 하는 온전한 율법의 거울!

그 거울에서 그리스도인은 무엇을 보는가?

그 거울에서 내가 성숙한 그리스도인인가? 그렇지 못한 그리스도인인가를 점검할 수 있다.

우리는 말씀의 거울 앞에 항상 서야 한다.

어느 목사님이 부흥회를 인도하였다. 저녁 10시 반까지 설교를 하고 12시까지 안수기도를 했다. 너무 피곤해서 곤히 주무시다가 새벽에 깜짝 놀라 일어나서 시계를 보니 5시 새벽예배 시작 시간이었다. 급하게 옷을 주워 입고 강단에 서니 교인들이 까르르 웃는 것이었다. 그제서야 자기 모습을 살펴보니 런닝셔츠에 와이셔츠도 입지 않고 목에다 넥타이를 메고 그 위에 양복을 걸쳐 입고 있었다.

모두 말씀의 거울 앞에 자기를 비춰보자. 그 말씀이 우리를 온전케 할 것이다.

Chapter 8
떡상에서 영혼의 양식을 먹으십시오

너는 조각목으로 상을 만들되 장이 이 규빗, 광이 일 규빗, 고가 일 규빗 반이 되게 하고 정금으로 싸고 주위에 금테를 두르고 그 사면에 손바닥 넓이만한 턱을 만들고 그 턱 주위에 금으로 테를 만들고 그것을 위하여 금 고리 넷을 만들어 그 네 발위에 네 모퉁이에 달되 턱결에 달라. 이는 상 멜 채를 꿸 곳이며 또 조각목으로 그 채를 만들고 금으로 싸라. 상을 이것으로 멜 것이니라 너는 대접과 숟가락과 병과 붓는 잔을 만들되 정금으로 만들지며 상 위에 진설병을 두어 항상 내 앞에 있게 할지니라 출25:23-30

상

출 25:23-30, 37:10-16

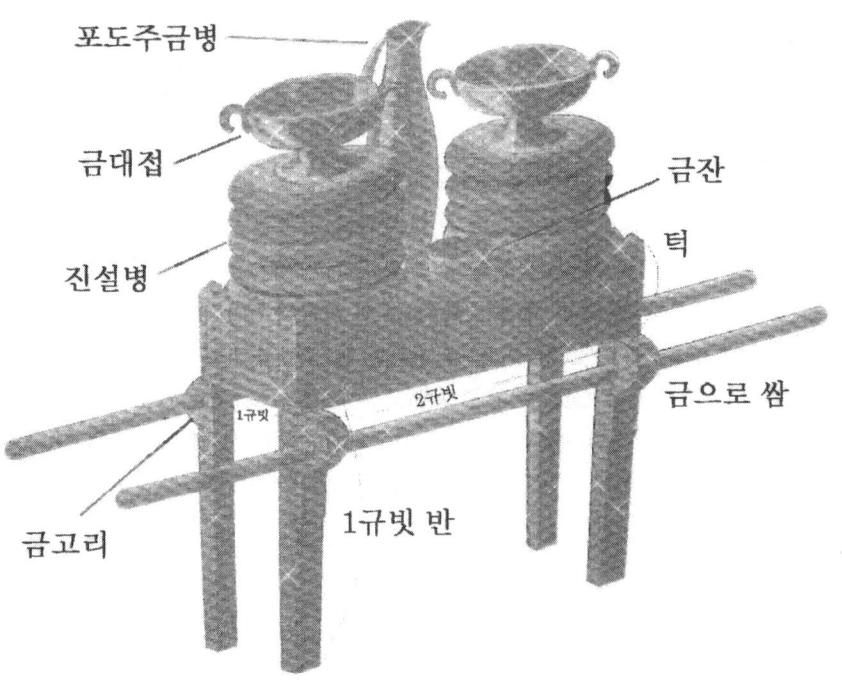

성막의 동편 문으로 들어서면 성막 뜰이 전개된다. 성막 뜰에는 번제 단이 있고, 번제단과 성소의 중간지점에 물두멍이 있다. 제사장이 번제 단에서 희생물을 번제물로 드리고 성소에 들어가려면 더러워진 손과 발을 물두멍에서 씻어야한다. 수족을 씻지 않고 성소에 들어갈 수는 없다. 물두멍에서 수족을 씻어 죽기를 면하라고 하였다.

장막의 휘장을 젖히고 성소에 들어가면 법궤를 향하여서 오른 편에 떡상이 있고, 떡상을 대하여 금 등대가 놓여있고 법궤를 향한 정면에 향단이 있다.

성막 뜰에는 이스라엘 백성은 누구나 들어 올 수 있었다. 시중드는 여자들도 성막 뜰에서 봉사하였다. 이스라엘의 임금도 성막 뜰에까지 들어왔다. 그러나 첫 장막 성소에는 제사장들만이 출입하였다. 성소에는 제사장이 매일 출입하면서 떡상에 떡을 진설하고 금 등대에서 등불을 점검하였으며 향단에서 향을 피웠다.

둘째 장막 지성소에는 대 제사장이 일 년에 일차씩 홀로 들어갔다. 지성소에 들어갈 적에는 반드시 양의 피를 가지고 들어가서 속죄 소에 피를 뿌렸다. 그곳은 피 뿌림이 없이는 들어갈 수가 없었다.

제사장이 성소에서 직무를 수행하는 데는 침묵으로 일하였다. 침묵 속에서 모든 것이 행하여졌다.

> 오직 여호와는 그 성전에 계시니 온 천하는 그 앞에서 잠잠 할지어다 합2:20

성소에서는 인간들의 불결한 입술은 다물어지고, 다만 금빛 찬란한 하나님의 영광이 성소의 등불의 조명을 받아 빛나고 있을 뿐이다.

1. 떡을 배설한 상

떡을 배설한 상을 진설병 상이라고 했다. 진설병 상은 조각목으로 만들고 정금으로 안과 밖을 싸게 하였다. 그리고 그 상위에는 항상 열 두 덩이의 떡을 두게 하였다.

> 상 위에는 진설병을 두어 항상 내 앞에 있게 할지니라 출25:30

상 주위에는 손바닥만한 턱을 두어서 떡이 떨어지는 것을 막도록 하였다. 히브리서 기자는 이것을 현재까지의 비유라고 말하였다.

> 이 장막은 현재까지의 비유니… 히9:9

1) 상(床)의 비유

상(床)은 일반적으로 하나님의 사랑과 은총을 비유하며 나눔의 사귐 공동체를 의미한다.

사무엘하 9장 12절에 "므비보셋은 항상 왕자 중 하나처럼 왕의 상(床)에서 먹으리라." 하였다. 사울 왕과 다윗, 그리고 사울의 아들 요나단과 다윗과의 관계는 묘한 관계에 있었다. 사울 왕은 다윗을 죽이려고 쫓아다녔으며, 사울의 아들 요나단은 다윗을 자기 생명처럼 사랑하였다. 그래서 다윗이 자기 아버지 사울의 손에서 벗어나 도망하도록 하였다. 후일 사울과 요나단이 블레셋과의 전투에서 한 날에 전사하였고 사울왕가는 무너졌다. 다윗이 유다 나라의 왕으로 등위하였다.

므비보셋은 요나단의 아들로서 사울 왕가가 무너질 때 유모가 안고 급히 도망하다가 떨어뜨려 두 발을 다 절뚝이는 병신이 되었다. 므비보셋은 왕족이라는 혈통을 숨기고 산간오지에서 숨어 살게 되었다. 후일 다윗은 수소문하여 숨어사는 므비보셋을 찾았다. 다윗은 자기를 생명처럼 사랑하던 요나단의 우정을 생각하고 무서워 벌벌 떠는 므비보셋에게 하나님의 은총을 베풀었다.

> 므비보셋이여, 무서워 말라 내가 반드시 네 아비 요나단을 인하여 네게 은총을 베풀리라 내가 네 조부 사울의 밭을 다 네게 도로 주겠고 또 너는 항상 내 상(床)에서 먹을지니라 삼하9:7

당시 왕궁의 규례는 병신은 왕궁에 들어올 수 없게 되었다. 그럼에도 불구하고 다윗은 므비보셋에게 특권을 베풀어 왕자의 대우를 하여 주어서 왕궁에 거하며 왕의 상(床)에서 함께 먹게 하였다.

이처럼 상(床)은 사랑과 은총을 비유한다.

또 시편 23편 5절에도 "주께서 내게 상을 베푸시며" 하신 말씀이 있다. 이것은 하나님께서 우리에게 사랑과 은총을 베푸시는 것이다.

이스라엘의 제사장은 백성을 대표해서 거룩한 성소에서 하나님과 깊은 사랑의 은총을 나누었다.

교회의 3대 기능은 첫째, 케리그마, 곧 말씀의 선포이며, 두 번째는 코이노니아, 교제가 이루어지는 곳이며, 셋째는 디아코니아, 섬김의 봉사가 있어야 한다.

교회의 두 번째 기능으로서 코이노니아는, 하나님과의 사귐이 있고 성도와 교제하는 친교 공동체이다.

> 우리가 보고 들은 바를 너희에게 전함은 너희로 우리와 **사귐**이 있게 함이니 우리의 **사귐**은 아버지와 그 아들 예수 그리스도와 함께 함이라 요1:3
> 내가 너희를 생각할 때마다 하나님께 감사하며, 간구할 때마다 너희 무리를 위하여 기쁨으로 항상 간구함은 처음부터 이제까지 **복음에서 너희가 교제함을 인함이라** 빌1:5

구역 예배 또는 마을 예배, 셀 교회(cell church) 또는 속회도 작은 교회 공동체로서 교회의 기능이 유지된다. 어떤 공동체에서도 원망과 불평을 나누면 아니 된다. 원망과 불평 속에는 항상 친교 공동체를 깨 버리게 하려는 사탄이 기회를 엿보고 있기 때문이다. 복음에서 교제하고 아버지와 그 아들 예수 그리스도와 함께 교제 하여야 한다.

2) 진설병(陳說餠)의 비유

> 상 위에는 진설병을 두어 항상 내 앞에 있게 할지니라 출25:30

떡상에는 항상 떡을 진설하여 두었다. 히브리서 기자는 이것을 현재까지의 비유라고 하였다. 그러면 이 떡은 무엇을 비유하는가?

떡은 생명의 떡으로 오신 예수 그리스도를 비유한다.
예수는 베들레헴에서 태어나서 말구유에 누이셨다. 베들레헴은 "떡집, 양식의 집, 창고, 곡간"과 같은 의미가 있다. 예수는 떡집에서 태어났으며 생명의 떡으로 오셨다. 사람들이 이 떡을 먹어야 영생을 얻을 수 있다.

> 내가 곧 생명의 떡이로다 너희 조상들은 광야에서 만나를 먹었어도 죽었거니와 이는 하늘로서 내려오는 떡이니 사람으로 하여금 먹고 죽지 아니하게 하는 것이니라 나는 하늘로서 내려온 산 떡이니 사람이 이 떡을 먹으면 영생하리라 나의 줄 떡은 곧 세상의 생명을 위한 내 살 이로다 하시니라 요6:48-51

예수는 벳새다 들녘에서 물고기 두 마리와 보리 떡 다섯 개로 오천 명을 먹이시고 남은 조각을 열두 광주리를 거두시었다. 사도 요한은 오병이어의 이적을 표적이라고 하였다.

> 너희가 나를 찾는 것은 표적을 본 까닭이 아니요 떡을 먹고 배부른 까닭이로다 요6:26

하나님 편에서 볼 때 오병이어의 사건은 전능도 아니고 이적도 아니다. 다만 표적이 된다.

모든 것을 다 아시는 전지하신 하나님에게는 예언이 있을 수 없으며, 모든 것을 다 하실 수 있는 전능하신 하나님 편에서는 이적은 없다. 모든 것을 다 아시는데 예언이 있을 수 없다. 내일의 일을 모르는 인간 편에서는 예언이 필요하다. 모든 것을 다 하실 수 있는 전능한 하나님 편에서는 이적은 없다. 불가능한 인간 편에서 이적이다. 그러므로 사도 요한은 이 사건을 표적이라고 하였다.

표적에는 세 가지의 의미가 있다.

첫째, 행하였던 이적의 사건은 역사적 사실이다.

오병이어의 이적을 자유주의 신학자처럼 허황된 이야기로 해석하지 말라. 이 사건은 역사적 사실이다.

둘째, 사건 자체는 상징적 의미를 가지고 있다.

이스라엘 백성이 광야에서 매일 아침 하늘에서 내려주는 만나를 먹었다. 이 사건은 놀라운 이적이었다. 하나님이 그러한 이적을 베풀어 주신 것은 생명의 떡이 되시는 예수를 주시겠다는 상징적 의미이었다.

> 내가 곧 생명의 떡이로다 너희 조상들은 광야에서 만나를 먹었어도 죽었거니와 이는 하늘로서 내려오는 떡이니 사람으로 하여금 먹고 죽지 아니하게 하는 것이니라 나는 하늘로서 내려온 산 떡이니 사람이 이 떡을 먹으면 영생하리라 나의 줄 떡은 곧 세상의 생명을 위한 내 살 이로다 하시니라 요6:48-51

셋째, 보이는 역사적 사실보다 보이지 아니하는 상징적 의미가 더 중요하다.

보리 떡 다섯 개와 물고기 두 마리로 배고픈 군중에게 먹을 것을 주어서 굶주림을 면하게 한 역사적 사건도 중요하다. 그러나 그 사건이 의미하는 생명의 떡이 되시는 예수 그리스도를 취하여 영생을 얻는 것이 더 중요하다.

이스라엘 백성이 광야에서 매일아침 하늘에서 비상식량이 내려 만나를 먹은 사건도 중요하다. 그러나 이보다 더 중요한 사실은 육신을 위한 양식 보다 매일 영의 양식을 먹어야 하고, 영원한 만나 되시는 예수 그리스도를 취하여 영생을 얻는 것이 더 중요하다.

예수가 행한 모든 이적은 표적이 된다.

예수께서 베들레헴 말구유에 나신 것도 표적이 된다. 요셉과 마리아가 호적 령이 내려서 고향인 베들레헴으로 호적하려 갔다가 여관마다 만원이라서 외양간에서 해산을 하였다. 전능하신 하나님께서 이 세상에 독생하는 아들 예수 그리스도를 보내실 때, 태어 날 방 하나를 마련할 수 없어서 외양간 말구유에서 태어나게 하셨는가? 그렇다면 하나님은 무능하신 하나님이시다. 이 사실은 구속사적 예표로서 표적이 된다.

성경에는 인간을 짐승에 비유하였다.

> 내가 자식을 양육하였거늘 그들이 나를 거역하였도다 소는 그 임자를 알고 나귀는 그 주인의 구유를 알건마는 이스라엘은 알지 못하고 나의 백성은 깨닫지 못하는도다 사 1:1-2

이 말씀은 이스라엘 백성이 소나 나귀 보다 못하다고 탄식하시는 책망의 말씀이다.

베드로가 기도하다가 비몽사몽간에 하늘이 열리고 한 보자기 같은 그릇이 내려오는 것을 보았다. 그 안에는 땅에 있는 각색 부정한 짐승과 기는 것과 공중에 나는 것들이 있었다. 이때 하늘에서 소리가 들렸다.

"베드로야 잡아먹어라."

베드로가 대답하되 "주여 그리할 수 없나이다. 속되고 깨끗지 못한 것을 내가 먹지 아니하겠나이다."

하늘의 음성은 다시 계속 되었다.

"하나님께서 깨끗게 하신 것을 네가 속되다 하지 말라"

이런 일이 세 번 반복이 되었다(행 10장).

이 사건 후 베드로는 이 이상이 무슨 뜻인가 하고 깊이 묵상할 때에 자기를 찾는 사람들을 만났다. 이방인 고넬료가 베드로를 초청하여 그의 말을 들으라는 천사의 지시를 받고 보낸 고넬료의 하인들이였다. 베드로는 그들을 따라가 고넬료의 집에서 하나님의 말씀을 전하였다. 그 때 성령이 고넬료의 집에 임하였다. 베드로는 이방인에게도 성령이 임하는 것을 보고 놀랐다. 베드로는 이방인에게도 유대인에게처럼 성령이 임하는 것을 보고 고넬료의 집 사람들에게 세례를 베풀었다.

그 후 이 일 때문에 베드로는 예루살렘 교회에서 할례자들로부터 힐난을 받았다. 유대인이 이방인의 집에 들어가서 이방인과 함께 먹고 이방인에게 말씀을 전하고 이방인에게 세례를 베풀었다는 것이다. 그 때까지만 하여도 이방인은 유대인에게 개로 여김 받았으며 하나님의 말씀은 유대인에게만 주신 특권으로 알고 있었다.

베드로는 그가 기도하는 중에 환상을 본 사건과 고넬료가 천사의 지시를 받은 사건과 그가 말씀을 전할 때에 성령이 임한 사실을 자초지종부터 이야기하였다.

> 그런즉 하나님이 우리가 주 예수 그리스도를 믿을 때에 주신 것과 같은 선물을 저희에게도 주셨으니 내가 누구관대 하나님을 능히 막겠느냐 하더라. 저희가 이 말을 듣고 잠잠하여 하나님께 영광을 돌려 가로되 그러면 하나님께서 이방인에게도 생명 얻는 회개를 주셨도다 하니라 행 11:17-18

그때부터 복음은 유대인의 장벽을 넘어 이방인에게로 넘어갔다. 그러면 베드로가 환상 중에 본 각종 가증한 짐승들은 무엇인가? 이방인이었다. 잡아먹어라 한 말씀은 그들에게 복음을 전하라는 하나님의 명령이었다.

예수께서 짐승이 사는 마구간에서 태어나서 말구유에 누이신 것도 표적이 된다. 짐승 같은 인간이 생명의 떡으로 오신 예수 그리스도를 먹어야 한다는 것이다. 우리의 마음이 비록 마구간 같이 지저분하고 더러워도 영접하면 예수는 오신다는 뜻이다. 예수 그리스도는 참 생명의 떡이 되신다.

> 인자의 살을 먹지 아니하고 인자의 피를 마시지 아니하면 너희 속에 생명이 없느니라. 내 살을 먹고 내 피를 마시는 자는 영생을 가졌고 마지막 날에 내가 그를 다시 살리리니 내 살은 참된 양식이요 네 피는 참된 음료로다 요6:53-55

예수는 참된 생명의 떡이시다. 예수가 죽은 지 나흘 되는 날에 죽었던 나사로를 살리신 것도 예수는 그 부활이라는 표적이 된다.

예수는 죽은 지 나흘 되는 날에 나사로를 살리시고 선포하셨다.

> 나는 부활이요 생명이니 나를 믿는 자는 죽어도 살겠고 무릇 살아서 나를 믿는 자는 영원히 죽지 아니하리라

소경이 예수를 만나고 실로암에 가서 씻고 눈을 뜨게 된 것도 표적이 된다. 실로암은 보냄을 받았다는 뜻이다. 예수는 하늘에서 보냄을 받은 자이다. 이 세상에서 소경처럼 어둡게 사는 모든 사람들은 실로암

되시는 예수를 만날 때 어두운 세상을 밝게 살 수 있다는 표적이 된다.

예수가 행한 모든 이적은 표적이 된다. 예수는 참 생명이 되시며 먹으면 영생하는 떡이 되신다.

떡은 영혼의 양식이 되는 하나님의 말씀에 대한 비유이다.

떡상의 떡은 매 안식일마다 새것으로 진설되었다. 그리고 떡상의 떡은 아론과 그 자손들이 거룩한 곳에서 먹게 하였다.

> 항상 매 안식일에 이 떡을 여호와 앞에 진설할찌니… 이 떡은 아론과 그 자손들에게 돌리고 그들은 그것을 거룩한 곳에서 먹을지니…
> 레 24:8-9

육신의 양식이 떡이라면 영혼의 양식은 하나님의 말씀이다.

> 사람이 떡으로만 살 것이 아니요 하나님의 입으로 나오는 모든 말씀으로 살 것이니라 마4:4
> 만군의 하나님 여호와시여 나는 주의 이름으로 일컬음을 받는 자라 내가 주의 말씀을 얻어먹었사오니… 렘15:16

육신의 양식은 밥이다. 밥을 먹어야 육신의 건강을 유지할 수 있다.

영혼의 양식은 하나님의 말씀이다. 우리 영혼이 이단의 독초를 먹으면 영혼의 상함이 있다.

굶주린 영혼은 하늘의 신령한 만나 되는 하나님의 말씀을 먹어야 한다. 목마른 영혼은 신령한 반석이 되시는 예수 그리스도로부터 쏟아지는 생수를 마셔야 한다.

우리는 하나님 앞에 바쳐진 떡이 되어야 한다.
떡상에는 여섯 개의 떡이 두 줄로 열 두덩이의 떡이 놓여 있었다.

> 너는 고운 가루를 취하여 떡 열둘을 굽되 매 덩이를 에바 십분 이로 하여 여호와 앞 순결한 상 위에 두 줄로 한 줄에 여섯씩 진설하고
> 레 24:5-6

그 열 두덩이이 떡은 이스라엘 열 두 지파를 상징하였다. 이스라엘 열 두 지파는 하나님 앞에 바쳐진 제물이다. 호세아 선지자는 이스라엘을 책망하면서 그들은 뒤집지 않은 전병이라고 하였다.

> 에브라임이 열방에 혼잡 되니 저는 곧 뒤집지 않은 전병이로다 호 7:8

이스라엘 나라의 창건자 여로보암은 에브라임 지파에서 나왔다. 에브라임은 곧 북 왕국 이스라엘을 의미하였다. 북 왕국 이스라엘이 이방 족속이 섬기는 우상과 혼잡이 되었다. 이는 뒤집지 않은 전병과 같아서 먹을 수 없는 떡이 되었다는 것이다.

떡은 번철에 구을 때 앞뒤로 잘 뒤집어서 고루 익어야 한다. 그러나 뒤집지 않은 전병은 한쪽은 타서 먹을 수 없고 한쪽은 설익어 먹을 수 없다. 떡상에 오르는 떡은 고루 잘 익은 떡으로 하나님 앞에 바쳐져야 한다.

떡상에 열 두덩이의 떡을 놓은 것은 이스라엘 열 두 지파를 상징한다면 곧 우리는 하나님 앞에 바쳐진 제물이다. 그렇다면 우리는 하나님께 바쳐진 제물로서 사랑과 공의가 겸하여야 한다. 인격적으로 지, 정,

의가 잘 배합되어야 하며, 내가 아는 것과 내가 믿는 것과 행하는 것이 하나가 되어야 한다.

떡상의 교훈을 간추려 정리하면,
교회는 하나님과 사귐이 있고 복음에서 교제하는 사귐의 공동체로 존재한다. 생명의 떡이 되시는 예수 그리스도를 먹고 영생을 얻어야 한다. 신적 권세가 있는 하나님의 말씀을 성령의 감동으로 듣고 그 말씀을 "아멘"과 "예"로서 받아 하나님께 영광이 되도록 하여야 한다. 우리는 하나님께 바쳐 진 제물로서 앞뒤가 잘 익은 제물이 되어야 한다.

2. 하나님의 말씀은 성령의 조명하에서 받아야 한다.

성막을 포괄적으로 다시 한 번 설명한다면,
성막에는 하나님 임재의 상징으로 낮에는 구름 기둥, 밤에는 불기둥이 덮고 있었다.
성막의 문은 구원자 되시는 예수 그리스도이시다. 예수 그리스도 안에 들어와야 구원을 받는다.
번제단에서 희생물이 바쳐짐은 예수 그리스도의 십자가의 희생을 상징한다. 번제 단에서 의롭다 함을 받는 칭의가 이루어진다.
물두멍에서는 날마다 죄를 씻는 성화의 단계이다.
성소는 거룩한 천국의 상징이다.
떡상은 생명의 떡으로 오신 예수 그리스도시요 떡은 곧 하나님의 말씀의 상징이다.

금 등대는 성령의 조명이며,
분향 단은 말씀과 성령의 인도로 하나님께 드리는 기도이다.
지성소는 거룩한 하나님의 보좌이다.

성소에서 금등대의 위치를 결정할 때에 두 가지를 언급하였다.

> 등잔 일곱을 만들어 그 위에 두어 앞을 비추게 하며 출25:37
> 그가 또 회막 안 곧 성막 남편에 등대를 놓아 상과 대하게 하고 출40:20

금 등대는 앞을 비추게 하였다. 그리고 떡상과 마주 대하게 하였다. 금 등대가 성령의 조명이라면, 하나님의 말씀을 받는 자세는 항상 성령의 조명하에서 말씀을 받아야 한다.

하나님의 말씀은 성령의 감동으로 기록되어진 말씀이다. 그러므로 하나님의 말씀을 받을 때에 성령의 조명 없이 사람의 말로 받으면 걸림돌이 된다.

> 너희가 듣기는 들어도 깨닫지 못할 것이요 보기는 보아도 알지 못하리라. 이 백성이 마음이 완악하여져서 그 귀는 듣기에 둔하고 눈은 감았으니 이는 눈으로 보고 귀로 듣고 마음으로 깨달아 돌이켜 내게 고침을 받을까 두려워함이라 마13:14-15

성령의 조명 없이는 듣기는 들어도 깨닫지 못하고 보기는 보아도 알지 못한다.

> 이 돌 위에 떨어지는 자는 깨어지겠고 이 돌이 사람 위에 떨어지면
> 저를 가루로 만들어 흩으리라 마21:44

예수는 산돌이시며 또한 심판의 돌이 되신다. 그 돌에 부딪히면 깨어지고, 그 돌이 나를 내려치면 가루가 되어 흩어진다.

세례 요한은 광야에서 그에게 몰려오는 청중을 향하여 독사의 자식들이라고 하였다.

하나님이 보았을 적에 그 무리는 독사와 같았다. 그래서 요한은 독사의 자식이라고 하였다. 요한이 외친 말을 하나님의 말씀으로 받은 사람들은 회개하여 세례를 받고 아브라함의 자손이 되었으며 그 말을 사람의 말로 받은 사람들은 요한에게 반기를 들고 물러갔다.

스데반은 성령이 충만하여서 예수 그리스도를 증거하였다. 그 말을 듣는 사람들은 마음이 찔렸다. 그런데 그 반응은 회개한 것이 아니라 스데반을 향하여 이를 갈았다.

> 저희가 이 말을 듣고 마음에 찔려 저를 향하여 이를 갈거늘 행7:54

스데반의 설교를 듣고 마음에 찔림을 받았다면 회개하여야 할 것이다. 그런데 회개는 고사하고 역반응으로 이를 갈며 돌을 들어 스데반을 쳤다.

하나님의 말씀은 성령의 감동으로 기록하였기 때문에 성령의 조명 하에서 들으면 회개요 생명이요 영생이요 축복이다. 그러나 사람의 말

로 들으면 심판이요, 죽음이다. 하나님의 말씀은 신적 권세가 있다. 그러므로 '예' 와 '아멘' 으로 받아야 한다.

> 성경은 폐하지 못하나니, 하나님의 말씀을 받은 자를 신이라 하였거늘 요10:35

모세가 40일 금식 기도하고 시내 산에서 두 돌판에 새긴 하나님의 율법을 가지고 내려왔다. 그리고 그 말씀을 선포할 적에 수건으로 얼굴을 가리고 선포하였다. 하나님의 율법을 선포할 때에 하나님의 영광이 그 얼굴에 충만하였다. 이제 그 율법의 선포가 끝나면 모세의 얼굴에 있던 광채가 벗겨질 것이다. 그래서 모세는 불필요한 오해를 받지 않기 위하여서 수건으로 얼굴을 가리었던 것이다.

율법은 죄를 깨닫게 한다. 율법이 있기 때문에 우리가 죄인 됨을 안다. 하나님의 말씀인 율법은 우리를 정죄하고 사망으로 심판하면서 우리에게 구원자 예수 그리스도가 필요하다고 알려주고 있다. 그러므로 율법은 우리를 예수 그리스도에게 인도하는 몽학선생이다.

율법은 문자에 매이면 우리를 사망으로 정죄하고 영으로 읽으면 우리를 살리는 말씀이 된다.

> 저가 또 우리로 새 언약의 일꾼 되기에 만족케 하셨으니 의문으로 하지 아니하고 오직 영으로 함이니 의문은 죽이는 것이요 영은 살리는 것이니라 고후3:6

'의문은 죽이는 것이요 영은 살리는 것이니라' 구절의 영어 성경은 쉽게 표현되었다.

"not of the letter but of the Spirit."

율법의 글자에 매이지 말고 영으로 의미를 이해하라는 뜻이다.

그러한 율법을 선포할 때도 모세의 얼굴에 광채가 있었다면, 그 율법이 말하는 예수 그리스도, 그를 믿음으로 구원받는 복음이 선포되면 구원과 영생이 있다. 온갖 부요와 축복이 말씀 안에 있다. 그러므로 하나님의 말씀은 예 하고, 아멘으로 받아야 한다.

> 하나님의 약속은 얼마든지 그리스도 안에서 예가 되니 그런즉 그로 말미암아 우리가 아멘 하여 하나님께 영광을 돌리게 되느니라
> 고후 1:20

하나님의 말씀을 받는 자세는 언제나 "예"가 아름답다. "아니오"가 있을 수 없다. 하나님의 말씀을 받을 때에 "예"하고 순종한 사람은 다 복을 받았다.

아브라함은 하나님이 "네 아들, 네 사랑하는 독자 이삭을 내게 번제물로 바치라" 하였을 때 즉시 순종하였다. 그는 아침에 일찍 일어나 하나님의 말씀을 순종에 옮겼다(창 22:3). 그러므로 아브라함은 하나님으로부터 많은 복을 약속받고 믿음의 조상이 되었다.

나아만은 요단강에 가서 일곱 번 씻으라는 선지자 엘리사의 말을 "예"로 받음으로 요단강에서 몸을 씻고 문둥병을 고침 받았다.

초대교회 성도들은 예루살렘을 떠나지 말고 성령을 받으라는 말씀에 순종함으로 마가의 다락방에서 기도하다가 불같이 임하는 성령을 받았다.

그러나 고라 자손은 모세 앞에서 "아니오" 하고 반기를 들다가 땅이 갈라져서 반역하는 무리를 삼켰다. 유다 사람들은 예레미야의 말에 청종치 않고 "아니오"로 그 말을 거역하다가 바벨론에 포로가 되었다.

하나님의 약속은 그리스도 안에서 얼마든지 예가 된다. 하나님의 약속은 그리스도 안에서 다 이루어 졌다. 하나님의 약속은 거짓이 없다. 그러므로 그 약속을 그대로 받고 "아멘" 하면 하나님께 영광이 돌아간다.

Chapter 9
금등대에서 성령 충만을 체험하십시오

너는 정금으로 등대를 쳐서 만들되 그 밑판과 줄기와 잔과 꽃받침과 꽃을 한 덩이로 연하게 하고 가지 여섯을 등대 곁에서 나오게 하되 그 세 가지는 이편으로 나오고 그 세 가지는 저편으로 나오게 하며 이편 가지에 살구꽃 형상의 잔 셋과 꽃받침과 꽃이 있게 하고 저편 가지에도 살구꽃 형상의 잔 셋과 꽃받침과 꽃이 있게 하여 등대에서 나온 여섯 가지를 같게 할지며 등대 줄기에는 살구꽃 형상의 잔 넷과 꽃받침과 꽃이 있게 하고 등대에서 나온 여섯 가지를 위하여 꽃받침이 있게 하되 두 가지 아래 한 꽃받침이 있어 줄기와 연하게 하며 또 두 가지 아래 한 꽃받침이 있어 줄기와 연하게 하며 또 두 가지 아래 한 꽃받침이 있어 줄기와 연하게 하고 그 꽃받침과 가지를 줄기와 연하게 하여 전부를 정금으로 쳐 만들고 등잔 일곱을 만들어 그 위에 두어 앞을 비추게 하며 그 불집게와 불똥 그릇도 정금으로 만들지니 등대와 이 모든 기구를 정금 한 달란트로 만들되 너는 삼가 이 산에서 네게 보인 식양대로 할지니라 출25:31-40

그가 또 정금으로 등대를 만들되 그것을 쳐서 만들었으니 그 밑판과 줄기와 잔과 꽃받침과꽃이 그것과 한 덩이로 되었고 여섯 가지가 그 곁에서 나왔으니 곧 등대의 세 가지는 저편으로 나오고 등대의 세 가지는 이편으로 나왔으며 이편 가지에 살구꽃 형상의 잔 셋과 꽃받침과 꽃이 있고 저편 가지에 살구꽃형상의 잔 셋과 꽃받침과꽃이 있어 등대에서 나온 여섯 가지가 그러하며 등대줄기에는 살구꽃 형상의 잔 넷과 꽃받침과 꽃이 있고 등대에서 나온 여섯 가지를 위하여는 꽃받침이 있게 하였으되 두 가지 아래 한 꽃받침이 있어 줄기와 연하였고 또 두 가지 아래 한 꽃받침이 있어 줄기와 연하였고 또 두 가지 아래 한 꽃받침이 있어 줄기와 연하게 하였으니 이 꽃받침과 가지들을 줄기와 연하게 전부를 정금으로 쳐서 만들었으며 등잔 일곱과 그 불집게와 불똥 그릇을 정금으로 만들었으니 등대와 그 모든 기구는 정금 한 달란트로 만들었더라 출37:17-24

등 대

출 25:31-40, 37:17-24

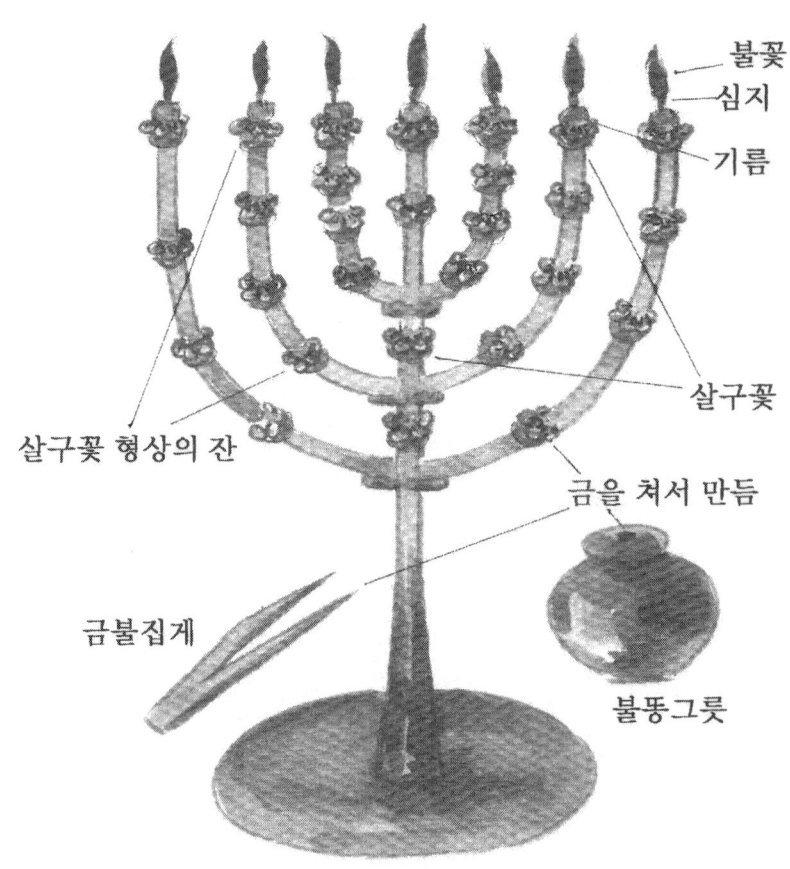

1. 금등대의 재료와 만드는 방법

등대는 순금으로 만들게 했다. 그 중량은 금 한 달란트로 규정했다. 그리고 등대를 만드는 방법은 "쳐서" 만들도록 했다. 금 한 달란트를 현대 무게로 환산하면 약 43Kg의 금이 된다.

등대는 흔히 금 촛대라고 불리워진다. 그러나 이것은 초를 꽂는 촛대는 아니다. 등대는 불을 밝히는 램프(Lamp)이다.

순금으로 만들어진 등대에는 감람열매를 찧어서 얻은 순결한 기름을 부어 항상 불이 꺼지지 않도록 했다.

> 너는 또 이스라엘 자손에게 명하여 감람으로 찧어 낸 순결한 기름을 등불을 위하여 내게로 가져 오게 하고 끊이지 말고 등불을 켜되
> 출 27:20

어두움을 밝히는 빛, 그리고 기름으로 채워진 등은 그리스도를 상징하고 있다는 것을 쉽게 알 수 있다. 그리고 등대를 만드는 방법이 "쳐서" 만드는 것이다. 이것은 그리스도의 "고난"의 상징이며, 등대가 인격을 상징하고 있는 것이다.

예수는 "나는 세상의 빛이라" (요 9:5) 하였다.

또 "주의 말씀은 내 발에 등이요 내 길에 빛이 되신다" (시 119:105).

등대에서 발하는 빛은 예수에 대한 상징이며, 등의 기름은 성령을 상징한다.

2. 일곱 등대

등대는 한 가지에 이편에 셋, 저편에 셋을 연하게 가지런히 하여서 일곱 등대가 빛을 발하게 하였다.

일곱이라는 수(數)는 완전수이다.

수의 상징은,

하나는 삼위일체 되시는 하나님의 수다.

둘은 짝수로 상대적 수요, 증인의 수다.

셋은 삼위일체의 수요, 완전수다.

넷은 고난의 수다(40년 광야생활, 40에 하나 감한 매, 400년 종살이).

다섯은 중앙의 수요, 은총의 수다.

여섯은 인간 지혜의 수요, 마귀의 수다(666).

일곱은 완전수이다(7인, 7나팔, 7대접, 7년 풍속, 7년 흉년).

여덟과 아홉은 은총의 수요,

열은 만(滿)수이다.

애굽에 내린 10가지 재앙,

"품값을 열 번이나 번역"(창 31:6,7),

"열 번이나 나를 시험하고"(민14:22),

"열 번이나 나를 꾸짖고"(욥 19:3)

이러한 말은 꼭 열 번을 말한 것이 아니라 충만한 수를 의미한다.

일곱 등대에서 발하는 빛은 예수 그리스도께서 말씀과 성령을 통하여 그리스도의 구속 사역을 완전히 성취하실 것이라는 상징으로 볼 수 있다.

3. 등불을 점검하는 시간

> 너는 또 이스라엘 자손에게 명하여 감람으로 찧어 낸 순결한 기름을 등불을 위하여 네게로 가져오게 하고 끊이지 말고 등불을 켜되 아론과 그 아들들로 회막 안 증거궤 앞 휘장 밖에서 저녁부터 아침까지 항상 여호와 앞에 그 등불을 간검하게 하라. 이는 이스라엘 자손의 대대로 영원한 규례니라 출27:20,21

등불에 사용된 기름은 감람나무 열매에서 찧어 낸 순결한 기름이다. 그리고 등불을 켜는 시간은 "끊이지 말고 켜되"라는 말과 "저녁부터 아침까지 항상 여호와 앞에 그 등불을 간검하게 하라"한 말을 유념하여 보자.

끊이지 말고 등불을 켜라는 말은 24시간 항상 등불을 켜라는 말인지 아니면 "저녁부터 아침까지"라는 시간을 수식하는 말인지는 잘 구분이 되지 않는다. 그러나 다음 성경을 참고하면 등불을 켜는 시간이 저녁부터 아침까지라는 것을 알 수 있다.

> 아론이 아침마다 그 위에 향기로운 향을 사르되 등불을 정리할 때에 사를 지며 또 저녁때 등불을 켤 때에 사를지니 출30:7-8

등불을 켜는 시간은 저녁부터 아침까지이다. 저녁부터 아침까지라는 말에 깊은 주의를 갖자.

사도 베드로의 편지에 "또 우리에게 더 확실한 예언이 있어 어두운 데 비취는 등불과 같으니 날이 새어 샛별이 너희 마음에 떠오르기까지 너희가 이것을 주의하는 것이 가하니라"(벧후 1:19)고 한 말씀이 있다.

이처럼 베드로는 날이 새어 밝아오는 아침을 주님의 재림의 때로 상징했다. 바꾸어 말한다면 신약의 사도들은 예수께서 승천하신 후 재림하기까지의 기간을 어두운 밤으로 표현했다(요 9:4, 5 참고). 이러한 암흑의 밤은 일곱 등잔의 빛이 비춰는 성령의 조명시대요, 그 예언의 말씀이 앞을 밝혀주는 은혜의 시대이다. 우리는 날이 새어 샛별이 떠오르기까지의 괴로운 밤을 오직 성령의 조명과 말씀의 인도로 한걸음 한 걸음 걸어가야 하는 시대에 살고 있다. 성도의 일곱 등잔을 '저녁부터 아침까지' 만 간검하게 한 것으로 대대의 규례로 삼게 한 것은 그러한 상징적 진리를 계시하여 주신 것으로 믿는다. 2)

시대가 어둡고 타락했다고 불평하기 보다는 어둠이 있기 때문에 내 작은 빛을 필요로 한다고 생각해야 한다.

4. 일곱 등잔의 빛과 향단의 향

성소에는 떡상과 금등대와 향단이 있다. 향단에서는 향을 사르도록 했다. 그 향은 성도들의 기도를 의미한다.

출애굽기 30장 7, 8절에서는 향을 피우는 때와 등불을 정리하는 시간을 관련 지어 말씀했다.

> 아론이 아침마다 그 위에 향기로운 향을 사르되 등불을 정리할 때에 사를 지며, 또 저녁때 등불을 켤 때에 사를지니 이 향은 너희가 대대로 여호와 앞에 끊이지 못할 지며

이것은 성도의 참된 기도는 금등대의 등불과 성령의 내조하심에서만 가능한 것을 계시하고 있다. 향단의 향을 사르는 규례는 반드시 아침에 등불을 정리하기 전에 사르고, 저녁에 등불을 켠 후에 사르도록 했다.

우리의 기도는 빛 되신 하나님의 말씀과 등불을 밝히는 기름, 곧 성령의 역사 안에서 참된 기도를 드릴 수 있는 것이다. 말씀에서 떠나고 성령의 역사가 없는 기도는 하나님의 보좌에 상달될 수 없다. 그러므로 성도는 인격의 감동도 중요하지만 성령의 감동이 더욱 필요한 것이다. 성령은 우리를 깊은 기도의 골방으로 인도하시며 바른 기도의 제목으로 인도하신다.

5. 등대가 비취는 방향

일곱 등대의 불은 앞을 비추게 하고 진설병과 서로 마주 대하게 했다.

> 등잔 일곱을 만들어 그 위에 두어 앞을 비추게 하며 출25:37
> 그가 또 회막 안 곧 성막 남편에 등대를 놓아 상과 대하게 하고 출40:24

등대는 떡상과 마주 대하였으며, 앞을 비추게 하였다. 떡상의 떡은 전술한 바와 같이 이스라엘 열두 지파를 상징한 열두 덩이의 떡을 놓았다. 열두 덩이의 떡은 이스라엘 열두 지파의 양식이다. 그 떡은 생명의 떡 되신 예수 그리스도이다. 또한 그 떡은 우리 영혼의 양식인 하나님의 말씀을 의미하는데, 우리는 그 떡을 항상 먹어야 한다.

> 사람이 떡으로만 살 것이 아니요, 하나님의 입으로 나오는 모든 말씀으로 살것이니라 마4:4

하나님의 말씀이 곧 생명의 떡이다. 그러나 그 말씀을 받을 때에 성령의 조명이 있어야 한다. 하나님의 말씀은 성령의 감동으로 기록되어진 말씀이다. 그러므로 하나님의 말씀은 성령의 조명 없이 받으면 걸림돌이 될 수 있다.

> 너희가 듣기는 들어도 깨닫지 못할 것이요 보기는 보아도 알지 못하리라. 이 백성들의 마음이 완악하여져서 그 귀는 듣기에 둔하고 눈은 감았으니 이는 눈으로 보고 귀로 듣고 마음으로 깨달아 돌이켜 내게 고침을 받을까 두려워함이라 마13:14,15

마음이 완악하여 성령의 조명 없이 듣는 말씀은 들어도 깨닫지 못하고 보기는 보아도 알지 못한다. 성령이 떠나면 마음이 완악하여지고, 성령의 조명 없이 깨달으면 오히려 예수 그리스도를 거치게 하는 자가 된다.

6. 말씀과 기도는 성령충만의 방편이다.

향단의 향이 기도를 의미하고, 떡상의 떡이 말씀을 상징하며 금등대의 등이 성령의 조명을 상징한다고 언급하였다. 하나님의 말씀과 기도는 성령 충만의 방편이다.

신자의 신앙생활은 계속된다. 주일이면 교회 나와서 예배드리며 헌금도 바친다. 그런데 내 마음에는 기쁨이 없다. 그 이유가 무엇이라고 생각하는가? 한 마디로 대답하면 성령 충만이 되지 않아서 그렇다.

우리는 죄짓는 것을 원치 않는다. 선하게 살고 구제하며 살고 싶다. 그런데 실제로 내 삶은 구제하는 것보다 움켜지는 것이 우선이다. 죄와 쉽게 타협한다. 그 이유가 무엇일까? 그 이유도 한 마디로 대답하라면 성령 충만이 되지 않아서 그렇다.

교회 다닌 지는 오래되었다. 그런데 나보다 뒤에 예수 믿는 사람들은 열심도 있고 은사도 받고 봉사도 열심히 한다. 그런데 나는 기쁨도 없고 은사도 별로 나타나지 않고 열매도 없다. 그래서 답답하다. 예수 안 믿자니 형벌의식에 매여 벌 받을 것 같고, 믿기는 믿는데 열심도 없고, 무엇에 매여서 가기 싫은 소 끌려가듯 억지로 신앙 생활하는 이유가 무엇일까? 그 이유도 성령 충만이 되지 않아서 그렇다.

술 취함과 성령 충만이 어떻게 다른가.
바울은 "술 취하지 말라 이는 방탕한 것이라" 했다. 그리고 "성령의 충만을 받으라"고 했다.
초대교회에서 성령 충만한 사람들을 보고 세인들이 말하기를 저들이 '새 술에 취했다'고 했다.
바울은 술 취하는 것과 성령으로 충만한 것에 비슷한 것이 있는 것을 보았다. 그래서 술 취하지 말고 성령의 충만을 받으라고 하였다.
술 취하면 알코올 기운이 나의 온 몸을 주관하여서 이성의 기능이 마비된다. 술 취하면 인심이 좋아지는 사람도 있다. 횡설수설 하는 사람도 있다. 의협심이 생겨서 호언장담하는 사람도 있다. 욕하고 폭력 쓰는 사람도 있다. 이 모든 것은 이성의 기능이 마비되고 술기운이 나를 주장하기 때문이다.

성령의 충만을 받으면 이성이 마비되는 것이 아니라 이성이 살아난다. 성령은 하나님의 기쁜 뜻이라도 통달하여 안다. 그러므로 성령 충만하면 하나님의 뜻, 하나님의 생각으로 가득하다. 내 모든 생각을 성령이 주장하게 된다.

술 취하는 것과 성령 충만이 같은 것은, 하나는 술기운이 나를 주장하는 것이고 하나는 성령이 나를 주장하는 것이다.

술 취하는 것과 성령 충만이 다른 것은 술 취하면 방탕하여 진다. 성령 충만하면 더 이성적이고 하나님의 감동이 충만한 사람이 되는 것이다.

성령 받으면 구원 받고, 전도하고, 성화가 이뤄진다.
성령 충만은 세 가지 면에서 생각할 수 있다. **복음서**에서는 성령을 구원론적 입장에서 설명했다. 물과 성령으로 거듭나야지 천국에 갈 수 있다.

> 진실로 내가 너에게 말한다. 네가 거듭나야 하겠다. 누구든지 물과 성령으로 거듭나지 아니하면 하나님 나라에 갈 수 없다 요3:3

사도행전에 나타난 성령은 선교론적이다. 성령이 임하면 능력 받고 그 능력은 예수의 증인이 되는 삶을 산다는 것이다.

오직 성령이 너희에게 임하시면 너희가 권능을 받고 예루살렘과 온 유대와 사마리아와 땅 끝까지 이르러 내 증인이 되리라 행1:8

바울 서신에 나타난 성령의 역사는 성화론적이다.

술 취하지 말라 이는 방탕한 것이다 성령의 충만을 받으라 엡5:18

그러므로 성령을 받으면 구원 받는다. 예수를 증거하는 증인의 삶을 살 수 있다. 성결 된 삶을 살게 되어 있다.

성령충만은 누가의 전용 용어이다.
바울은 성령의 충만을 받으라 했다. 성령 충만은 무엇인가?
"성령 충만"이라는 단어는 신약성경에 16번 기록되었다. 누가복음에 4회, 사도행전에 11회, 그리고 에베소서에 1회 기록되었다(5:18).

누가복음과 사도행전의 저자는 누가이다. 에베소서의 저자는 바울이다. 성령 충만은 누가의 전용용어라는 것을 알 수 있다. 누가는 바울과 함께 동역하였다. 바울의 사역을 보며 바울이 성령 충만으로 일했다는 것을 알았다.

누가는 성령충만이라는 용어를 기탄없이 말씀을 전할 때, 성령과 지혜에 관련해서 말할 때, 성령과 믿음에 관련해서 말할 때 사용했다.

그러므로 성령 충만은 말씀을 전하는데 담력이 있고, 정신이 똑똑하고, 성령의 능력으로 죄를 이기고, 성령의 능력으로 시험을 이기고, 그 삶에 성령으로 말미암은 지혜가 있고, 성령으로 말미암아 믿음이 있을 때를 두고 성령 충만 이라고 하였다. 그리고 바울은 성령이 충만해서 술기운이 나를 주장하는 것이 아니라 성령이 나를 주장해서 거룩한 성별 된 삶을 두고 성령의 충만을 받으라고 했다.

하나님의 말씀인 성경은 성령의 감동으로 기록된 책이다.

> 모든 성경은 하나님의 감동으로 된 것으로 교훈과 망과 바르게 함과 의로 교육하기에 유익하니 이는 하나님의 사람으로 온전케 하며 모든 선한 일을 행하기에 온전케 하려 함이니라 딤후3:16-17
>
> 예언은 언제든지 사람의 뜻으로 낸 것이 아니요 오직 성령의 감동하심을 입은 사람들이 하나님께 받아 말한 것임이니라 벧후1:21
>
> 하나님의 말씀은 살았고 운동력이 있어 좌우에 날선 어떤 검보다도 예리하여 혼과 영과 및 관절과 골수를 찔러 쪼개기까지 하며 또 마음의 생각과 뜻을 감찰하나니 지으신 것이 하나라도 그 앞에 나타나지 않음이 없고 오직 만물이 우리를 상관하시는 자의 눈앞에 벌거벗은 것같이 드러나느니라 히4:12-13

하나님의 말씀에는 성령이 강력하게 역사한다. 말씀의 충만은 곧 성령의 충만으로 연결된다.

기도는 성령 충만의 방편이다.

초대교회에서 마가의 다락방에 모인 120여 명의 성도는 열심히 기도하였다. 그때에 저희가 다 성령의 충만함을 받았다고 하였다.

초대교회 사도들이 붙잡혔다가 놓였을 때 "저희가 일심으로 소리 높여 기도하였다"(행 4:24). 그리고 "빌기를 다하매 모인 곳이 진동하더니 무리가 다 성령이 충만하였다"(행 4:31)고 하였다.

누가는 그의 복음서에서 "구하는 자에게 성령을 주시지 않겠느냐"

(눅 11:13) 고 기록하였다.

또한 신앙의 선진들은 다 기도하다가 성령의 충만을 받았다.

성령은 하나님의 깊은 뜻을 안다. 우리는 마땅히 구할 바를 알지 못하지만 성령이 말할 수 없는 탄식으로 우리를 위하여 간구한다. 기도는 성령의 인도함을 받아야 한다. 성령의 인도함을 받는 기도는 성령 충만으로 나타난다.

7. 등대와 성도의 모형

등대가 예수 그리스도를 상징한다는 것은 이미 앞에서 언급한 바 있다. 뿐만 아니라 성도는 세상의 빛이 된다.

> 너희가 아직 빛을 있을 동안에 빛을 믿으라 그리하면 빛의 아들이 되리라 요12:26

예수 그리스도는 영원히 꺼지지 않는 빛이 되신다. 우리는 그 빛을 받아서 발하는 작은 빛이다. 이 빛이 꺼지지 않도록 해야 한다.

8. 제사장은 등대 불꽃의 심지와 불똥을 점검하였다.

1) 등대가 빛을 발하려면 심지가 타야 한다.

등대가 빛을 발할 때 심지는 타고 있다. 심지가 탄다는 것은 자기희생을 의미한다. 자기희생이 없으면 빛이 나타나지 않는다. 그리스도인의 이웃을 위한 자기희생이 있어야 한다. 이 희생은 사랑의 수고이다.

2) 심지가 타게 되면 불똥이 생긴다.

불똥을 제거하지 않으면 그을음이 생긴다. 그 그을음은 고약한 냄새를 피우며 사람의 눈에 눈물을 흘리게 한다.

3) 그을음은 언제 생기며 불빛은 왜 흐린가?

기름이 없을 때 그을음이 생긴다. 성도의 빛이 꺼져가고 시험이 생기는 이유는 성령의 기름이 없기 때문이다.

높아진 심지를 정리하지 않을 때 그을음이 생기며, 낮아진 심지를 돋우지 않을 때 불이 꺼진다.

제사장은 불집게를 가지고 항상 등잔을 살폈다. 그리고 불똥은 제거하여 불똥 그릇에 담았다. 너무 올라간 심지는 낮추고, 낮아진 심지는 돋웠다.

교회에서 너무 나서서 하는 봉사는 올라간 심지이다. 목사를 자기 신랑처럼 점유하려고 하지 말라. 기도가 따르지 않는 봉사는 교만을 들어내어 시험이 될 수도 있다.

또 항상 뒷전에 밀려있는 성도 중에도 봉사하기를 원하는 성도들이 있다. 저들은 낮아진 심지이다. 교회 지도자는 올라간 심지는 낮추어주고 낮아진 심지는 돋아서 올려 주어야 한다.

Chapter 10
분향단에서 기도하십시오

너는 분향단을 만들지니 곧 조각목으로 만들되 장이 일 규빗, 광이 일 규빗으로 네모반듯하게 하고 고는 이 규빗으로 하며 그 뿔을 그 것으로 연하게 하고 단 상면과 전후좌우면 과 뿔을 정금으로 싸고 주위에 금테를 두를 지며 금테아래 양편에 금 고리 둘을 만들되 곧 그 양편에 만들지니 이는 단을 메는 채를 꿸 곳이며 그 채를 조각목 으로 만들고 금으로 싸고 그 단을 증거궤 위 속죄소 맞은편 곧 증거 궤 앞에 있는 장 밖에 두라 그 속죄소는 내가 너와 만날 곳이며 아 론이 아침마다 그 위에 향기로운 향을 사르되 등불을 정리할 때 사 를 지며 또 저녁때 등불을 켤 때 사를지니 이 향은 너희가 대대로 여호와 앞에 끊지 못할 지며 너희는 그 위에 다른 향을 사르지 말며 번제나 소제를 드리지 말며 전제의 술을 붓지 말며 아론이 일 년에 일차씩 이 향단 뿔을 위하여 속죄하되 속죄제의 피로 일 년 일차씩 대대로 속죄할지니라 이 단은 여호와께 지극히 거룩하니라 출30:1-10

분향단

출 30:1-10, 37:25-29

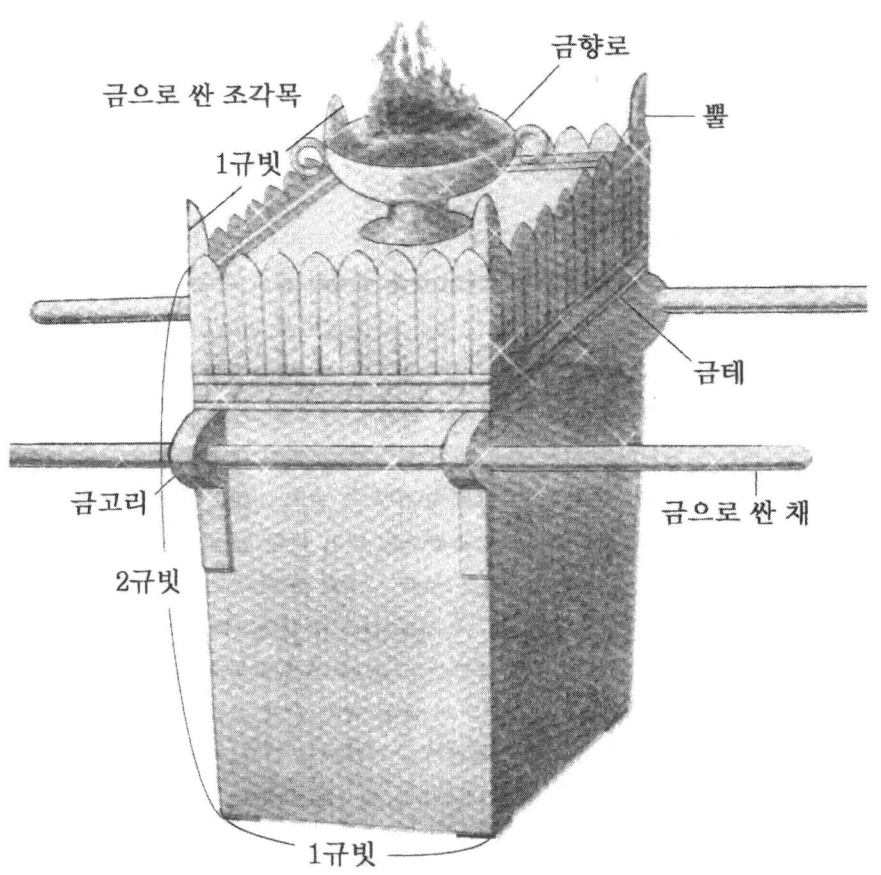

성소에는 떡상과 금등대와 분향단이 있다. 넓은 의미에서 떡상이 하나님의 말씀을 상징한다면 금등대는 성령의 역사를 상징하고 향단은 기도를 상징한다.

분향단의 위치는 떡상과 금등대가 마주 보는 앞쪽 가운데에 위치하고 있다. 성령은 말씀과 함께 역사하며 성령의 인도함을 따라 드리는 기도만이 참된 기도이다. 또한 성도는 하나님의 말씀중심으로 살며, 성령의 감동으로 기도하며 사는 사람이다.

1. 향단의 향은 기도를 의미한다.

…향이 가득한 금 대접을 가졌으니 이 향은 성도의 기도들이라 계 5:8

또 다른 천사가 와서 제단 곁에 서서 금향로를 가지고 많은 향을 받았으니 향연이 성도의 기도와 함께 천사의 손으로부터 하나님 앞으로 올라가는지라 계 8:3-4

향은 성도들의 기도이다. 우리가 드리는 기도는 향연과 같이 하늘 아버지께 올라간다. 천사는 하나님의 사자로서 응답 된 기도가 땅에 이루어지도록 역사하는 하나님의 사역자이다.

여호와여 내가 주를 불렀사오니 속히 내게 임하소서 내가 주께 부르짖을 때에 내 음성에 귀를 기울이소서 나의 기도가 주의 앞에 분향함과 같이 되며 나의 손드는 것이 저녁 제사같이 되게 하소서 시 141:1-2

예수님 당시 제사장의 수는 약 24,000명이였으며, 성소에서 봉사하는 일을 위하여 24반열로 나누어서 반차대로 제비뽑아 성소에서 사역하였다.

또 제사장이 성소에 들어가 분향하는 시간은 성도들은 밖에서 기도하는 시간이였다.

> 마침 사가랴가 그 반열의 차례대로 제사장의 직무를 하나님 앞에서 행할 새 제사장의 전례를 따라 제비를 뽑아 주의 성소에 들어가 분향하고 모든 백성은 그 분향하는 시간에 밖에서 기도하더니 눅1:8-10

향단의 향은 아침과 저녁으로 하루 두 번 피웠는데 제사장이 자기 순번이 돌아오려면 33년을 기다려야했다. 전설에 의하면 성소에서 일하는 모든 제사장들에게 특별한 하나님의 은총이 있었지만 그 중에서도 향단에서 분향하는 일을 맡은 제사장이 복을 많이 받았다고 한다.

우리가 주님 앞에서 봉사하는 일은 여러 가지가 있다. 우리가 봉사하면 주님이 복 주시는데 확실한 것 세 가지가 있다.

첫째, 물질로 봉사하면 하나님은 풍성한 물질을 주신다.

둘째, 몸으로 봉사하면 하나님은 건강을 주신다.

셋째, 기도로 봉사하면 신령한 은사를 선물로 받고 경건한 자손을 주신다.

2. 향을 만드는 법과 영적 의미

향단에서 사용할 향을 만드는 재료와 향 만드는 법은 하나님이 엄격하게 지정하였다.

> 너는 소합향과 나감향과 풍자향의 향품을 유향에 섞되 각기 동일한 중수로 하고 그것으로 향을 만들되 향 만드는 법대로 만들고 그것에 소금을 쳐서 성결하게 하고 출30:34-35

이들 향은 각기 고유한 특성이 있었다.

소합향의 재료는 시리아 지방에서 생산되었으며 그 자체에서 향나무와 같은 향기가 발하였다.

기도자체가 하나님 보시기에 향기가 된다. 그 향기에 마귀는 질식되고 하나님은 영광을 받으신다. 꽃은 억지로 향기를 내지 않는다. 자연히 향기가 난다. 태양은 스스로 빛을 내려고 하지 않아도 빛이 나온다.

나감향은 바다에 사는 연체동물의 껍질을 짓이겨서 만들었으며 이것이 타면 쏘는 듯한 냄새가 났다. 이 냄새 때문에 성막 주위에는 쥐나 벌레 그리고 뱀이나 짐승이 가까이 올 수가 없었다. 홍해에는 수온이 따뜻하여 많은 연체동물들이 살았기 때문에 그 재료를 홍해에서 채취할 수 있었다.

성도들이 기도할 때 악한 마귀의 세력들이 침범하지 못한다. 사탄 마귀는 우리 주위에서 시험할 수 있는 기회를 엿보고 있다. 우리가 기도하면 하나님은 산울로 진치고 보호하신다.

근신하라 깨어라 너희 대적 마귀가 우는 사자와 같이 두루 다니며
삼킬 자를 찾나니 너희는 마음을 굳게 하여 저를 대적하라 벧 5:8-9

풍자향은 갈반(Galban) 이라는 특별한 고무나무에서 나오는 향으로 소독제에 쓰이는 향이다

우리의 기도에는 하나님의 뜻을 모르는 기도가 있고 원수를 갚아달라는 독소가 들어있는 기도가 있다. 그래서 예수는 "우리가 우리에게 죄 지은 자를 사하여 준 것 같이 우리 죄를 사하여 주옵시고."(마 6:12) 라고 기도를 가르쳤다.

성도들이 기도할 때 우리 속에 잇는 혈기와 분노가 빠져나간다. 악독과 미움, 섭섭함 원한과 원망 같은 독기가 내 몸속에서 빠져 나간다 기도하는 사람은 독한 말을 할 수 없다. 내 몸에 독기가 남아 있으면 성령의 역사는 제한된다. 성령은 가슴이 부글부글 끓는 분노의 사람과 함께 할 수 없다.

유향은 악취를 제거하기 위하여 시체에 바르는 향이다. 예수가 태어났을 때 동방에서 온 박사들은 황금과 유향과 몰약을 선물로 주었으며, 예수가 무덤에 장사되어질 때 니고데모는 몰약과 침향을 가지고 와서 시체에 넣었는데 침향이 유향을 의미했다.

또한 유향의 기도는 나를 괴롭히고 나를 죽이는 불행의 세력을 막아달라고 요청하는 기도이다. 얍복 강에서 형 애서가 거느린 400명 군사를 두려워하며 천사와 씨름을 하였던 야곱의 기도이다. 브닌나의 공격 앞에서 서럽게 울며 기도하던 한나의 기도이다.

이와 같이 향단에서 사용되어질 향은 소합향, 나감향, 풍자향, 유향

에다 소금을 가미하여 만들었다.

소금은 하나님의 말씀을 소금언약이라고 하였다. 하나님의 말씀은 맹세코 이루어진다. 하나님의 약속은 영원불멸하다.

하나님의 약속의 말씀을 붙들고 기도하거나 성령의 인도함을 따라 기도하는 것은 반드시 응답된다. 기도할 때 하나님을 약속의 코너로 몰고 말씀에 의지하여 기도하라.

향은 곱게 찧었다

> 그 향 얼마를 곱게 찧어 내가 너와 만날 회막 안 증거궤 앞에 두라. 이 향은 너희에게 지극히 거룩하니라 출30:36

주님은 겟세마네 동산에서 십자가를 두고 기도할 때 힘쓰고 애써서 기도하므로 땀방울이 핏방울이 되었다고 하였다.

> 예수께서 힘쓰고 더욱 간절히 기도하시니 땀이 땅에 떨어지는 피 방울같이 되더라 눅22:44

> 그는 육체에 계실 때에 자기를 죽음에서 능히 구원하실 이에게 심한 통곡과 눈물로 간구와 소원을 올렸고 그의 경외하심을 인하여 들으심을 얻었느니라 히5:7

예수의 능력의 원천이 기도에서 오는 성령의 기름부음에 있었다.

우리가 주님께 바쳐야 할 충성은 수고하므로 땀 흘려야 하며, 눈물의 기도가 있어야 하며 피 흘리기 까지 다 하는 생명의 헌신이 있어야 한다.

2차 대전 당시 영국은 독일의 침략을 받았다. 영국 국왕은 윈스턴 처칠에게 전시내각을 구성하게 하였다 처칠은 1940년 5월13일 하원에서 역사적 유명한 강연을 하였다.

"이 세상의 모든 위대한 일은 피와 눈물과 땀의 산물이다. 피는 용기의 심벌이요, 눈물은 정성의 상징이요 땀은 근면의 표상이다. 우리는 피를 흘려야 할 때가 있고, 눈물을 흘려야 할 때가 있고, 땀을 흘려야 할 때가 있다. 피를 흘려야 할 때 피를 흘리지 않으면 남의 노예가 된다. 눈물을 흘려야 할 때 눈물을 흘리지 않으면 동물의 차원으로 전락한다. 땀을 흘려야 할 때 땀을 흘리지 않으면 빈곤의 나락(奈落)에 빠진다."

예수는 십자가를 앞에 두고 눈물로 간구하고, 힘쓰고 애써서 기도하니 그 땀방울이 핏방울이 되어 떨어졌다. 그리스도의 피로 구속 받은 성도는 복음을 위하여 땀과 눈물과 피를 바쳐야 한다.

향은 오직 여호와만을 위하여 만들었다

> 네가 만든 향은 여호와를 위하여 거룩한 것이니 그 방법대로 너희를 위하여 만들지 말라. 무릇 맡으려고 이 같은 향을 만드는 자는 그 백성 중에서 끊어지리라 출30:37-38

이와 같은 향은 오직 성전에서 여호와만을 위하여 사용되어졌다. 사람이 그 향의 냄새를 맡으려고 만드는 자는 백성 중에서 자손을 잇지 못하고 죽는다고 하였다. 예루살렘 성전이 짓밟히고 향 만드는 자들이 체포되어 그와 같은 향을 만들 것을 요구한 일도 있었다. 그러나 그들은 고문을 당하여 손목이 잘리는 형벌을 받으면서도 사람을 위하여서는 향을 만들지 아니하였다.

3. 지정된 불

제사장은 아침저녁으로 향을 살랐는데, 향을 사를 때는 반드시 번제단에서 불을 가져와 사르고 다른 불은 사용하지 못하도록 규정하였다. 대 제사장 아론의 아들 나답과 아비후는 제사장의 직무를 행하며 이 규정을 무시하고 다른 불을 가지고 와서 향을 사르다가 죽었다.

> 아론의 아들 나답과 아비후가 각기 향로를 가져다가 여호와의 명하지 않은 다른 불을 담아 여호와 앞에 분향하였더니 불이 여호와 앞에서 나와 그들을 삼키매 그들이 여호와 앞에서 죽은지라 레10:1-2

번제단의 불은 자연 불이 아니다. 번제단의 불은 하늘에서 온 불이었다. 그리고 번제단의 불은 죄를 전가 받은 제물을 불태우는 불이다. 번제단은 하나님 앞에서 제물을 희생하는 피의 제단이다.

다른 불은 이단의 불이다. 이단은 사람의 영혼을 죽인다. 번제단의 불이 아니면 향단에 나아 갈 수 없다.

통일교 문선명 교주는 참 부모님의 이름으로 기도하게 하였고, 전도관 박태선 씨는 새 아버지의 이름으로 기도하도록 그를 추종하는 자들에게 가르쳤다. 그와 같은 기도는 하나님이 받을 수 없으며 사탄에게 그 영혼을 파는 것이 된다.

4. 바른 기도는 삼위 하나님의 이름으로 드려지는 기도이다.

금등대에서 언급한 바와 같이 향을 피우는 시간은 향을 피울 때 불을 켰다. 그리고 아침에는 불을 껐다. 성소에서 향을 사르는 일이 성도들의 기도라면 하나님께 상달되는 기도는 등대의 밝은 조명 아래서 만이 가능하다. 성령은 우리를 깊은 기도의 골방과 바른 기도의 제목으로 인도하신다. 그리고 성령의 인도함을 받는 기도만이 하늘 아버지께 상달되어진다.

> 지극히 거룩한 믿음위에 자기를 건축하고 성령으로 기도하라 유1:20

참된 기도는 성령의 인도함으로 가능하다. 성령으로 인도함을 받지 못하는 기도는 인간의 정욕이 나오기 때문이다.
우리 기도의 대상은 하나님 아버지이다.

> 내 이름으로 아버지께 무엇을 구하던지 다 받게 하려함이니라 요15:16

누구의 이름으로 기도하느냐? 예수의 이름으로 기도하여야 한다.

> 너희가 내 이름으로 무엇을 구하던지 내가 시행하리니 이는 아버지로 하여금 아들을 인하여 영광을 얻으시게 하려함이라. 내 이름으로 무엇이든지 내게 구하면 내가 시행하리라 요14:13-14

> 지금까지 너희가 내 이름으로 아무것도 구하지 아니하였으나 구하라 그리하면 받으리니 너희 기쁨이 충만하리라 요16:24

예수는 우리의 구속자이시다. 예수에게 죄 사함을 구하여야 한다.

우리 기도의 대상은 하늘에 계신 성부 하나님이시며, 우리 죄를 담당하고 골고다로 나가신 예수님께 사죄의 은총을 구하며, 성령의 인도함을 받아 그의 나라와 의를 구하여야 한다. 성령이 하나님의 깊은 뜻도 통달하고 계신다. 성령님만이 하나님 아버지의 뜻을 바로 아신다. 그리고 예수의 이름으로 기도하여야 한다.

5. 향단의 뿔

향단의 사면에는 뿔이 있다. 번제단에도 사면에 네 개의 뿔이 있었다. 번제단의 뿔은 실용적적인 면에서 희생물을 뿔에 매어 희생시키기도 하였으나 향단의 뿔은 실용적으로는 의미가 없으며 다만 영적인 의미만이 있다.

1) 뿔은 능력과 영광과 승리를 상징한다.

아모스 3장 1절에 "내가 이스라엘의 모든 죄를 보응하는 날에 벧엘의 단들을 벌하여 그 단의 뿔을 꺾어 떨어뜨리고…" 하였다.

뿔 꺾인 제단은 능력을 잃은 제단을 의미한다.

번제단의 뿔은 그리스도의 십자가의 능력의 예표이다.

향단의 뿔은 기도의 능력을 의미한다. 기도하여 능력 받은 간증은 지면을 할애하여 다 쓸 수 없이 얼마든지 많다.

"제2차 세계대전 때의 일이다. 연합군 중 프랑스가 독일군에게 점령당하고 35만의 영국의 대군은 던커크(Dunkirk)반도에 갇혔다. 영국은 강력한 독일군의 파상공격으로 풍전등화의 위기 상황에 몰렸다. 던 커크 반도에 갇혀 있는 영국군이 살아남기 위하여서는 도버 해협을 건너야했다. 그러나 독일군의 공격이 너무나 막강하기 때문에 도버 해협을 건널 수가 없었다. 영국군이 전멸 할 위기에 놓이게 된 것이다. 반도에 갇혀 어찌 할 수가 없었다.

이때 영국 국왕인 조지 6세는 전국에 기도의 날을 선포하고 온 국민이 이 위기를 위하여 기도하기 시작하였다. 온 국민이 영국의 장래를 위하여 기도하였다. 하나님은 그 기도를 들었다.

독일군 진영에 강한 폭풍우가 일어나 몰아쳤다. 독일군의 비행기와 탱크가 한 대도 움직일 수가 없었다. 그러나 영국군 진영의 도버해협은 거짓말같이 폭풍우가 없고 바다가 잔잔해서 수천의 군함으로 35만 명의 군대가 도버해협을 건너 무사히 탈출해서 영국으로 건너 올 수가 있었다.

무사히 돌아오자 영국에서는 국왕을 비롯하여 온 국민이 하나님께 감사 예배와 기도를 드렸다."[3]

2) 뿔은 심판과 보호를 상징한다.

뿔은 능력임과 동시에 심판과 보호를 상징한다. 뿔은 하나님의 능력 입은 자를 보호할 뿐만 아니라 그를 괴롭히는 자를 심판하는 상징이 된다. 기도의 능력자들은 친히 원수를 갚지 않는다. 그들은 원수를 위하여 기도할 뿐이다.

내 사랑하는 자들아 너희가 친히 원수를 갚지 말고 진노하심에 맡기라 기록 되었으되 원수 갚는 것이 내게 있으니 내가 갚으리라고

주께서 말씀하시느니라 롬12:19

지금은 역사의 무대에서 사라졌지만 우리나라에 1950년대에서 70년대까지는 재건교회가 많이 있었다. 재건교회는 순교자 가족으로 이뤄진 교회였다.

어느 재건 교회에서 목사와 순교자 가족인 모 권사와 분쟁이 생겼다. 어느 날 새벽 기도회 시간에 권사는 기도하는 목사의 등 뒤에서 모욕적인 말로 갖은 쌍욕을 다하였다. 그렇지만 목사는 묵묵히 기도하는 자세를 잃지 않고 강대상 아래서 무릎을 꿇고 기도만 하고 있었다. 목사가 반응이 없자 그 권사는 교회 안으로 들어와서 분노에 가득 찬 음성으로 소리를 질렀다.

"너는 귓구멍도 없나? 말을 하면 대답을 해야 할 것 아니냐? 기도만 하면 다냐?" 하며 기도하는 목사의 뒷 목덜미를 잡고 뒤로 젖혔다. 목사는 힘없이 뒤로 넘어졌다. 목사는 아무 말 없이 일어나 다시 무릎을 꿇었다. 권사는 그 길로 교회를 총총걸음으로 나갔다. 그녀는 교회를 나가다가 교회 문지방에 걸려 넘어지면서 뇌진탕을 일으켜 즉사하고 말았다.

6. 향단 뿔을 위하여 속죄 피로 속죄하라.

아론이 일 년 일차씩 이 향단 뿔을 위하여 속죄하되 속죄제의 피로 대대로 속죄할지니라 이 단은 여호와께 지극히 거룩하니라 출30:10

그는 여호와 앞 단으로 나와서 그것을 위하여 속죄할찌니 그 수송아지의 피아 염소의 피를 취하여 단 귀퉁이 뿔들에 바르고 또 손가락으로 그 피를 그 위에 일곱 번 뿌려 이스라엘 자손의 부정에서 단

을 성결케 할것이요 히 16:18-19

이 단은 여호와 앞에 거룩한 단이다. 그러므로 번제단에서 드리는 속죄제의 피로 일 년 일차씩 대 제사장이 속죄하여 깨끗하게 하는 의식을 행하였다.

우리 기도의 대상은 거룩하신 하나님이다. 정욕에 매여 사는 인간은 자기 정욕을 위하여 부단히 간구한다. 하나님을 나의 하수인으로 만들고 하나님에게 기도로 명령하고 있다. 인간의 마음은 부패하여졌으며 인간의 입술은 부정하다. 인간의 손은 피에 젖어있다. 그 입에는 악독과 궤사가 끊이지 아니하고 있다. 그 부패하여 진 마음, 피 묻은 손, 악독이 있는 입술로 하나님 앞에서 무엇을 구하겠는가? 그러므로 예수 그리스도의 피로 씻어야 한다. 무엇을 구하기 전에 먼저 자신을 돌아보고 회개의 기도를 드려야 한다. 구하여도 얻지 못함은 정욕으로 쓰려고 잘 못 구함이다. 성령의 인도함을 받아 그의 나라와 그의 의를 구하는 기도를 드려야 한다. 성령의 인도함을 받지 못하는 기도는 하나님께 상달되지 않는다.

우리는 날마다 회개의 기도를 드려야 한다. 죄가 있으면 하나님이 듣지 아니하신다.

여호와의 손이 짧아 구원치 못하심도 아니요 귀가 둔하여 듣지 못하심도 아니라. 오직 너희 죄악이 너희와 너희 하나님 사이를 내었고 너희 죄가 그 얼굴을 가려서 너희를 듣지 않으시게 함이니 사 59:1-2

내가 내 마음에 죄악을 품으면 주께서 듣지 아니하시리라 시 66:18

7. 바른 기도

1) 수식어와 형용사가 많은 기도는 삼가자.

한 어린아이가 신고 다니는 신발이 낡아서 아버지에게 가서 이렇게 이야기 하였다고 가정하여 보자.

"서울대학교를 수석으로 졸업하시고 인자하시고 자상하시며, 우리 어머니와 결혼해서 나를 낳아 주신 아버지의 그 큰 은덕을 높이 찬양합니다. 아버지는 내가 달라면 언제든지 거절하지 않고 무엇이든지 다 주시는 줄 아옵니다. 얼마 전에 사 준 운동화가 낡아서 구멍이 났습니다. 운동화를 사 주십시오."

이렇게 청을 하였다면 머리를 쥐어박을 것이다.

"아버지 저 신발 사야 합니다." 하면 된다.

수식어가 너무 많은 기도는 기도의 대상이 인간이지 결코 하나님이 아니라는 것을 알 수 있다. 하나님은 그런 기도를 들으면 "야, 인간의 추한 냄새가 난다" 하고 거절할 것이다.

2) 송사 기도하지 말라.

분향단에서 향을 피우면 그 향연은 위로 올라가야 한다. 그런데 그 향연이 위로 올라가지 않고 밑으로 내려 깔리면 제사장은 그 향연에 질식이 되어 죽을 수도 있다.

성도들이 드리는 기도는 하늘에 상달되어 아버지의 보좌를 움직이어야 한다. 그러나 기도가 온전하신 하나님 아버지가 기뻐하지 않는 기도는 하늘에 상달되지 않고 내가 그 기도에 취하게 된다.

기도하는 사람들 중에 가끔 기도로 송사를 하고 기도로 분풀이 하는 사람들이 있다.

"하나님 아버지, 우리 여전도회를 휘젓는 여우가 있습니다. 포도나무의 꽃을 떨어지게 하는 여우가 있는데, 어제는 그 여우가 심방을 하면서 불을 지르고 다녔습니다. 우리는 그 여우를 잡을 능력이 없나이다. 그 여우를 잡아 주소서."

이런 기도는 이름만 부르지 않았지 아무개를 의미한다는 것을 다 알 수 있다. 이러한 송사 기도를 하면 그 기도 향에 취하여 내가 죽는 법이다.

3) 대중 기도 시간에 인물 사전 열거하지 말고 세계여행 하지 말라.

모처럼 한 번 기도를 시키면 아브라함에서 모세, 다니엘 등 성경에 나오는 위대한 사람들의 인물을 열거하기도 하고. 국가 민족을 위하여 기도한답시고 대통령에서부터 군대, 국회의원 동서기까지 다 열거한다. 교회를 위하여서는 당회장 목사에서부터 부목사 주일학교 여전도회 남전도회 선교사 다 열거하다보면 기도시간이 7-10분을 소요된다. 개인기도 시간에는 많이 기도할수록 좋다. 그러나 대중 기도 시간은 예배시간에 할애된 기도 시간 3분 정도가 적당하다.

4) 교회에서 분쟁 시에 있었던 사건을 기도하지 말라.

설교학에서 목사의 설교는 강대상 밑에서 있었던 사건을 6개월이 지나기 전에는 설교하지 말라고 하였다. 강대상에서 설교로 공격하는 목사는 설교할 자격이 없는 목사이다. 강대상에서 기도로 자기를 변명하거나 기도로 상대방을 공격하는 기도 자는 강대상에 세우지 말아야 한다. 예배는 분쟁이 있는 몇 사람을 대상으로 하지 않는다. 공 예배는 하나님 중심에서 모든 성도를 대상으로 하고 있다.

한국 교회의 교인 수는 새벽 기도 하는 사람 곱하기 10을 하면 그 교회 출석교인 수가 나온다. 이 함수 관계는 거의 맞다.

"중단하지 않고 꾸준히 하는 기도는 실수나 범죄로 인하여 소모하지 않는다면 경건과 능력으로 축척된다."(정필도 목사)

새벽기도를 만드신 분이 주님이시고 철야기도, 금식 기도를 하신 분이 주님이시다. 기도의 능력을 과소평가하지 말고, 그리스도인이라면 기도를 취미로 삼는 기도의 사람이 되어야 할 것이다.

Chapter 11

은혜의 보좌 앞에 담대히 나가십시오 (시은소)

그들은 조각목으로 궤를 짓되 장이 이 규빗 반, 광이 일 규빗 반, 고가 일 규빗 반이 되게 하고 너는 정금으로 그것을 싸되 그 안팎을 싸고 윗가로 돌아가며 금테를 두루고 금고리 넷을 부어 만들어 그 네 발에 달되 이편에 두 고리요 저편에 두 고리며 조각목으로 채를 만들고 금으로 싸고 그 채를 궤 양편 고리에 꿰어서 궤를 메게 하며 채를 궤의 고리에 꿴대로 두고 빼어내지 말지며 내가 네게 줄 증거판을 궤 속에 둘찌며 정금으로 속죄소를 만들되 장이 이 규빗 반, 광이 일 규빗 반이 되게 하고 금으로 그룹 둘을 속죄소 두 끝에 쳐서 만들되 한 그룹은 이 끝에, 한 그룹은 저 끝에 곧 속죄소 두 끝에 속죄소와 한 덩이로 연하게 할지며 그룹들은 그 날개를 높이 펴서 그 날개로 속죄소를 덮으며 그 얼굴을 서로 대하여 속죄소를 향하게 하고 속죄소를 궤 위에 얹고 내가 네게 줄 증거판을 궤 속에 넣으라. 거기서 내가 너와 만나고 속죄소 위 곧 증거궤 위에 있는 두 그룹 사이에서 내가 이스라엘 자손을 위하여 네게 명할 모든 일을 네게 이르리라 출25:10-22

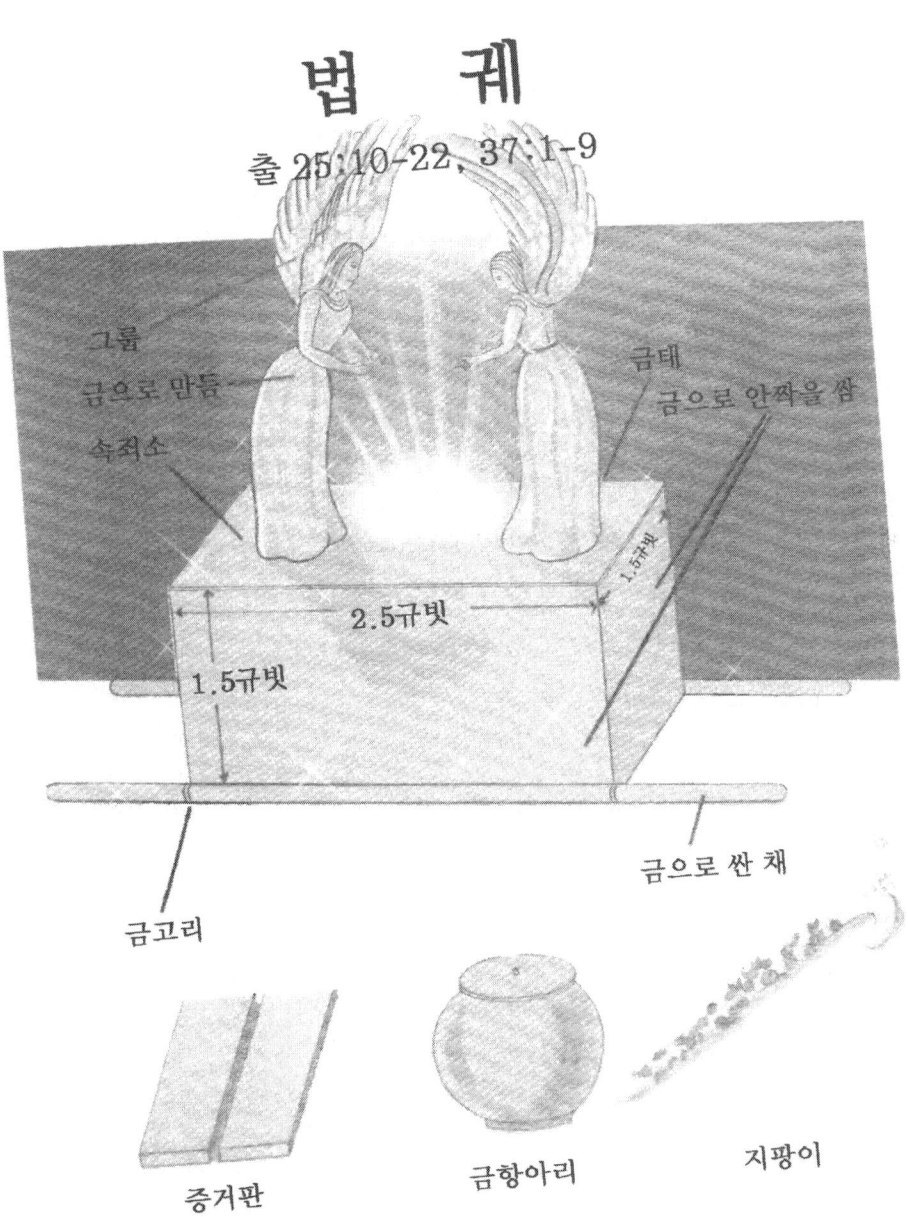

제1부 성.막.론

1. 법궤에 대한 여러 명칭

1) **법궤**: 하나님의 법인 십계명을 넣어둔 궤
2) **증거궤**(출 25:22): 그리스도를 증거 하는 말씀을 넣어둔 궤
3) **여호와의 언약궤**(민 10:33): 언약이 되시는 하나님의 말씀을 넣어둔 궤
4) **여호와의 궤**(수 3:13): 하나님께 속한 궤
5) **주의 권능의 궤**(시 132:8): 이 궤를 통해서 하나님의 권능이 나타났던 궤이다. 여리고 성을 무너뜨릴 때, 제사장들이 법궤를 메고 성을 돌은 후 함성을 질렀을 적에 그 튼튼한 여리고 성이 무너졌으며, 범람한 요단강 앞에서 제사장들이 법궤를 메고 그 요단강을 밟았을 적에 요단강 물이 위로 쌓였다.
6) **거룩한 궤**(대하 35:3): 이 궤에 하나님의 임재가 있고 하늘에 속하였다는 뜻의 궤.

법궤는 이러한 의미에 의해 여러 명칭으로 불렸다. 그 외에도 은혜를 베푸는 장소라는 의미에서 시은좌라 했고, 죄를 용서하여 주는 장소라는 의미에서 속죄소라고도 불렸다.

2. 법궤의 재료와 그 의미

하나님께서 모세에게 말씀하시기를, "너는 조각목으로 궤를 짓되 정금으로 그 안팎을 싸라"고 하였다. 법궤의 재료는 조각목과 정금이었다. 조각목은 원문에는 쉬띰 나무라고 했다. 이 쉬띰 나무는 광야에

서 자라나는 가시나무의 일종으로서 야무지고 비틀어진 나무이며, 이스라엘 백성들이 광야에서 흔히 볼 수 있는 나무로 볼 품 없는 나무이었다.

이에 비하여 백향목이나 상수리나무나 잣나무는 귀히 쓰였던 재료들이었다. 그렇다면 어찌하여 존귀한 법궤를 만드는데 쓸모없는 조각목으로 만들게 하셨을까? 단순히 광야에서 구하기 쉬운 이유 때문은 아니다. 법궤에 사용한 조각목은 그리스도의 인성을 예표하기 때문이다.

법궤는 궁극적으로 구속의 주 그리스도를 상징한다. 사막의 마른 땅에서 고운 모양도 없고 아무런 풍채도 없이 자라난 쉬띰 나무는 예수 그리스도의 인성을 예표하기에 적당하였다.

> 그는 주 앞에서 자라나기를 연한 순같고 마른 땅에서 나온 줄기같아서 고운 모양도 없고 풍채도 없은즉 우리의 보기에 흠모할 만한 아름다운 것이 없도다 사 53:2

법궤에 사용되어진 쉬띰 나무는 상처를 받으면 많은 진액이 흘러나왔다. 그것은 아라비아인들의 약품이 되었다. 또 나무가 단단하여 벌레가 먹지 아니하였으며 썩지 아니하는 나무이었다. 쉬띰 나무가 영어 성경에 아카시아 나무(acacia wood)로 번역되기도 하였으나 70인 역에는 썩지 않는 나무(incorruptible wood) (출 25:10)로 번역되어 있다.

'쉬띰' 이라는 가시나무는 그리스도의 십자가의 험한 고난을 예표할 뿐만 아니라 그리스도의 무죄성과 영원성을 예표하며 나무에서 흘러나오는 진액은 그리스도의 보혈과 구속을 예표한다고 볼 수 있다. 법궤는 조각목으로 만들고 그 안과 밖을 정금으로 입혔다. 이는 그리스도의 영원한 신성을 예표한다.

1) 법궤는 예수 그리스도를 예표한다.

전술한 바와 같이 법궤는 조각목에 정금으로 씌웠다. 이는 예수 그리스도의 인성과 신성을 예표한다.

2) 법궤는 교회를 예표한다.

성막에 있는 많은 기구들 중에 그 중심이 되는 것은 법궤다. 다윗은 예루살렘에 도읍하고 사울 왕 시대 때에 방치되어 있던 법궤를 예루살렘에 옮겼다. 법궤는 하나님 임재의 상징이었다. 다윗은 예루살렘 궁 가까이에 하나님 임재의 상징인 법궤를 모시고 싶었던 것이다.

신약에서 성전의 개념은 성령의 임재가 있는 곳이다. 바울은 성령이 함께하는 성도를 곧 성전이라고 하였다.

> 너희가 하나님의 성전인 것과 하나님의 성령이 너희 안에 거하시는 것을 알지 못하느뇨 누구든지 하나님의 성전을 더럽히면 하나님이 그 사람을 멸하시리라. 하나님의 성전은 거룩하니 너희도 그러하니라 고전 3:16-17

세상에서 거룩하게 구별함을 받은 무리, 예수의 피로 구속함을 받고 성령이 임하여 있는 사람이 곧 교회이다. 교회의 원문의 뜻은 '에클레시아'이다. 이는 '불러내었다' '구별했다'는 의미를 가지고 있다.

바울은 말하기를 성도는 세상에서 거룩히 구별함을 받은 무리이며 성령이 그들 안에 계실 때 그들은 곧 성전이라고 하였다. 그리고 예수 그리스도는 교회의 머리가 되시며 모든 성도는 그의 지체가 된다.

성도는 광야의 조각목 같은 인생이다. 이 조각목 같은 인생이 하나님의 손에 붙들려서 법궤 같은 인생으로 구별 되어진다. 사람은 화목(火木)으로 밖에 쓰일 수 없는 야무지고 비틀어진 나무요, 가시가 많이 돋아 난 가시나무이다.

이러한 나무들이 하나님의 손에 붙들려서 다듬어지기 시작한다. 정욕의 가시가 잘리워지고, 못된 인격이 다듬어진다. 다듬어도 조각목이라 보기가 싫다. 그래서 안과 밖을 금으로 씌웠다.

우리는 정금보다 귀한 믿음으로 씌움 받고 예수 그리스도의 의를 덧입는다. 거기에 성령이 친히 임재하여 거룩한 성전이 되었다. 곧 법궤가 되었다. 그러므로 나 같은 사람을 하나님의 성령이 임재 하는 성전으로 삼으신 것을 감사 할 수밖에 없다.

3. 이것들을 법궤 안에 넣고 뚜껑을 덮으라.

히브리서의 말씀을 참고하면 법궤 안에는 '만나를 담은 금항아리'와 '아론의 싹난 지팡이', '언약의 비석들'이 있다고 하였다.

> 첫 언약에도 섬기는 예법과 세상에 속한 성소가 있더라. 예비한 첫 장막이 있고 그 안에 등대와 상과 진설병이 있으니 이는 성소라 일컫고, 또 둘째 휘장 뒤에 있는 장막을 지성소라 일컫나니 금향로와 사면을 금으로 싼 언약궤가 있고 그 안에 만나를 담은 금 항아리와 아론의 싹난 지팡이와 언약의 비석들이 있고 그 위에 속죄소를 덮는 영광의 그룹들이 있으니 이것들에 관하여는 이제 낱낱이 말할 수 없노라 히 9:1-5

성소로 들어가는 문을 열고 들어가면 첫 장막인 성소가 있다. 성소에는 떡상과 금등대와 분향단이 있다. 둘째 휘장을 열고 들어가면 지성소가 있다. 지성소에는 법궤가 안치되어 있는데, 법궤 안에는 만나를 담은 항아리와 아론의 싹난 지팡이와 율법을 기록한 두 돌판이 들어 있었다.

1) 만나

이스라엘 백성이 애굽에서 나온 지 두 달 반이 되었다. 이들은 지난 두 달 반 동안은 애굽에서 가지고 나온 양식을 먹고 지냈다. 그런데 이제 양식이 떨어졌다. 애굽에서 가지고 나온 양식이 다 떨어지니까 위기의식이 팽배하여 졌다. 그들은 이렇게 불평했다.

> 우리가 애굽 땅에서 고기 가마 곁에 앉았던 때와 떡을 배불리 먹던 때에 죽었더면 좋았을 것을 너희가 이 광야로 우리를 인도하여 내어 온 회중으로 주려 죽게 하는도다 출16:3

그들은 극한 상황을 만났다고 극적이고, 감정적이며, 불신앙적인 말을 했다. 하나님은 그들을 노예에서 자유민으로 해방시켜 주었을 뿐만 아니라 그들 민족을 향하여 큰 뜻을 품었다. 그 민족을 하나님의 선민으로, 세계에 대하여 제사장 나라로 만들겠다는 큰 뜻을 품고 그들을 인도하여 냈다. 그런데 지금에 와서 애굽으로 돌아가서 바로를 섬기자는 것이다. 가서 다시 종 노릇하자는 것이다.

그들은 바로의 압제에서 하루 종일 벽돌을 굽고 농사일을 하고 저녁때 고기 가마 곁에서 바로가 던져 주는 고기 덩어리나 건져먹고 살다가 꿈도 없이 죽어 가던 그때를 그리워하고 있었다.

치료해도, 치료해도 치료가 안 되는 것이 불신앙이고 불 신앙적인 말이다. 신앙이라는 것은 하나님의 뜻을 바로 알고 거기에 자기를 헌신하는 것이다. 불신앙은 하나님의 뜻을 모르고 사는 것이다. 허탄한 곳에 자기 정력을 소모 시키는 것이다.

하나님께서는 우리가 드리는 찬송 소리도 들으시고 우리가 드리는 기도 소리도 듣는다. 아울러 우리가 원망하고 불평하는 소리도 들으신다. 하나님은 그들의 원망하는 소리를 듣고 이렇게 말씀하셨다.

> 때에 여호와께서 모세에게 이르시되 보라 내가 너희를 위하여 하늘에서 양식을 비같이 내리리니 백성이 나가서 일용할 것을 날마다 거둘 것이니라. 이같이 하여 그들이 나의 율법을 준행하나 아니하나 내가 시험하리라 출16:4

하나님은 그들을 광야로 인도하실 때 그 많은 백성을 어떻게 먹이실까 다 아셨고 준비하고 있었다. 사실 먹는 식구가 몇 천 명만 되어도 먹는 문제는 보통 일이 아니다.

이스라엘 민중의 수는 장정 남자만 60만이였다. 그들이 광야에서 양식 걱정을 한 것은 결코 무리가 아니다. 오히려 아무런 대책 없이 이 큰 무리를 끌고 나온 모세와 아론이 제 정신이 아니라고 봐야 될 것이다. 또 모세와 아론인들 무슨 대책을 어떻게 세울 수 있었을까?

무역을 해서 양식을 사 올 수 있겠는가? 전투를 해서 양식을 뺏어 올 수가 있겠는가? 모세도 아무런 대책을 세울 수가 없었다. 아무 대책이 없으니 하나님만 바라보는 것이다.

그렇다면 원망하는 말보다는 감사의 말을 하고, 불신앙적인 말을 하는 것보다야 하나님 믿고 신앙적인 반응을 보이면 얼마나 좋겠는가? 그럼에도 불구하고 하나님은 그들에게 만나를 주셨다. 만나는 그들이 이제까지 보지도 못했고 먹어 본 일이 없는 하늘이 내려준 은총의 식량이었다.

> 이스라엘 족속이 그 이름을 만나라 하였으며 깟씨 같고도 희고 맛은 꿀 섞인 과자 같았더라 출16:31

그들은 그 이름을 "만나"라고 지었다. 히브리 음으로는 "만 후"이다. "만나"라는 이름의 뜻은 "이것이 무엇이뇨?" 라는 뜻이다. 하나님은 그 만나를 항아리에 담아서 여호와 앞에 두어 간수하라고 했다.

> 또 아론에게 이르되 항아리를 가져다가 그 속에 만나 한 호멜을 담아 여호와 앞에 두어 너희 대대로 간수하라 출16:33

여호와 앞은 법궤를 의미한다. 그들 백성에게 하나님 임재의 상징인 법궤 앞에 이 만나를 담아 보관하라고 한 것은 무슨 의미인가? 하나님은 너희를 메마른 광야를 지내게 하면서도 40년 동안 굶기지 아니했다는 것을 기억하라는 것이다. 그렇다면 우리 마음의 지성소에는 만나를 담은 항아리가 있는가?

오늘날까지 먹을 것을 주시고 은혜를 베풀어주시고 생명을 주신 그 은혜의 만나를 담은 항아리가 있는가? 하나님의 은혜를 고맙게 기억하고 있는가? 아니면 은혜는 망각의 피안으로 사라졌는가? 은혜를 기억하고 마음의 지성소에 간직해야 한다. 만나는 40년 동안 이스라엘 백성의 육신의 양식이었다.

하나님은 광야에서 왜 만나를 비같이 내려주셨는가?

> …네 열조도 알지 못하던 만나를 네게 먹이신 것은 사람이 떡으로만 사는 것이 아니고 여호와의 입에서 나오는 모든 말씀으로 사는 줄을 너로 알게 하려 함이라 신 8:3

요한복음 6장에 보면 예수님이 보리 떡 다섯 개와 물고기 두 마리로 5000명을 먹이신 사건이 있다. 이런 큰 이적을 베푸신 다음에 예수님이 이런 말씀을 했다.

> 예수께서 이르시되 내가 진실로, 진실로 너희에게 이르노니 하늘에서 내린 떡은 모세가 준 것이라. 오직 내 아버지가 하늘에서 내린 참떡을 너희에게 주시나니 하나님의 떡은 하늘에서 내려 세상에게 생명을 주시려는 것이니라

그때 사람들이 외쳤다.
"주여 이 떡을 항상 우리에게 주소서"
"내가 곧 생명의 떡이다. 내게 오는 자는 주리지 아니할 터이요 나를 믿는 자는 영원히 목마르지 아니하리라."
광야에서 하늘에서 만나를 비같이 내려주어서 그 백성이 먹게 한 이유는 모세의 설명은 사람이 밥만 먹고 사는 것이 아니요, 하나님의 입에서 나오는 말씀으로 사는 것을 깨우치기 위해서 만나를 주셨다고 했다.

예수는 말씀이 육신이 되어 세상에 생명을 주는 살아 있는 떡으로 오셨다. "내가 곧 하늘에서 내려온 살아있는 떡"이라 했다. 이 떡은 세상에 생명을 주시는 것이다. 이 떡을 항상 먹어야 한다.

예수는 베들레헴에 오셨다. 베들레헴은 떡집, 양식의 집이라는 뜻이다. 예수는 짐승이 사는 말구유에 뉘이셨다. 짐승 같은 인생이 이 생명의 떡을 먹어야 산다는 의미로 말구유에 오셨다.

> 내가 곧 생명의 떡이다…나는 하늘로서 내려 온 산 떡이니 사람이 이 떡을 먹으면 영생하리라 요6:48

생명의 떡으로 오신 예수, 이 떡을 먹으면 영생을 얻는다. 마귀를 이기고 승리한다. 날마다 세상을 넉넉히 이길 수 있다.

이스라엘 백성은 또 다시 만나를 감사하기보다 불평하였다.

이스라엘 가운데 섞여 살던 무리들이 먹을 것 때문에 탐욕을 품자 이스라엘 자손도 울면서 매일 먹는 만나가 지겹다고 불평을 하였다.

> 우리가 애굽에 있을 때에는 값없이 생선과 외와 수박과 부추와 파와 마늘들을 먹은 것이 생각나거늘 이제는 우리의 정력이 쇠약하되 이 만나 외에는 보이는 것이 아무것도 없도다 민11:5-6

그들은 하나님의 은총으로 주어진 만나를 감사하기보다 불평하였다. 누가 우리에게 고기를 먹여줄까? 우리에게 양파와 후추와 오이와 수박을 달라. 우리가 애굽에서 고기가마 옆에서 고기를 먹던 때가 좋았다고 하면서 만나를 불평하였다.

하나님은 원망하는 그들에게 고기를 원 없이 먹게 하여 주겠다고 말씀하였다. 고기를 먹되 하루나 이틀, 닷새나 열흘이 아니라 코에서 넘쳐서 싫어하기까지 1개월을 먹게 하겠다고 하였다. 모세 자신도 하나님의 말씀을 믿을 수가 없었다.

자기와 함께 하는 보행자만 60만 명인데 이들을 위하여 얼마만큼의 소떼와 양 떼를 잡아야 이들이 한 달간을 먹을 수 있을까? 하나님은 모세에게 말씀하였다.

"내 손이 짧아졌느냐 너는 내 말이 네게 임하는 여부를 보라".

하나님은 바다에서 바람을 일으키셨다. 바다 쪽에서 메추라기 떼가 몰려와 진 사면에 떨어졌다. 땅 위로 두자 높이만큼이나 쌓였다. 백성들은 그 메추라기를 모아 요리를 하였다. 그러나 그 고기가 이빨 사이에서 씹히기도 전에 극심한 재앙이 내렸다.

모세는 탐욕에 사로잡혀 울며 원망하던 그 백성들, 애굽을 사모하고 고기와 수박과 부추와 양파를 달라고 원망하다가 고기를 얻었으나 먹지도 못하고 죽은 그 백성들을 그곳에 장사 지내고 그 곳을 떠났다.

2) 아론의 싹난 지팡이

이스라엘 회중은 하나님이 주신 권위에 도전하였다. 하나님이 주신 권위에 대한 도전이 반역 사건으로 나타났다. 민수기 16, 17장은 고라의 반역으로 인한 하나님의 심판을 기록하였다.

지도자 모세와 아론을 반대하여 반역을 일으킨 사람은 레위의 증손, 고핫의 손자, 이스핫의 아들 고라와 르우벤 자손 엘리압의 아들 다단과 아비람이었다. 이들은 이름 있는 족장들 250명과 야합하여 모세와 아론을 반대했다.

레위 자손의 반역은 우리도 레위 자손이니 모세의 지도권과 아론의 제사권을 가질 수 있다고 주장한 데서 비롯했고, 르우벤 지파의 다단과 아비람의 반역은 우리도 장남 지파로서 지도할 능력이 있다고 모세의 지도권을 탐한 것이다. 이것이 악령으로 인한 고라 사건이다.

이 사건으로 하나님은 고라 일당 250여 명을 순식간에 땅이 입을 벌려 삼켜 버리도록 했다. 이 사건의 영향으로 모세와 아론에게 대해서 불평하는 사람들이 계속 남아 있었다. 고라 일당의 죽음은 결국 모세와 아론 때문이었다고 원망하였다. 하나님은 불평하는 이들을 염병으로 치셨다. 그날에 14,700명이 죽었다.

하나님께서 이 때 백성들로 하여금 아론의 제사장 직분이 어떠한 것인가를 알게 하기 위하여 이스라엘 12지파의 족장들로 지팡이를 만들어 오게 하고 그 지팡이에 매 족장의 이름을 쓰게 하였으며, 레위 지파에서는 아론의 이름을 쓰게 했고, 그 지팡이를 증거궤 앞에 두게 하였다. 이튿날 각 족장이 자기 지팡이를 취하매 아론의 지팡이에 움이 돋고 순이 나고 꽃이 피어서 살구 열매가 열렸더라 했다.

> 이튿날 모세가 증거의 장막에 들어가 본즉 레위 집을 위하여 낸 아론의 지팡이에 움이 돋고 순이 나고 꽃이 피어서 살구 열매가 열렸더라 민17:8

이 기적은 아론의 제사장 직분은 하나님의 소명의 의해서 된 직분이지 결코 탐낼 직분이 아님을 깨우쳐 알게 하였다.

웃시아 임금은 왕의 권력으로 이 직분을 탐내고 제사장을 물리치고 분향하려다가 하나님이 치시므로 순식간에 문둥병에 걸렸다.

하나님의 소명에 의한 거룩한 제사장의 직분은 인간이 흠모할 직분이지 결코 탐낼 수 없는 직분이다. 어떠한 이유로든지 그 직분의 권위에 도전하여서는 안 된다.

3) 언약의 비석들

모세는 하나님으로부터 언약의 비석들, 곧 두 돌판을 받았다. 거기에는 영원히 변할 수 없는 십계명이 기록되어 있었다. 이 언약의 비석들을 법궤 안에 넣었다. 이 율법은 하나님의 선민에게 준 행동강령이며, 천국백성이 지켜야 할 행동강령이었다.

그러나 그들은 모세의 율법에 도전하여 금송아지를 섬기고 우상을 찬양하며 그 앞에서 뛰고 놀았다. 모세는 그 백성의 방자함을 보고 분노를 다스릴 수 없었다. 하나님의 말씀은 깨버릴 수 없는 불변의 언약임에도 불구하고 모세는 두 돌판을 던져서 깨버렸다.

하나님은 법궤 안에 두 돌판의 십계명과 만나를 담은 금항아리와 아론의 싹난 지팡이를 두게 하였다. 매일 주시는 만나를 불평하며 고기를 요구하다가 메추라기 고기를 실컷 먹었으나 그 고기가 이빨 사이에 있을 적에 심판을 받은 일과, 하나님의 권위에 도전하다가 고라와 다단과 아비람 일당의 무리가 매몰된 사건과, 언약의 율법을 깨뜨린 이 범죄를 기억나게 하는 세 가지가 법궤 안에 있었다.

사람들은 이 법궤 안에 무엇이 들어있나 하고 보기를 원하였다. 그러나 그 안을 들여 다 보면 다 죽었다. 거룩한 피 뿌림 없이 법궤를 만지거나 법궤 안을 들여다보면 죽음을 면할 수 없었다. 그런데 고맙게도 법궤는 뚜껑으로 덮여져 있다. 그 뚜껑을 속죄소라고 불렀다. 속죄소라는 의미는 죄를 덮고 죄를 속하여 준다는 의미이다.

이 언약궤를 우리의 마음과 비교하여 보자. 우리 마음의 뚜껑을 열면 무엇이 있는가? 하나님의 은혜를 원망으로 돌린 죄가 있다. 하나님이 주신 만나의 은총을 감사하지 못하고 불평하였다. 하나님의 권위에 도전하였다. 이제 땅이 입을 벌려 삼키움을 받은 고라 무리와 같이 죽어 마땅한 죄인이다.

언약의 말씀을 깨버린 죄가 있다. 말씀 앞에 내가 깨져야 하는데 내가 말씀을 깨버린 죄인이다. 죽어 마땅하다. 그런데 고맙게도 하나님은 예수 그리스도의 보배로운 피로 우리 마음에 있는 죄를 덮으셨다. 법궤에 뚜껑을 덮었다. 그 뚜껑은 곧 속죄소이다. 속죄소는 죄를 속하여 주는 장소이다. 속죄소를 다른 명칭으로 시은소 곧 은혜를 베푸는 장소라고 했다. 그 법궤에 뚜껑을 덮어서 염소와 숫송아지의 피를 뿌리게 하였다. 법궤에 뚜껑을 덮고 피를 뿌린 것은 이제 예수 그리스도의 피를 보고 너희의 반역한 죄를 기억지 않으시겠다는 것이다.

> 그러므로 우리가 긍휼하심을 받고 때를 따라 돕는 은혜를 얻기 위하여 은혜의 보좌 앞에 담대히 나아갈 것이니라 히 4:16

4. 속죄소

정금으로 속죄소를 만들되 장이 이 규빗 반, 광이 일 규빗 반이 되게 하고 금으로 그룹 둘을 속죄소 두 끝에 쳐서 만들되 한 그룹은 이 끝에 한 그룹은 저 끝에 곧 속죄소 두 끝에 한 덩이로 연하게 할찌며 그룹들은 그 날개를 높이 펴서 그 날개로 속죄소를 향하게 하고 속죄소를 궤 위에 얹고 내가 네게 줄 증거판을 궤 속에 넣으라 거기서 내가 너와 만나고 속죄소 위 곧 증거궤 위에 있는 두 그룹

사이에서 내가 이스라엘 자손을 위하여 네게 명한 모든 일을 네게 이르리라 출25:17-22

1) 속죄소란 것은 형태상으로 볼 때 법궤를 덮는 뚜껑이다.

속죄소는 '뚜껑' 이라고 각주를 하기도 했고, '시은좌' 라고 번역하기도 했다. 속죄소는 히브리어로 '카로페트' 로 '덮다', '용서하다' 는 뜻이다. 하나님께서는 거기에서 이스라엘과 만나고 이스라엘 백성에게 명할 모든 것을 이를 것을 약속하였다. 속죄소는 형태상으로 볼 때 법궤를 덮는 뚜껑이지만 법궤와 연한 것이었고, 하나님의 백성들의 죄를 속량하는 처소요, 은혜를 베푸는 장소, 곧 시은좌이다.

2) 속죄소는 대제사장이 이스라엘을 대신하여 하나님과 만나는 곳이다.

속죄소를 궤 위에 얹고 내가 네게 줄 증거판을 궤(법궤) 속에 넣으라, 거기서 내가 너와 만나고…. 이스라엘 자손을 위하여 네게 명할 모든 일을 네게 이르리라 출25:21-22

속죄소 밖 다른 곳에서는 하나님을 만날 수 없다. 속죄소에서는 하나님의 공의의 심판이 덮여지는 곳이고, 죄인을 불쌍히 여기는 하나님의 자비와 긍휼만이 나타난다. 그러므로 인간의 죄를 속하고 은혜를 입는 곳이 속죄소이다.

속죄소에는 아무나 들어갈 수 없다. 속죄소가 있는 지성소에는 일 년에 일차씩 대제사장만이 수송아지와 염소의 피를 가지고 들어가 속죄의 단에 피를 뿌려서 죄를 속하는 일을 했다. 이는 물론 대제사장이 되시는 예수 그리스도의 예표다.

> 그는 또 수 송아지의 피를 취하여 손가락으로 속죄소 동편에 뿌리
> 고 또 손가락으로 그 피를 속죄소 앞에 일곱 번 뿌릴 것이며 레16:14

수송아지의 피는 장차 나타날 그리스도의 보혈을 상징한다. 그리고 일곱 번 피를 뿌린 것은 완전을 계시하는 완전수로서 장차 나타날 그리스도의 십자가 구속의 완전함을 상징한 것이다(히 9:11-14).

우리의 대제사장이 되시는 예수 그리스도는 하늘의 속죄소에 단번에 피를 뿌려 우리의 죄를 속하였다.

> 염소와 송아지의 피로 아니고 오직 자기 피로 영원한 속죄를 이루
> 사 단번에 성소에 들어가셨느니라 히9:11

> 그러므로 우리가 긍휼하심을 받고 때를 따라 돕는 은혜를 얻기 위
> 하여 은혜의 보좌 앞에 담대히 나아갈 것이니라 히4:16

3) 속죄소에는 두 그룹의 천사가 날개를 펴서 덮고 있다.

> 그룹들은 그 날개를 높이 펴서 그 날개로 속죄소를 덮으며 그 얼굴
> 을 서로 대하여 속죄소를 향하게 하고 출25:30

천사는 보호의 사역과 심판의 사역을 한다. 천사는 하나님의 부리는 영으로서 하나님의 백성을 보호하고 지켰으며, 또한 하나님의 명령에 따라 죄를 심판하기도 했다.

예수님이 겟세마네 동산에서 기도하던 때, 대제사장이 보낸 군병들이 예수를 체포하러 검과 망치를 들고 왔다. 그때 베드로는 칼로 대제사장의 종 하나를 쳤다. 그 칼은 빗맞아 말고의 귀가 잘리었다. 예수는 떨어진 귀를 붙여주며 베드로에게 이렇게 말하였다.

너는 내가 아버지께 구하여 지금 열두 영 더 되는 천사를 보내시게
할 수 없는 줄 아느냐?

여기 영은 로마의 군대 조직의 한 단위이다. 한 영에는 6,000명의 군사가 있고, 한 영의 조직 밑에는 보조 군단이 또 6,000명이 있었다.

하늘의 천사의 세계에도 조직이 있다. 예수는 하늘에 있는 천사의 조직을 동원 할 수 있는 능력이 있다. 계시록에서는 한 천사가 한 인을 떼고, 한 나팔을 불고, 한 대접을 쏟을 때마다 지상에는 전쟁과 기근과 재난이 일어났다. 예수는 천사를 사역자로 삼으시고 일하신다.

두 그룹의 천사를 세운 것은 상징적이다. 예수 그리스도의 구속의 역사를 성취하는 일에는 두 천사는 지켜보고 있다.

둘은 증인의 수다. 확실하다는 증거가 된다. 천사는 그리스도의 대속의 사역을 지켜보고 있다. 이 거룩한 대속의 사역을 방해하거나 거역하거나 불순종할 때 하나님의 엄한 심판이 있다. 그 심판은 죽음을 의미한다. 그러나 그 구속의 사역을 성취하는 일에는 천사는 보호하고 도우신다.

제사장 뿐만이 아니다. 이 의미를 영적으로 취하여 볼 때, 교회를 어지럽히거나 그리스도의 구속사역을 방해하면 심판이 따른다. 그러나 그리스도의 구속 사역에 몸 바쳐 헌신할 때 하나님은 부리시는 영, 천사를 보내셔서 그를 보호하신다.

베드로가 복음을 전하다가 옥에 갇혔을 때에 천사가 그를 도와서 옥문을 열고 구출하였다. 천사는 하나님의 부리는 영으로서 그리스도의 구속 사역을 위하여 헌신하는 자를 항상 따라 다니면서 그를 지키고 보호한다.

4) 속죄소에는 세마포 속옷을 입고 들어가야 한다.

지성소에 들어갈 때는 세마포 속옷을 입어야 했다.

> 여호와께서 모세에게 이르시되 네 형 아론에게 이르라 성소의 장 안 법궤 위 속죄소 앞에 무시로 들어오지 말아서 사망을 면하라 내가 구름 가운데서 속죄소위에 나타남이라 아론이 성소에 들어오려면 송아지로 속죄 제물을 삼고 수양으로 번제물을 삼고 거룩한 세마포 속옷을 입으며 세마포 고의를 살에 입고 세마포 띠를 띠며 세마포 관을 쓸지니 이것들은 거룩한 옷이라 물로 몸을 씻고 입을 것이며 레 16:2-4

예수 그리스도가 재림할 때 성도가 입을 옷은 세마포 옷이다.

> 또 가 피 뿌린 옷을 입었는데 그 이름은 하나님의 말씀이라 칭하더라 하늘에 있는 군대들이 희고 깨끗한 세마포 옷을 입고 백마를 타고 그를 따르더라 계 19:13-14

> 빛나고 깨끗한 세마포 옷을 입게 하였은 즉 이 세마포는 성도들의 옳은 행실이라 계 19:8

거룩한 지성소에 들어가 하나님을 뵙기 위해서는 먼저 거룩한 향연으로 속죄소를 가리게 하였다(레 16:12-13). 그리고 염소와 수 송아지의 피 뿌림을 통하여 죄를 속량하고 거룩한 세마포 옷을 입어야 했다.

그런데 예수 그리스도가 십자가에서 운명 할 때 성소와 지성소를 가리고 있는 휘장이 위에서 아래까지 찢어졌다. 그 휘장은 예수 그리스도의 육체라 하였다. 이제는 누구나 예수 그리스도의 이름으로 하나님께 직접 나갈 수 있다.

그러나 예수 그리스도의 보혈의 공로 없이는 아무도 하나님을 볼 수 없다. 그리고 예수 그리스도 안에 있는 옳은 행실이 있어야 한다. 초림하신 예수는 죄인을 구원하려 오셨다. 그러나 재림하는 예수는 죄와 상관없이 예수를 기다리는 자에게 두 번째 나타나신다고 하였다.

Chapter 12
교회는 부단히 개혁되어야 한다

다윗이 이스라엘에서 뺀 무리 삼만을 다시 모으고 일어나서 그 함께 있는 모든 사람으로 더불어 바알레유다로 가서 거기서 하나님 궤를 메어 오려하니 그 궤는 그룹들 사이에 좌정하신 만군의 여호와의 이름으로 이름하는 것이라. 저희가 하나님의 궤를 새 수레에 싣고 산에 있는 아비나답의 집에서 나오는데 아비나답의 아들 웃사와 아효과 그 새 수레를 모니라 저희가 산에 있는 아비나답의 집에서 하나님의 궤를 싣고 나올 때에 아효는 궤 앞에서 행하고 다윗과 이스라엘 온 족속이 잣나무로 만든 여러 가지 악기와 수금과 비파와 소고와 양금과 제금으로 여호와 앞에서 주악하더라. 저희가 나곤의 타작마당에 이르러서는 소들이 뛰므로 웃사가 손을 들어 하나님의 궤를 붙들었더니 여호와 하나님이 웃사의 잘못함을 인하여 진노하사 저를 그곳에서 치시니 저가 거기 하나님의 궤 곁에서 죽으니라 여호와께서 웃사를 충돌하시므로 다윗이 분하여 그곳을 베레스웃사라 칭하니 그 이름이 오늘까지 이르니라 삼하6:1-8
다윗이 그 날에 여호와를 두려워하여 가로되 여호와의 궤가 어찌 내게로 오리요하고 여호와의 궤를 옮겨 다윗성 자기에게로 메어 가기를 즐겨하지 아니하고 치우쳐 가드 사람 오벧에돔의 집으로 메어 간지라. 여호와의 궤가 가드 사람 오벧에돔의 집에 석달을 있었는데 여호와께서 오벧에돔과 그 온 집에 복을 주시니라. 혹이 다윗 왕에

게 고하여가로되 여호와께서 하나님의 궤를 인하여 오벧에돔의 집
과 그 모든 소유에 복을 주셨다 한지라 다윗이 가서 하나님의 궤를
기쁨으로 메고 오벧에돔의 집에서 다윗 성으로 올라갈새 여호와의
궤를 멘 사람들이 여섯 걸음으로 행하매 다윗이 소와 살진 것으로
제사를 드리고 여호와 앞에서 힘을 다하여 춤을 추는데 때에 베 에
봇을 입었더라 다윗과 온 이스라엘 족속이 즐거이 부르며 나팔을
불고 여호와의 궤를 메어 오니라 삼하6:9-15

법궤는 우상이 되어서는 안된다

엘리 제사장의 두 아들 홉니와 비느하스는 불량자라고 했다. 그들은 이스라엘 백성이 하나님께 바치는 제물을 도둑질 했으며, 회막문에서 수종 드는 여인을 겁탈까지 했다.

엘리 제사장 역시 늙고 둔하여 졌다. 그래서 자기 아들들의 잘못을 듣고도 그것을 막지 못하였다. 엘리 제사장은 영적으로도 둔해져서 성령에 충만하여 기도하는 한나를 보고 술 취한 여인으로 착각하였으며, 범죄하는 두 아들을 하나님보다 더 사랑했을 뿐만 아니라 제사장으로서 자격이 되어있지 않은 두 아들에게 제사장의 직무를 맡기었다. 하나님은 엘리의 집에 심판을 내리시기로 작정하였다

네 집에 노인이 없을 것이며 네 집에 생산하는 모든 자가 젊어서 죽을 것이라 삼상1-2장

마침내 이웃나라 블레셋은 이스라엘을 침략하였다. 이스라엘은 숙적 블레셋과 아백에서 전투가 벌어졌다. 그 날에 이스라엘은 대참패를

당하였다. 블레셋에 죽임을 당한 숫자가 하루에 4,000명이었고 전쟁은 패전으로 기울어졌다.

이스라엘 장로들은 실로에 방치하여 두었던 언약궤(법궤)를 가지고 와서 그것을 앞세우고 전쟁에 임하도록 하였다.

과거에 이 법궤를 앞세울 적에 법궤는 위력이 있었다. 여리고 전투에서 견고한 여리고 성을 무너뜨리지 못하고 있을 때 이 법궤를 메고 하루 한 바퀴씩 여리고 성을 돌고, 제 칠일에는 일곱 바퀴 돌고 나팔을 불며 외쳤을 때에 그 견고한 여리고 성은 무너지고 말았다. 또한 요단 강물이 범람하여 그 강을 건너지 못하고 있을 때 제사장들은 법궤를 메고 믿음으로 그 요단 강물을 밟았다. 그 때 넘쳐흐르던 요단 강물은 끊어졌다. 그들은 요단강을 육로같이 건넜다.

이스라엘의 장로들은 이러한 법궤의 위력을 알고 있었다. 그래서 오늘의 블레셋과의 전쟁에서도 법궤를 앞세우고자 했던 것이다.

법궤를 앞세우고 사기 충전하여 다시 전쟁에 임하였다. 그러나 법궤는 적군에게 빼앗겼고, 전쟁에서 삼 만명의 군사가 목숨을 잃었으며, 제사장 엘리의 아들 홉니와 비느하스는 한 날에 전사 하였다. 이 참패의 소식과 법궤를 빼앗긴 소식을 들은 엘리 제사장은 의자에 앉았다가 자빠지며 문 곁에서 목이 부러져 죽었다.

엘리의 아들 비느하스의 아내가 잉태하여 산기가 가까웠을 때 그 시부와 남편의 죽음 소식을 듣고 갑자기 몸을 구부려 죽어가면서 아들을 해산했다. 그 아들의 이름을 '이가봇' 이라 하였다. 이는 '영광이 이스라엘에서 떠났다' 는 뜻이다.

법궤가 우상이 되어서는 안 된다. 하나님은 우상을 가장 싫어하신다. 교회의 안과 밖, 그 어디서나 하나님이 있어야 할 위치에 다른 것이 있을 수 없다.

교회 안에 있는 사람이 우상이 되어서 예수가 가려지면 안 된다. 목사나 교회설립의 공로자나 그 누구도 우상이 되어서 예수를 가리면 아니 된다.

우리나라 사람은 샤머니즘 문화의 배경에서 자랐기 때문에 다분히 우상으로 기울어지는 경향이 많은 백성이다.

교회 안의 강대상이 우상이 되어도 아니 되며, 십자가도 우상이 된다면 과감히 제거해야 된다. 솔로몬이 지은 그 아름다운 성전도 우상이 될 적에 하나님은 이방인의 손을 빌어 헐어버리고 말았다. 오직 성삼위 하나님만이 영광을 받아야 한다. 다른 어떤 것도 하나님을 대신할 수는 없다.

2. 교회는 부단히 개혁 되어야 한다.

베레스 웃사의 교훈

다윗은 누구보다도 하나님을 사랑했다. 하나님을 사랑하는 마음이 하나님의 임재의 상징인 하나님의 성전으로 기울어졌다. 그래서 하나님의 성전을 지어 봉헌하기를 원했으나 하나님은 이를 허락지 않고 그 아들 솔로몬이 짓도록 허락하셨다. 다윗은 솔로몬이 성전을 지을 수 있도록 그 준비를 게을리 하지 아니했다.

사울은 왕으로 재직하면서도 이 법궤를 거들떠보지 아니했다. 다윗은 왕이 된 후 하나님의 임재의 상징인 법궤를 예루살렘 곧, 자기 궁전 가까이 옮기고 싶었다. 다윗 왕은 전 국민들로부터 절대적인 지지를 받고 자신만만하게 언약궤을 다윗 성으로 옮겨오는 역사적인 일을 시행하기에 이르렀다.

그래서 다윗은 큰 역사를 시작했던 것이다. 삼만 명의 군인을 동원하였다. 여러 가지 악기 곧, 수금과 비파와 소고와 양금과 제금으로 하나님께 찬양을 하였다.

다윗이 언약궤를 모시겠다는 그 열성은 지대하였다. 법궤는 새 수레에 실었고 사울 왕 시대를 거쳐 70년 동안 법궤를 지키던 아비나답의 아들 웃사와 아효가 법궤를 실은 소를 몰았다. 법궤가 나곤의 타작마당에 이르렀을 때 소들이 뛰기 시작했다. 웃사는 손을 들어 법궤를 잡았다. 그 순간 하나님은 웃사를 치셨다.

> 여호와 하나님이 웃사의 잘못을 인하여 진노하사 저를 그곳에서 치시니 저가 거기 하나님의 궤 곁에서 죽으니라 삼하 6:7

다윗은 그곳을 '베레스 웃사' 라 하였다. 이는 '웃사를 침' 이라는 뜻이다. 다윗 왕은 생각지도 못했던 엉뚱한 사건이 터지자 당혹할 수밖에 없었다.

그는 누구보다도 하나님을 사랑하고 지대한 관심을 가지고 하나님이 가장 기뻐하실 것을 확신하고 과감하게 시작한 이 경사스런 일에 어째서 이런 불상사가 닥쳤는지 모를 일이었다.

들떴던 대 축제 분위기는 순간 초상집으로 돌변했다. 다윗 왕은 하나님께서 언약궤를 다윗 성으로 옮겨가는 것을 원치 않는 일이라고 생각했다. 그래서 다윗은 이렇게 말한다.

"여호와의 궤가 어찌 내게로 오리요"

다윗은 분하여 실망한다. 다윗은 하나님 앞에서 하나님을 사랑하는 마음으로 법궤를 자기 가까이 모시고 싶었는데 하나님은 어찌 그렇게도 다윗의 마음을 몰라주고 웃사를 치셔서 그 날 축제의 행사가 초상집이 되게 하였을까?

다윗은 법궤를 옮기는 사역을 중단했다. 치우쳐서 가드사람 오벧에돔의 집으로 메고 가서 거기에 방치해 두었다. 그러나 석달 만에 오벧에돔의 집은 법궤로 인하여 하나님의 복을 받았다고 하였다.

여호와께서 오벧에돔의 집과 그 모든 소유에 복을 내리셨더라

그 복이 무슨 복인지는 알 수 없으나 그 복이 어찌나 큰 복인지 온 이스라엘이 알만한 복이었다. 다윗 왕과 온 이스라엘 제국이 받아야 할 복을 오벧에돔이 받게 되었다. 성경은 오벧에돔은 능력이 있고 그 직무를 잘 감당하였으며 하나님이 오벧에돔에게 복을 주셨다고 하였다(대상 26:5,8). 오벧에돔이 하나님이 주시는 큰 복을 받았다는 소문은 곧 왕궁 다윗의 귀에까지 들어갔다. 다윗은 서기관과 제사장들을 불렀다. 그리고 그 법궤를 연구시켰다.

어떻게 해서 소들이 뛰었는가? 어떻게 해서 웃사가 죽었는가? 어떻게 해서 오벧에돔 집과 그 모든 소유는 하나님의 복을 받았는가?

법궤는 소들이 끄는 수레 따위에 싣는 것이 아니었다. 법궤는 고리가 달려있고, 그 고리에 채를 끼워서 반드시 레위 지파가 어깨 위 귓부

리까지 메도록 되어 있다.

> 행진할 때에 아론과 그 아들들이 성소와 성소의 모든 기구 덮기를 필하거든 고핫 자손이 와서 멜 것이니라 민 4:15

하나님의 교회는 받들어 섬겨져야 한다. 짐승 따위에 실어서 안일하게 섬길 수 없다. 인격을 가진 성도들이 어깨 위 귓부리까지 떠메어야 한다.

부흥회를 해서 반 협박으로 울궈 낸 헌금으로 교회를 지을 수 없다. 사단이라도 목회에 도움이 된다면 이용하겠다는 수단으로 목회를 해서는 안 된다. 체면술을 배워서 성도에게 체면을 걸고 마치 능력이라도 행하는 것 같은 속임을 쓰지 말라.

왜 하나님께서는 웃사와 충돌하였는가?

이는 웃사의 무지에서 오는 교만과 영광을 하나님께 돌리지 않은 거만이였다.

> 저희가 하나님의 궤를 새 수레에 싣고 산에 있는 아비나답의 집에서 나오는데 아비나답의 아들 웃사와 아효과 그 새 수레를 모니라

다윗이 아비나답의 집에 도착하였을 때 하나님의 언약궤가 이미 새 수레에 실려 나왔다. 이는 웃사와 아효의 소행이었다. 웃사와 아효의 그 당당한 유세 앞에 다윗도 이의를 제기하지 못하였다. 이미 법궤가 아비나답의 집에 있은 지 70년이라는 세월이 지났다(B.C. 1075-1003년). 아비나답의 손자 웃사와 아효는 대를 이어가며 그 법궤를 모신 기

득권과 권위가 있었기 때문이다.

곧 군악대의 연주가 시작되며 행진은 시작되었다. 이때 웃사와 아효의 위치는 언약궤의 앞과 뒤였다. 다윗은 이 언약궤를 모시기 위하여 예루살렘에서 삼만 명의 대군을 동원하여 내려왔다. 그 위세와 사기는 하늘에 닿았다. 모든 백성은 일생 처음 보는 축제에 구경꾼으로 운집되었다. 백성은 법궤를 가운데 두고 열광적으로 환호하였을 것이다. 그날에 스포트라이트를 한 몸에 받은 사람은 법궤의 앞뒤에 있는 웃사와 아효이였다.

> 저희가 나곤의 타작 마당에 이르러서는 소들이 뛰므로 웃사가 손을 들어 하나님의 궤를 붙들었더니 여호와 하나님이 웃사의 잘못함을 인하여 진노하사 저를 그곳에서 치시니 저가 거기 하나님의 궤 곁에서 죽으니라

소들이 뛰었다는 원문의 의미는 "휘청거린다"라는 의미이다. 멍에를 맨 소가 법궤가 떨어질 정도로 뛸 수가 없다. 다만 휘청거린 것뿐이다. 이때 웃사는 마치 법궤에 큰 일이라도 일어난 것처럼 손을 들어 법궤를 잡았다. 이는 하나님의 언약궤가 자기 소유물인양 잡은 것이다. 그 언약궤는 하나님의 궤이지 웃사의 소유가 아니다.

웃사가 법궤를 잡되 손을 들어서 법궤를 잡았다. 이 제스쳐 역시 사람들의 시선을 의식한 거만한 행동이었다. 그때 하나님은 웃사를 충돌하여서 웃사의 무지에서 오는 그 거만을 치셨다. 웃사는 모든 영광은 하나님에게 있다는 거룩한 진리를 망각하였다. 하나님은 하나님을 대신하여 영광을 자기가 받고자 하는 웃사의 거만의 아성을 무너뜨리고

그를 쳐서 땅바닥에 곤두박질치게 하였다.

세상에서 가장 무서운 사람은 무식하면서도 소신 있는 사람이다. 무식과 소신이 손을 잡으면 무서운 괴물이 되기 때문이다. 웃사는 오랜 세월 법궤를 모셨다는 자만과 무지로 말미암아 죽임을 당하였다.

오늘날도 하나님의 임재의 상징인 교회는 개혁되어야 한다. 선한 목적은 선한 방법으로 이루어져야 한다. 목적이 좋아도 방법이 나쁘면 하나님께선 받지 않으신다.

또한 하나님을 섬기는 열심은 지식을 동반해야 한다. 무지는 불신앙의 죄와 버금간다. 호세아는 "내 백성이 지식이 없으므로 망한다"(호 4:6)고 했다.

하나님을 섬김에 있어서 열심은 반드시 지식을 동반해야 한다. 바울은 "저희가 하나님께 열심히 있으나 지식을 쫓는 것이 아니라"(롬 10:2)고 했다.

사울도 그리스도를 알기 전에는 하나님께 대한 열심이 대단하였다. 그러나 그리스도를 아는 지식이 없어서 믿는 자를 핍박했던 것이다. 그리고 모든 죄가 하나님이 싫어하는 것이지만 교만은 하나님이 가장 싫어하는 죄임을 알아야 한다.

하나님에 대한 지식이 없는 열심은 고집과 완고한 것이 되고 완고한 것은 사신우상에게 절하는 죄와 같다.

"전공(前功)은 금비(今非)를 속량하지 못한다. 이것이 비록 실수였다고 치더라도 오랫동안 언약궤를 모신 아비나답의 집에 대한 대우로서는 너무 가혹한 보은이 아니냐고 항의할 수도 있다. 그러나 분명히 알아야 할 것은 어제의 공로가 오늘의 과오를 속량하지 못한다는 사실이다(겔 3:20). 그럼에도 불구하고 선한 목적을 내세워 악한 방법을 미화하거나 열심을 빙자하여 무지를 감행하거나 전공을 믿고 오늘을 그르치기를 능사로 한다면 나 역시 베레스 웃사의 운명을 면치 못하게 될 것이다." 3)

3. 법궤를 멘 두 암소(설교)

> 그 사람들이 그 같이 하여 젖 나는 소 둘을 끌어다가 수레를 메우고 송아지들은 집에 가두고 여호와의 궤와 및 금쥐와 그들의 독종의 형상을 담은 상자를 수레 위에 실으니 암소가 벧세메스 길로 바로 행하여 대로로 가며 갈 때에 울고 좌우로 치우치지 아니하였고 블레셋 방백들은 벧세메스 경계까지 따라 가니라. 벧스메스 사람들이 골짜기에서 밀을 베다가 들어 궤를 보고 그것의 보임을 기뻐하더니 수레가 벧세메스 사람 여호수아의 밭 큰 돌 있는 곳에 이르러 선지라. 무리가 수레의 나무를 패고 그 소를 번제로 여호와께 드리고 레위인은 여호와의 궤와 그 궤와 함께 있는 금보물 담긴 상자를 내려다가 큰 돌 위에 두매 그 날에 벧세메스 사람들이 여호와께 번제와 다른 제를 드리니라. 블레셋 다섯 방백이 이것을 보고 그 날에 에그론으로 돌아갔더라 삼상 6:10-16

우리는 오늘 새해 첫 주일을 맞이해서 신년 예배를 드립니다. 어제와 오늘이 그 얼마나 다를까마는 그래도 오늘은 새해라고 합니다. 이 날은, 지난 주일이나 오늘이나 같은 날입니다.

그러면 새해라는 것이 달력을 새 것을 붙이고 옷을 새 것을 입었다고 새해라고 할 수 있습니까? 문제는 마음가짐이라고 생각합니다.

다윗은 하나님 앞에 기도할 적에 "하나님이여 내 속에 정한 마음을 창조하시고" 하는 기도를 드렸습니다. 하나님 앞에 깨끗한 마음을 달라는 것입니다. 새 마음을 달라는 것입니다. 이 마음이 새해를 맞는 마음입니다.

도둑놈이 정월 초하룻날은 생각하기를 올해는 내가 도적질 않고 살리라 하고 각오했다면 새해의 의의가 있을 것입니다. 그러나 새해에는 더 많은 도둑질을 하리라고 생각 했다면 새해가 될 수 없습니다.

어제 갓 결혼한 사람을 새색시라고 합니다. 실은 그 사람이 그 사람인데 웨딩마치 올리며 총각 팔짝 끼고 한 번 걸었다고 새색시입니까? 그런 것은 아닙니다.

이제는 여자의 목적이 달라졌습니다. 어제까지는 친정을 위했는데, 오늘부터는 시집을 위합니다. 어제까지는 이 사람 저 사람 사랑할 수 있었는데, 이제는 오직 한 사람만 사랑합니다.

소속이 달라졌습니다. 주인이 달라졌습니다. 가치관이 달라졌습니다. 그래서 새색시입니다.

얼마 전 미국 국적을 가진 한국인을 심방했던 일이 있습니다. 그 부인이 교회 와서 등록할 때는 최로 했는데, 심방 가서 물으니깐 '김입니다' 하는 것입니다. 알쏭달쏭해서 "성씨가 최씨입니까? 김씨입니까?" 하고 물었습니다.

부인이 남편을 보면서 대답하기를 "원래 최씨였는데 저 분을 만나서 미국 호적을 따라 김씨로 바뀌었어요"

그 때 옆에 있던 남편이 얼른 받아서 "최씨 보다야 김씨가 훨씬 낫지" 하는 것입니다.

참 좋다고 생각합니다. 이왕 시집가서 위해 줄 바에야 성까지 바뀌어야지요. 우리나라도 이 제도가 속히 되어야 저의 안 사람이 신송자가 아니라 한송자 될 것 아닙니까?

우리는 새해를 맞습니다.

그리스도인이 새해를 맞을 때는 사명에서 새로워져야 할 줄 압니다. 지난 해보다 올해는 새로운 마음의 각오를 가지고 새 일을 행하리라 하는 새 마음이 있을 적에 새해입니다.

법궤는 이스라엘 민족에 있어서 하나님의 임재의 상징이었습니다. 법궤는 이스라엘 백성이 출애굽하여 광야생활 할 적에 하나님이 모세를 통해서 만든 것이었습니다.

법궤는 조각목으로 만들었고 안과 밖을 금으로 입혔으며, 속죄소 위에는 두 그룹의 날개를 펴고 있었습니다. 법궤 안에는 십계명과 만나가 들은 항아리와 아론의 싹난 지팡이가 들어 있었습니다.

법궤의 위치는 성막 안 지성소에 있었고, 이 법궤는 제사장만이 가까이 할 수 있었으며, 법궤를 이동할 적에 레위 자손 중에서도 고핫 자손, 곧 구별된 백성이 반드시 어깨에 메고 이동하게 되어 있었습니다.

이 법궤가 엘리 제사장 시대에는 수난을 당했습니다. 법궤를 모셔야 할 엘리 제사장은 늙고 둔하여 무력하여졌고, 제사장의 두 아들 홉니와 비느하스는 타락하였고 그 백성들도 많은 우상으로 기울어지게 되었습니다.

이 때 하나님은 이웃나라 블레셋을 들어 이스라엘을 치셨습니다. 이스라엘을 회개시키기 위해서 채찍으로 때렸습니다. 그래서 이스라엘은 블레셋과의 전쟁에서 하루 4,000여 명씩 죽어 갔습니다.

이 때 이스라엘의 종교 지도자들과 군사 참모들이 국가 최고 비상 작전회의를 열고 머리를 맞대고 짜낸 방안이 여호와의 임재의 상징인 법궤를 앞세우고 전쟁에 나가자는 것이었습니다. 법궤를 전쟁의 방패로 삼자는 것이었습니다. 왜냐하면 과거 이 법궤를 메고 여리고 성을 일곱 바퀴 돌 적에 그 튼튼한 여리고성이 무너져 내린 역사적 사실이 있었기 때문입니다.

또 법궤를 메고 범람한 요단 강 물을 밟았을 적에 그 요단 강 물이 끊어져 육지같이 건넜던 사건이 있었습니다. 그래서 조국의 운명이 걸린 위태한 전쟁에서 법궤를 앞세우고 전쟁을 하면 반드시 이길 것이라고 생각했습니다.

이들은 법궤를 앞세우고 적진에 나갔습니다. 그러나 그날의 전쟁은 크게 패전했고, 엘리 제사장의 두 아들 홉니와 비느하스는 전사했고, 법궤는 블레셋 사람에게 빼앗겼으며, 이 비보를 들은 엘리 제사장은 졸도하여 목이 부러져 죽었습니다.

결국 이스라엘은 벧세메스까지 후퇴하였고, 법궤를 빼앗은 블레셋은 그들이 섬기는 다곤 신이 이겼다고 하며 법궤를 다곤 신전에 두었습니다. 하룻밤을 자고 나니까 다곤 신전에 소동이 벌어졌습니다.

다곤 신전의 우상들은 목이 잘려져서 넘어져 있었고, 손과 발이 모조리 잘려졌으며 그 지방에는 이상한 독종이 번지기 시작했습니다.

블레셋 사람들은 이것이 우연인가? 신의 심판인가? 의심하면서 하나님의 법궤를 아스돗 지방에서 가드 지방으로 옮겼습니다. 하지만 그 지방에도 독종이 번지기 시작했고, 다시 법궤를 에그론 지방으로 옮겼는데, 이제는 에그론 지방에서 항의 소동이 일어났습니다. 왜 우리에게 재앙을 주는 법궤를 가지고 오느냐고 법궤 배척운동이 일었습니다.

결국 '이스라엘의 신은 이스라엘로 돌아가라' 는 민중의 소동이 일어났고, 그래서 법궤는 이스라엘로 돌려보내게 됩니다.

> 십자가의 도가 멸망하는 자들에게 미련한 것이요, 구원 얻은 우리에게는 하나님의 능력이라 고전 1:18
>
> 우리는 그리스도의 향기인데 이 사람에게는 사망으로 쫓아 사망에 이르는 냄새요, 저 사람에게는 생명으로 쫓아 생명에 이르는 냄새라 고후 3:15

같은 하나님이지만 믿는 우리에게는 심판이 면제 되었고, 믿지 않는 자들은 믿지 아니하므로 이미 정죄 받았다 했습니다.

법궤는 하나님의 백성에게 축복이지 이방인에게는 복이 될 수 없었습니다. 이 법궤는 곧 하나님의 임재의 상징인 교회인데, 교회는 믿는 자의 손에서 받들어져야지, 불신자의 손에서 받들어질 수 없다는 진리를 가르쳐 주고 있습니다.

다음 블레셋 사람들은 이 법궤를 이스라엘로 옮기는데, 어떻게 옮기느냐 하는 문제였습니다.

블레셋 사람들은 법궤를 실을 새 수레를 준비했습니다. 멍에를 매어 본 일이 없는 소 두 마리를 준비했습니다. 그 소는 새끼를 둔 암소였습니다. 그리고 법궤를 수레에 싣고 두 마리의 소는 나란히 멍에를 메고 고삐도 없이 인도하는 사람도 없이 이스라엘로 보내졌습니다.

그리고 생각하기를 이 두 마리의 소가 좌우로 치우치지 않고 이스라엘 땅으로 곧장 가면 우리에게 내린 재앙이 하나님으로부터 온 것이고 제대로 찾아가지 못하면 이 독종의 재앙은 우연으로 돌리고자 했던 것입니다.

두 암소는 하나님의 법궤를 끌고, 블레셋의 지경을 떠나서 이스라엘의 벧세메스 땅을 향했습니다. 이것은 블레셋에서 재앙을 거두는 일임과 동시에 이스라엘 백성에게는 하나님께 대한 소망을 주는 것이었습니다.

이는 오늘 우리가 예수 그리스도의 십자가를 우리어깨에 멜 적에 이것은 세상의 죄악을 소멸하는 것이고, 우리 그리스도인에게는 소망이며 하나님께는 영광이라는 사실입니다.

법궤를 멘 두 암소는 젖먹이는 새끼를 둔 소였기에 젖이 불었습니다. 새끼 송아지가 생각났을 것입니다. 송아지도 어미 소가 보고 싶었을 것입니다. 이제 한 발자국도 앞으로 갈 수 없습니다. 멍에를 멘 경험도 없기 때문에 목도 아프고, 허리도 아프고, 다리도 아파서 이 멍에를 벗어 버리고 싶은 생각이 간절했을 것입니다. 그래서 이 소는 '울었다' 했습니다.

멍에는 벗고 싶고, 뒤에 있는 새끼는 보고 싶고…. 그러나 이 소는 뒤돌아보지 아니하고 두 암소가 나란히 발 맞추어서 법궤를 끌고 좌우로 치우치지 아니하고 이스라엘의 경지로 들어왔던 것입니다. 이것은 바로 우리 그리스도인의 생활 자세입니다.

우리가 교회의 짐을 메면 집사의 직분도 벗고 싶습니다. 헌금의 짐도 벗고 싶고, 봉사의 짐도 벗고 싶을 때가 있습니다. 교회에 안 다닐 수는 없으니깐 그저 편안히, 안일하게, 다 지어놓은 교회, 큰 교회, 부담 없는 교회만 찾습니다. 주일 식사봉사, 건축헌금, 월례회, 선교회비 다

벗고 싶습니다.

그 뿐입니까? 이전에 좋아하던 세상의 것은 계속해서 나를 유혹합니다. 술 친구, 고스톱 친구, 죄의 유혹 등 이런 것들이 계속해서 나타나고 있습니다. 이런 것들은 젖먹이 송아지가 어미 소를 기다리듯 하고, 어미 소가 새끼 소를 보고 싶듯 간절합니다. 그러나 주님이 "쟁기를 잡고 뒤를 돌아보는 자는 내게 합당하지 않다"고 말씀하셨습니다.

"누구든지 나를 따라오려거든 자기 십자가를지고 나를 따라오라"고 했습니다. 자기 십자가를 벗어버리면 그리스도의 제자가 될 수 없습니다. 또 뒤를 돌아보는 자는 주님께 합당치 않습니다.

21세기의 문은 열렸습니다. 21세기는 사탄이 3S 정책(Sports(운동), Screen(TV), Sex(성))으로 성도를 유혹할 것입니다. 이런 것에 마음을 빼앗기면 푯대를 향해 달려 갈 수 없습니다. 이제 그리스도인은 세상을 향해서는 울어 장사 지내고, 하나님의 도성을 향해 출발해야 합니다.

이 두 암소는 둘이 나란히 발을 맞추어서 걸어갔습니다. 두 암소는 싸우지 아니했습니다. 뜻을 달리하지 아니했습니다. 하나는 좌로 하나는 우로 하지 아니했습니다. 그 목적지는 이스라엘의 지경 벧세메스였는데, 목적지까지 보조를 맞추어갔습니다. 이것은 바람직한 성도의 자세입니다.

바람직한 성도의 자세는 그리스도 안에서의 공동체입니다. 같이 멍에를 메었습니다. 에녹이 300년 간 하나님과 동행했듯이 성령님과 보조를 맞추는 것입니다.

근세사에 영국이 인도를 식민지로 다스릴 때 입니다. 인도는 여러 부족으로 이루어진 나라입니다. 영국은 이들 부족끼리 서로 이간질을 시켜 싸움을 붙이고, 그들이 가지고 있는 귀중한 보물을 다 빼앗아 갔습니다.

이처럼 원수 마귀는 우리 성도가 싸우도록 이간질 시키고, 우리의 보배와 같은 믿음을 빼앗아 갑니다. 성도와 성도가 싸우게 되면 공동체 의식이 깨어지고 그리스도의 몸을 찢어 놓는 것입니다. 그렇게 되면 그리스도의 피를 나눈 한 형제도 될 수 없습니다.

성도는 같이 멍에를 메고 성령과 동행하는 것입니다. 보조를 맞추는 것입니다. 이것이 성도의 자세입니다.

이 두 암소는 법궤를 메고 가면서 여러 갈래 길이 많이 있었습니다. 그러나 두 암소는 좌우로 치우치지 아니하고 공명정대한 길, 곧은 길로 이스라엘의 지경 벧세메스까지 왔습니다.

고삐도 없고 인도자도 없지만 목적지까지 좌우로 치우치지 아니했습니다. 비록 말 못하는 짐승이었지만 사명을 가진 소들이었기에 곧은 길로 나갔습니다. 이것은 하나님의 인도로만이 가능한 것입니다.

오늘 우리는 하나님의 법궤, 교회의 짐을 멘 사명자들입니다. 그리스도의 제자로서 교회를 우리 어깨에 메고 가는 사람들은 그리스도를 푯대로 하고 똑바로 가야 합니다. 이 길은 오직 성령의 인도함을 받아 가는 길인 것입니다.

사회생활을 하는 데에는 인격의 감동이 필요합니다. 이 인격은 지정의로 표현 됩니다. 교회 일은 인격의 감동도 필요하지만 이것보다는 성령의 감동입니다. 내 지성만 가지고는 하나님의 일을 못합니다. 인간적인 열심만을 가지고는 끝까지 버틸 수 없습니다.

그러나 성령님이 나에게 역사하시고, 내가 하나님의 손에 잡혔을 적에 하나님의 일을 이룰 수 있습니다. 그러므로 우리는 늘 성령의 감동과 성령의 인도하심을 구하여야 합니다.

성령의 감동은 기도해야 합니다. 기도가 없는 그리스도인은 성령의 감동이 없습니다. 다윗처럼 내게 부어주신 바 성령을 거두지 마시고 내게 정한 마음, 곧 새 마음을 달라고 구해야 합니다. 누가복음에서는 구하는 자에게 성령을 주시겠다고 했습니다.

성령의 인도함을 받으려면 말씀에 순종하여야 합니다. 칼뱅은 성령은 말씀의 수레를 타고 역사한다고 했습니다. 또 사도행전에 성령은 "순종하는 자에게 주신다"고 하였습니다. 성령은 반드시 말씀과 함께 역사하고 말씀에 순종하는 사람과 함께 일한다는 사실을 기억해야 합니다.

다음 두 암소가 벧세메스에 도착했을 때 이스라엘 사람은 어떻게 했습니까? 그 수레를 쪼개서 번제에 쓸 나무를 만들고 두 소를 잡아서 희생의 제물로 하나님께 바쳐 제단을 쌓았습니다.

이탈리아의 청년 지도자 그리발디는 청년들에게 이탈리아를 위해 싸우라고 외쳤습니다. 어느 청년이 질문했습니다.

"우리가 이탈리아를 위해 싸우면 우리에게 주어지는 그 대가가 무엇입니까?"

그리발디는 그에게 이렇게 대답을 했습니다.

"우리가 우리 조국 이탈리아를 위해 싸워서 얻는 대가는 칼에 베인 상처와 가정의 파탄과 수고와 괴롬 밖에 없다. 그러나 그 뒤에는 조국 이탈리아의 광복이 온다."

오늘 우리가 그리스도를 위해 우리의 사명을 다하면 무엇이 옵니까? 불의와 싸우면서 죄와 항거할 적에 거기에는 내 진액을 빼내는 땀과 눈물이 있습니다. 교회를 위해 수고할 적에 육체의 고단함과 때로는 비난과 시기를 받습니다.

그러나 그 뒤에는 내가 섬기는 교회의 부흥이 올 것이고, 어둠에 있던 한 생명이 구원의 문을 열고 들어설 것이며, 마귀는 물러가고 하나님의 의는 세워질 것입니다.

하늘 보좌를 움직이는 능력은 내가 희생의 제물이 될 때입니다.

"한 알의 밀알이 땅에 떨어져 죽지 아니하면 한 알 그대로 있고 죽으면 많은 열매를 맺느니라"

스테반이 돌에 맞아 순교할 적에 하늘 문이 열렸습니다. 그 모습이 하도 장렬하여 주께서 서서 응원하셨습니다. 그러므로 우리에게도 성 프란시스처럼, "내가 어떻게 하면 나사렛 예수를 위하여 내 생명을 바치어 불고!" 하는 고백이 있어야 할 줄 압니다.

이 새해, 신년 원단에 서서 그리스도를 위해 새롭게 각오 하고 출발하므로 새해가 새해 되는 역사와 하나님의 은총이 있기를 소원합니다.

Chapter 13
왕 같은 제사장이 되십시오

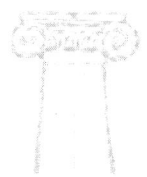

너는 이스라엘 자손 중 네 형 아론과 그 아들들 곧 나답과 아비후와 엘르아살과 이다말을 그와 함께 네게로 나아오게 하여 나를 섬기는 제사장직분을 행하게 하되 네 형 아론을 위하여 거룩한 옷을 지어서 영화롭고 아름답게 할지니 너는 무릇 마음에 지혜 있는 자 곧 내가 지혜로운 영으로 채운 자들에게 말하여 아론의 옷을 지어 그를 거룩하게 하여 내게 제사장 직분을 행하게 하라 그들의 지을 옷은 이러 하니 곧 흉패와 에봇과 겉옷과 반포속옷과 관과 띠라 그들이 네 형 아론과 그 아들들을 위하여 거룩한 옷을 지어 아론으로 내게 제사장 직분을 행하게 할지며 그들의 쓸 것은 금실과 청색 자색 홍색실과 가늘게 꼰 베실이니라 그들이 금실과 청색 자색 홍색실과 가늘게 꼰 베실로 공교히 짜서 에봇을 짓되 그것에 견대 둘을 달아 그 두 끝에 연하게 하고 에봇 위에 매는 띠는 에봇 짜는 법으로 금실과 청색 자색 홍색실과 가늘게 꼰 베실로 에봇에 공교히 붙여 짤지며 호마노 두개를 취하여 그 위에 이스라엘 아들들의 이름을 새기되 그들의 연치대로 여섯 이름을 한 보석에, 나머지 여섯 이름은 다른 보석에 보석을 새기는 자가 인에 새김 같이 너는 이스라엘 아들들의 이름을 그 두 보석에 새겨 금테에 물리고 그 두 보석을 에봇 두 견대에 붙여 이스라엘 아들들의 기념 보석을 삼되 아론이 여호와 앞에서 그들의 이름을 그 두 어깨에 메어서 기념이 되게 할지며

너는 금으로 테를 만들고 정금으로 노끈처럼 두 사슬을 땋고 그 땋은 사슬을 그 테에 달지니라 너는 판결 흉패를 에봇 짜는 법으로 금 실과 청색 자색 홍색실과 가늘게 꼰 베실로 공교히 짜서 만들되 장광이 한 뼘씩 두 겹으로 네모 반듯하게 하고 그것에 네 줄로 보석을 물리되 첫 줄은 홍보석 황옥 녹주옥이요 둘째 줄은 석류석 남보석 홍마노요 셋째 줄은 호박 백마노 자수정이요 넷째 줄은 녹보석 호마노 벽옥으로다 금테에 물릴찌니 이 보석들은 이스라엘 아들들의 이름대로 열둘이라. 매 보석에 열두 지파의 한 이름씩 인을 새기는 법으로 새기고 정금으로 노끈처럼 땋은 사슬을 흉패 위에 붙이고 또 금고리 둘을 만들어 흉패 위 곧 흉패 두 끝에 그 두 고리를 달고 땋은 두 금사슬로 흉패 두 끝 두 고리에 꿰어 매고 두 땋은 사슬의 다른 두 끝을 에봇 앞 두 견대의 금테에 매고 또 금고리 둘을 만들어 흉패 아래 양판 가 안쪽 곧 에봇에 닿은 곳에 달고 또 금고리 둘을 만들어 에봇 앞 두 견대 아래 매는 자리 가까운 편 곧 공교히 짠 띠 윗편에 달고 청색 끈으로 흉패 고리와 에봇 고리에 꿰어 흉패로 공교히 짠 에봇 띠 위에 붙여 떠나지 않게 하라 아론이 성소에 들어 갈 때에는 이스라엘 아들들의 이름을 기록한 이 판결 흉패를 가슴에 붙여 여호와 앞에 영원한 기념을 삼을 것이니라 너는 우림과 둠밈을 판결 흉패 안에 넣어 아론으로 여호와 앞에 들어 갈 때에 그 가슴 위에 있게 하라 아론이 여호와 앞에서 이스라엘 자손의 판결을 항상 그 가슴 위에 둘지니라 너는 에봇 받침 겉옷을 전부 청색으로 하되 두 어깨 사이에 머리 들어갈 구멍을 내고 그 주위에 갑옷 깃 같이 깃을 짜서 찢어지지 않게 하고 그 옷 가장자리로 돌아가며 청색 자색 홍색실로 석류를 수 놓고 금 방울을 간격하여 달되 그 옷 가장자리로 돌아가며 한 금 방울, 한 석류, 한 금 방울, 한 석류가 있게 하라 아론이 입고 여호와를 섬기러 성소에 들어갈 때와 성소에서 나갈 때에 그 소리가 들릴 것이다 그리하면 그가 죽지 아니하리라 너는 또 정금으로 패를 만들어 인을 새기는 법으로 그 위에 새기되 '여호와께 성결'이라 하고 그 패를 청색 끈으로 관 위에 매되 곧 관 전면에 있게 하라 이 패가 아론의 이마에 있어서 그로 이스라엘 자손의 거룩하게 드리는 성물의 죄건을 담당하게 하라 그 패가 아론의 이마에 늘 있으므로 그 성물을 여호와께서 받으시게 되리라 너는 가는 베실로 반포 속옷을 짜고 가는 베실로 관을 만들고 띠를 수놓아 만들지니라 너는 아론의 아들들을 위하여 속옷을 만들며 그들을 위하여 띠를 만들며 그들의 위하여 관을 만들어서 영화롭고 아름답게 하되 너는 그것들로 네 형 아론과 그와 함께 한 그 아들들에게 입히고 그들에게 기름을 부어 위임하고 거룩하게 하여 그들로 제사장 직분을 내게 행하게 할지며 또 그들을 위하여 베로 고의를 만들어 허리에서부터 넓적다리까지 이르게 하여 하체를 가리게 하라 아론과 그 아들들이 회막에 들어갈 때에나 제단에 가까이 하여 거룩한 곳에서 섬길 때에 그것들을 입어야 죄를 지어서 죽지 아니하리니 그와 그의 후손의 영원히 지킬 규례니라 출28:1-43

대제사장 예복

출 28:4-29:9, 39:1-31

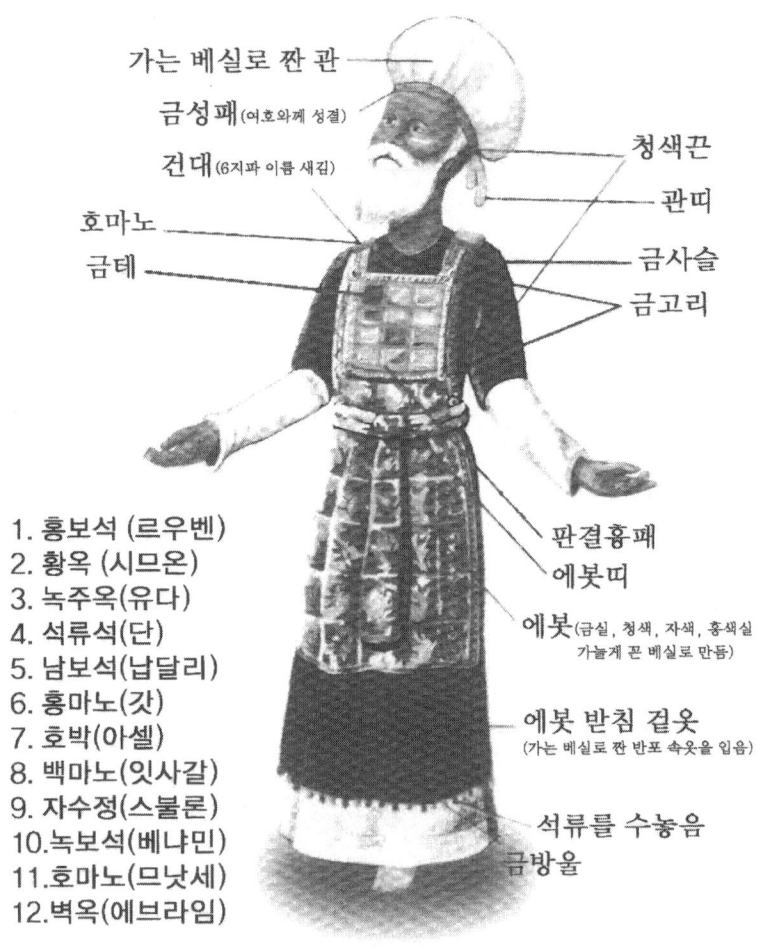

1. 홍보석 (르우벤)
2. 황옥 (시므온)
3. 녹주옥 (유다)
4. 석류석 (단)
5. 남보석 (납달리)
6. 홍마노 (갓)
7. 호박 (아셀)
8. 백마노 (잇사갈)
9. 자수정 (스불론)
10. 녹보석 (베냐민)
11. 호마노 (므낫세)
12. 벽옥 (에브라임)

1. 구약시대 제사장의 직무

오늘 신약을 살아가는 모든 직분자들은 구약시대 제사장의 직무를 바로 앎으로서 그 직분을 더욱 성실히 수행할 수 있을 것이다. 구약시대 모든 제사 의식이 신약과 다르다 할지라도 의식의 근저를 이루는 법의 정신은 구약이나 신약이나 다 같다. 오히려 신약 시대의 예배의 정신은 구약에서부터 근거하고 있다. 구약시대 제사장의 직무는 다음과 같다.

1) 제사장은 제사(예배)의 직무를 수행하였다.

제사의 직무는 레위 지파 중에서도 아론의 자손에게 준 하나님의 특별한 은총이었다. 제사장은 성전에서 봉사하였으며 백성과 하나님 사이에 선 중보자로서 예배의 직무를 수행하였다.

2) 제사장은 백성을 위하여 복을 빌고 여호와의 이름으로 축복하였다.

"그들은 이같이 내 이름으로 이스라엘 자손에게 축복할지니 내가 그들에게 복을 주리라"(민 6:27). 하나님은 제사장들로 하여금 백성을 위하여 복을 빌도록 하셨다.

3) 제사장은 백성에게 율법을 가르치는 일을 하였다.

제사장이 성소에서 봉사하는 기간은 1년에 한 두 번 밖에 돌아오지 않았다. 율법에 아론의 자손에게 제사장의 직무를 수행토록 하였는데, 아론의 자손이 번성함에 따라 제사장의 반열을 24반열로 나누어서 제비 뽑아 성소에서 봉사하였다(눅 1:8).

그러므로 제사장은 성소에서 봉사하는 기간 외에는 각자 집으로 돌아가서 백성들에게 율법을 가르치는 일을 하였다. 혹시 백성이 죄를 짓고 망하게 되면 제사장은 가슴을 치고 울었다. 그 이유는 제사장이 백성을 깨우치지 못하여서 백성이 죄를 짓고 망하였다는 책임감 때문이었다.

히브리서에 "저희는 너희 영혼을 위하여 경성하기를 자기가 회계할 자 인 것같이 하느니라" 는 말씀은 바로 구약의 제사장의 직무 중에서도 백성을 가르치는 직무에 대한 책임감에서 비롯한 말씀이다.

'회계할 자' 란 뜻은 "보상한다", "지불한다", "계산한다" 의 뜻이다. 이는 백성이 죄를 짓고 망할 때 자기가 그 값을 지불하고 계산하는 자처럼 책임감을 가졌다는 의미이다.

호세아는 이스라엘이 하나님 앞에서 범죄하여 망할 수밖에 없는 이유를 지적하고 있다. 그 중의 한 가지는 "네 백성이 제사장과 다투는 자 같이 되었음이니라"(호 4:4)고 말했다.

구약의 율법에서 제사장과 다투는 자는 죽이게 되어 있다. 나의 영혼을 위해서 경성하기를 자기가 회계할 자인 것 같이 하는 자와 다투면 마땅히 하나님의 진노를 받아야 했다. 그 이유는 하나님의 말씀으로 백성을 깨우치는 자로 저들의 영혼을 책임지고 있기 때문이다.

호세아는 이스라엘 백성이 죄로 인하여 제사장과 다투는 자 같이 되었다고 한탄하였다.

성경은 "가르침을 받는 자는 말씀을 가르치는 자와 모든 좋은 것을 함께 하라"(갈 6:6)고 하였다.

교회 생활에서 당신을 가르치는 자는 목사와 장로이다. 저희에게 순종하고 복종하여 저희로 하여금 즐거움으로 하게 하고 근심으로 하지 말게 하여야 할 것이다.

2. 대제사장 예복

출애굽기 28장은 성막에서 봉사하여야 할 제사장의 의복에 대하여 말씀했다. 제사장이 갖추어야 할 예복과 의관은 다음과 같다. 흉패, 에봇, 겉옷(에봇받침), 반포(속옷) 관, 띠, 견대로 구분되었다.

출애굽기 28장 4절에 여섯 가지를 말했다.

"옷은 이러하니 곧 흉패와 에봇과 겉옷과 반포 속옷과 관과 띠라"

출애굽기 28장 7, 36, 37절에 견대와 관에 있는 금패를 언급하였다.

"그것에 견대 둘을 달아"(출 28:7)

"정금으로 패를 만들어 인을 새기는 법으로 그 위에 새기되 '여호와께 성결' 이라고 하고 그 패를 청색 끈으로 관 위에 매되 곧 관 전면에 있게 하라"(출 28:36-37)

대제사장의 옷을 만드는 데는 하나님이 친히 명령해서 공교하게 만들도록 했다.

> 나를 섬기는 제사장 직분을 행하게 하되 네 형 아론을 위하여 거룩한 옷을 지어서 영화롭고 아름답게 할찌니 출28:2-3

대제사장의 예복은 거룩한 옷이 되도록 만들었고, 영화로운 옷이 되도록 만들었으며, 아름다운 옷이 되도록 만들었다.

제사장이 하나님의 성역을 담당하면서 입는 옷은 거룩한 옷이요,

영화로운 옷이요, 아름다운 옷이다. 이와 같이 거룩하고 영화롭고 아름다운 옷을 입게 한 것은 두 가지 면에서 그 의미를 생각할 수 있다.

첫째, 제사장 자신을 위해서이다.

제사장이 자신이 이와 같은 거룩하고 영화롭고 아름다운 옷을 입음으로 자신을 재발견할 수 있게 하였다.

한문에 "人必自侮 以後에 人侮也"(인필자모 이후에 인모야) 라는 말이 있다. "사람은 반드시 자기 자신을 스스로 경멸히 여긴 후에 남이 나를 경멸히 여긴다" 라는 뜻이다.

예컨대 양복을 입고 의관을 갖춘 신사가 술에 만취가 되어 길거리를 누워 있다면 자기가 자기 자신을 경멸한 것이다. 그러므로 지나는 사람들이 경멸하기를 "입은 옷이 아깝다"고 할 것이다.

제사장에게 하나님의 거룩한 사역을 담당하게 하면서 자신이 자신을 경멸히 여기지 못하도록 하나님은 거룩한 옷을 입혔다.

둘째, 백성들을 위해서이다.

백성들이 제사장을 바라볼 때마다 존경하고 신뢰하고 싶은 마음이 생기도록 하기 위해서 제사장의 옷을 거룩하고 영화롭고 아름답게 만들도록 했다.

제사장은 거룩한 직분을 수행하는 자이다. 제사장은 제사장다워야 한다. 만약 전쟁에 출전한 군인이 바지저고리 입고 고무신을 신고 전쟁에 나가면 도무지 군입답지가 않을 것이다. 군인은 제복을 입고 군화를 신고 완전무장을 할 때 용맹 있는 군인답게 보일 것이다.

하나님 앞에 신령과 진정의 예배가 되기 위해서는 자기의 관부터 바로 갖추어야 한다. 예배시간에 수영복을 입고 나올 수는 없다. 의관을 단정히 갖추므로 자신을 경건하게 하는데 도움이 된다.

필자가 아는 어떤 성도는 새 옷을 맞추면 반드시 주일날 먼저 입고 교회에 나온다. 헌금할 돈은 미리 새 돈을 준비하고 옷은 깨끗하고 단정하게 입는 것을 보았다. 이는 하나님 앞에서의 정성과 거룩과 경건에 도움이 된다.

3. 대제사장이 입는 예복과 그 의미

1) 속옷

제사장의 속옷은 가는 베실로 짠 것으로 기본적인 옷이다. 가는 베실은 성결을 의미한다. 하나님의 종들이나 주의 백성들이 입을 옷은 성결의 옷이다. 성결을 잃으면 무력하여 진다. 죄로 인해서 무기력하여 지면 사탄의 조롱거리가 된다. 제사장은 성결이 능력이요 거룩한 삶이 가장 좋은 메세지가 된다.

2) 에봇과 에봇 받침 겉옷

에봇 받침 겉옷은 에봇 겉옷 위에 입는 옷으로써 앞과 뒤로 늘어지게 대제사장의 어깨에 걸치게 되어 있다. 에봇은 금실과 청색, 자색, 홍색실과 가늘게 꼰 베실로 공교히 짜서 만들었다. 금실은 금을 얇게 쳐서 오려서 만든 실이었다. 그러므로 이 예복이 얼마나 영화롭고 아름다운 것인가를 짐작할 수 있다. 금은 믿음의 상징이다. 청색은 생명을 상징한다. 자색은 왕권의 상징이다. 홍색은 피의 색깔이며 구원의 상징이다. 제사장이 선포하는 메세지에는 믿음에 의한 생명력이 있어야 하고 왕적 권위로 곧 십자가의 복음 구원이 선포되어야 한다.

하나님의 나라에 들어갈 성도가 입는 옷은 이것보다 더 아름답다. 하나님 앞에서 아무리 좋은 옷을 입어도 그 마음 속의 더러운 죄는 가리울 수 없다. 그러나 성도가 입는 옷은 예수 그리스도를 믿음으로 전가 받은 의의 옷이다. 이 옷은 예수의 피로 인간의 모든 죄를 가리우는 옷이다. 이보다 더 좋은 옷은 없다. 우리 죄를 가리울 수 있는 옷은 이 옷 외에 다른 옷은 없다.

또 성도가 땅 위에서 입을 옷은 세마포 옷이다. 이 세마포 옷은 성도들의 옳은 행실이라고 하였다.

> 빛나고 깨끗한 세마포 옷을 입게 하였은즉 이 세마포는 성도들의 옳은 행실이로다 계 19:8

3) 흉패와 견대

흉패는 대제사장의 가슴에 달았다. 그리고 그 흉패는 각 줄에 셋씩 네 줄로 된 12보석이 달렸다.

12보석의 이름은,

① 홍보석 ② 황옥 ③ 녹주옥 ④ 석류석 ⑤ 남보석 ⑥ 홍마노 ⑦ 호박 ⑧ 백마노 ⑨ 자수정 ⑩ 녹보속 ⑪ 호마노 ⑫ 벽옥이었다.

이 보석들이 얼마나 귀하고 아름다운 것인지, 또 이 보석들이 어떤 것들인지는 잘 알 수 없다. 지금까지 4-5개 밖에는 알려지지 않고 있기 때문이다. 열두 보석에는 이스라엘 12지파의 이름이 하나씩 새겨져있다. 또 어깨에 있는 호마노의 보석에는 한 쪽 어깨에 6지파씩, 양쪽 어깨에 12지파의 이름을 새겼다.

　열 두 지파는 택한 하나님의 백성이다. 제사장은 열 두 지파를 어깨에 메고, 가슴에 안고 하나님을 만나러 휘장을 열고 지성소에 들어갔다. 이것은 무엇을 의미하는가?

　어깨는 능력을 상징한다. 사람의 힘은 어깨에 있다. 이사야는 "장차 나타날 그리스도께서 정사를 그 어깨에 메리라"(사 9:6)고 예언하였다. 누가복음 15장에는 목자가 잃은 양을 찾았을 때 그 양을 어깨에 메고 왔다고 했다.

　어깨가 능력과 힘을 말한다면 가슴은 사랑과 자비를 말한다. 성도 한 사람, 한 사람의 이름은 우리의 대제사장 되시는 예수는 그의 피로 구속 받은 성도 한 사람, 한 사람의 이름을 가슴에 안고 우리의 무거운 짐을 대신 어깨에 메었다. 주님은 우리를 사랑과 자비로 돌보신다.

> 그는 목자같이 양 무리를 먹이시며 어린 양을 그 팔로 모아 품에 안으신다 사 40:11

"어느 날 밤 한 청년이 꿈을 꾸니
주님과 함께 바닷가를 거닐고 있었다네
하늘 저편엔
그의 인생의 순간마다 화면에 떠오르고
그 장면 마다
두 쌍의 발자국이 모래위를 수 놓았다네
한 쌍은 자기의 것, 또 한 쌍은 주님의 것

그의 인생의 마지막 날이 다가와
모래 위의 발자국을 되돌아 보니
인생의 오솔길엔 많은 절망과 슬픔이 수 놓였고,
그때마다 발자국은 한 쌍 뿐이었다네

괴롭고 괴로워 주님께 묻기를
주여!
당신은 나와 함께 걷기를 약속 하시더니
어찌하여 괴로움에 허덕이고,
진정 당신이 필요할 땐 나를 버리셨습니까?

주님 대답하시기를,
내가 참으로 사랑하는 아들아!
내가 너를 버린 적은 절대로 없었지
네가 시련 속에서 몸부림칠 때
한 쌍의 발자국뿐이었던 것은
내가 너를 안고 걸었기 때문이란다."

-작자 미상-

목자론에서 이 뜻을 생각해 보자.

목자는 양의 이름을 한 사람 한 사람 기억하고 있다. 능력 있는 지도자가 되려면 이름을 기억하여야 한다. 이름을 기억하고 이름을 불러 줄 때 나에 대한 관심이 있다는 것이 입증된다. 만날 때마다 이름을 묻는다면 나에게 관심이 없다는 증거요, 실례가 된다.

목자는 양의 이름을 가슴에 안고 하나님 앞에 나가서 기도한다. 또한 온 가족의 이름을 가슴에 안고, 가정의 무거운 짐을 어깨에 메고 새벽마다 나와서 기도하는 기도의 사람들을 보라.

그들은 목자의 심정을 알고 예수님의 마음을 이해 할 것이다. 우리의 목자 되시는 예수는 가족의 이름을 가슴에 안고 가정이나 교회의 무거운 짐을 어깨에 메고 하나님께 나오는 기도 사역자들을 자비와 사랑의 품안에 안으리라.

4) 판결 흉패 안에 있는 우림과 둠밈

흉패의 이름을 판결 흉패라고 불리기도 하였다.

> 너는 판결 흉패를 에봇 짜는 법으로 금실과 청색, 자색, 홍색실과 가늘게 꼰 베실로 공교히 짜서 만들되 출28:15

대제사장 아론의 가슴에 판결 흉패를 달았다. 그리스도는 대제사장이 되신다. 대제사장 되시는 그리스도는 세상을 의와 공평으로 판결하시며 성도에게 의와 공평으로 대하신다.

이스라엘 백성의 판결을 위한 도구가 우림과 둠밈이었다. 우림과 둠밈이 판결흉패 안에 있었고, 판결흉패가 제사장이 입는 에봇 안에 있었다. 우림과 둠밈은 이스라엘이 중대한 일을 결정할 때 사용되어 졌다

> 너는 우림과 둠밈을 판결 흉패 안에 넣어 아론으로 여호와 앞에 들어 갈 때에 그 가슴 위에 있게 하라 출28:30

> 그는(여호수아) 제사장 엘르아살 앞에 설 것이요 엘르아살은 그를 위하여 우림의 판결법으로 여호와 앞에 물을 것이며 민27:21

사울은 블레셋의 침략을 받았다. 국가존망이 위태함 가운데 심히 군급하여 진 사울은 하나님께 물었으나 하나님이 신이 이미 떠난 사울에게는 대답하지 아니하였다.

> 사울이 여호와께 묻자오되 여호와께서 꿈으로도 우림으로도 선지자로도 그에게 대답지 아니하시므로… 삼상28:6

다윗이 사울에게 쫓기고 있을 때 다윗이 그일라 성 안으로 들어갔다. 다윗은 그에게 망명하여 온 제사장 아비아달에게 제사장이 입는 에봇을 가지고 오게 하였다. 에봇에는 우림과 둠밈이 들어 있는 판결 흉패가 있었기 때문이다. 그리고 하나님께 두 가지를 물었다.
"하나님이여, 사울이 이곳으로 내려오겠나이까?"
"하나님이여, 그일라 사람들이 나를 사울의 손에 붙이겠나이까?"
하나님은 사울이 내려온다는 것과 그일라 사람들이 다윗을 사울의 손에 붙일 것이라는 것을 일러 주었다. 그래서 다윗은 그곳을 떠났다 (삼상 23:6-12).

우림과 둠밈이 어떻게 판결하고 어떻게 일러주었는지는 정확히 알 수 없으나 그 이름을 보아 그의 판결은 정확하였다. "우림"은 '우르'(빛)의 복수형으로서 '강한 빛'이라는 뜻이고, "둠밈"은 톰(완전함, 고결함, 안전, 번영, 순전함)의 복수형으로서 '진리'라는 의미이다.

이것은 그리스도의 판결은 가장 공명하고 완전하여 아무도 그것을 부결 시킬 수 없다는 뜻이다.

우리는 그리스도의 가슴에 안겨있다. 그리스도는 우리를 그의 가슴에 안고 의롭다고 판결하신다. 그리스도는 그의 피로 구속함을 받은 백성을 의롭다고 선언하신다. 그의 의로운 판결에 사탄은 아무런 할 말을 잃고 말 것이다.

5) 에봇 위에 띠는 띠

> 그들을 위하여 띠를 만들며 출28:40

띠는 무엇을 의미하는가?

첫째, 수고와 봉사를 의미한다. 요한복음 13장에서 예수님은 제자들의 발을 씻기실 때 허리에 띠를 띠고 수건을 동이셨다.

제사장은 섬김의 봉사직이다. 제단에서 일하는 자는 수고와 봉사의 띠를 띠어야 한다.

이사야는 장차오시는 그리스도에 대하여 예언하기를 "공의로 그 허리띠를 삼으며 성실로 몸의 띠를 삼으리라"(사 11:5) 했다. 제단에서 봉사하는 자는 공의와 성실로 해야 한다.

둘째, 준비한 자세를 말한다.

복 있는 종은 "허리에 띠를 띠고 등불을 켜고 서 있는 종"이다.

> 허리에 띠를 띠고 등불을 켜고 서 있으라 너희 주인이 문을 두드리면 곧 열어 주려고 기다리는 사람과 같이 되라 눅12:35-36

이스라엘 백성이 출애굽 하기 전, 유월절을 지키며 무교병을 먹었다. 그때 "허리에 띠를 띠고 발에 신을 신고 손에 지팡이를 잡고 급히 먹어라"(출 12:11)고 했다.

띠를 띠고 있는 자세는 준비하고 있는 자세다. 언제든지 주인의 명령이 떨어지면 즉시 순종하는 자세이다. 허리에 띠를 띠고 준비하고 순종하며 주님을 섬기는 사람은 복 있는 사람이다.

제단에서 봉사하는 사람은 항상 수고와 봉사의 띠를 띠되 항상 명령만 떨어지면 순종하는 준비된 자세를 취해야 할 것이다. 재림하는 그리스도를 맞는 자세도 허리에 띠를 띠고 준비하고 있어야 한다.

6) 에봇 받침 겉옷에 달린 금방울 석류방울

대제상이 입는 겉옷의 가장자리에는 금방울과 석류방울을 간격하여 달도록 하였다.

> 그 옷 가장자리로 돌아가며 한 금 방울, 한 석류, 한 금 방울, 한 석류가 있게 하라 아론이 입고 여호와를 섬기러 성소에 들어갈 때와 성소에서 나갈 때에 그 소리가 들릴 것이라 그리하면 그가 죽지 아니하리라 출28:34,35

대제사장이 성소에서 사역할 때, 그가 움직일 때마다 방울 소리가 들리게 하였다. 그 방울 소리가 중단되면 그는 죽은 것이다. 인간이 하나님의 음성을 듣고 하나님을 뵙는 지성소는 거룩하고 두려움의 장소이다. 아울러 속죄의 장소이며 복을 받는 은총의 장소이다. 대 제사장은 지성소에 들어가면 먼저 수송아지의 피를 속죄소에 뿌리고 난 뒤 그의 사역이 가능하다. 만약 피뿌림이 없이 속죄소 안을 들여다보면 죽음을 면치 못한다.

대제사장이 입는 겉옷의 가장자리에 금방울과 석류 방울이 부딪쳐서 나는 아름다운 소리가 들리게 했다.
석류열매는 피곤한 자에게 약이 되고 향기 있는 열매다. 이것이 금방울과 부딪쳐서 소리를 낸다. 이것은 예수 그리스도의 복음의 소리다.

아름답도다 좋은 소식을 전하는 자들의 발이여 롬10:15

또한 성도가 가는 곳에는 항상 복음의 좋은 소리가 들려야 한다. 교회학교 교사의 방울소리는 교회에서만 들리고 교회 밖에서는 들리지 않으면 안 된다. 집사의 방울소리는 교회에서도 들리고 가정에 돌아가서도 들려야 한다. 회사에 가서도 그 방울소리가 들려야 한다.
제사장은 걸어갈 때마다 그 방울 소리가 들렸다. 그러므로 제사장은 몰래 다닐 수가 없다. 가는 곳마다 그 방울소리가 들리게 되어 있다.

7) 여호와께 성결이라고 새긴 패
대제사장의 머리에 쓰는 모자에도 금으로 띠를 만들고 "여호와께 성결"이라고 새겼다.

너는 정금으로 패를 만들어 인을 새기는 법으로 그 위에 새기되 "여호와께 성결"이라 하고 그 패를 청색 끈으로 관 위에 매되 곧 관

전면에 있게 하라 출 28:36,37

제사장은 하나님께 성별된 사람이다. 성별 된 사람이 거룩한 옷을 입고 거룩한 성소에서 거룩한 하나님을 만났다.

성도는 세상에서 구별된 거룩한 무리다. 몸도 마음도 성별 되어 심성이 거룩한 사람이 되었다. 선을 좋아하고, 의를 사랑하고, 믿음과 진리를 쫓는 사람들이다.

술집에 들어가는 사람의 제일 좋아하는 이야기가 음담패설이다. 그 소리만 하면 좋아서 어쩔 줄을 모른다. 거룩한 하나님의 사람들과 그 사람들을 비교하여 보라. 그 사람들은 믿는 성도가 어리석게 보일 것이다.

'예수 믿는 병신들!' 어딘가 부족해서 예수 믿는 사람들 같이 보이고, 모자라는 사람처럼 보일 것이다. 그러나 우리가 그 사람들을 볼 때 역시 불쌍하다. 이것은 우리가 심성적으로 성별되었기 때문이다.

우리는 다 거룩한 하나님의 백성이다. 거룩한 옷을 입고 가슴에 사랑과 자비를 안고, 어깨에 성도의 짐을 지고 하나님께 나아간다. 가는 곳마다 발에서는 복음의 방울소리가 들리고 허리에는 봉사와 수고의 띠를 띠고 머리에는 "여호와께 성결"이라는 패를 붙여서 모든 일에 조심하여 하나님을 섬기는 거룩한 하나님의 백성이다.

4. 만인 제사장적 사명

루터는 종교개혁을 하면서 사제만이 제사장이 아니라 만인 제사장 설을 주창하였다. 그러나 만인 제사장이라는 말이 오용 되어서는 안 된다.

"모든 직업은 이 땅에 하나님의 나라를 세우기 위한 성직이라는 면에서 똑같다. 그러나 모든 직업은 어디에 하나님의 나라를 세우느냐는 책임과 소명에 따라 서로 다르다.

목사의 책임과 소명은 원칙적으로 교회이다. 교인들의 책임과 소명은 원칙적으로 세상이다. 목회자는 교회가 主이고 세상이 副이다. 교인들은 세상이 主이고 교회는 副이다. 다시 말해서 목회자는 교회의 제사장으로 부름을 받았고 교인들은 세상의 제사장으로 부름을 받았다. 그것이 성경이 말씀하는 만인제사장 설이다.

어느 교수님 한 분이 복음과 상황이라고 하는 신앙잡지에 우리 모두는 만인 제사장인데, 왜 목사만 교회에서 설교를 하느냐는 식의 글을 몇 년 전에 썼다. 제가 그 주장에 반박하는 글을 실었다. 제 주장은 '왜 의사만 수술하느냐 나도 한 번 째보자' 라는 것이다. 그 교수의 주장이 맞다면 '만인 의사설' 과 '만인 약사설' 도 주장되어야 한다는 것이 저의 주장이다. 하나님은 여러분을 교회의 제사장으로 부르신 것이 아니라 세상의 제사장으로 부르셨다. 하나님은 저를 이 교회의 제사장으로 그리고 여러분을 여러분이 살아가고 계시는 세상의 제사장으로 부르셨다." 4)

교회에서 목사는 제사장이 아니라 제사장적 사명을 갖는다. 모든 택함 받은 성도도 세상에 대하여 제사장적 사명을 갖는다.

> 오직 너희는 택하신 족속이요 왕 같은 제사장들이요 거룩한 나라요 그의 소유된 백성이니 너희를 어두운 데서 불러내어 그의 기이한 빛에 들어가게 하신 자의 아름다운 덕을 선전하게 하려 하심이라 벧전 2:9

택함 받은 그리스도인은 모두 다 왕같은 권위를 가진 제사장적 사명과 특권이 있다.

첫째, 예수 그리스도의 이름으로 직접 하나님께 나가는 특권이다. 사제를 통하여서 만이 죄 사함 받는 것이 아니다. 내가 직접 그리스도의 이름으로 하나님께 나갈 수 있으며 죄를 용서 받을 수 있다.

둘째, 다른 사람을 위하여 대신 기도할 수 있는 중보기도의 특권이 있다. 뿐만 아니라 예수 그리스도의 이름으로 다른 사람을 축복할 수 있다.

셋째, 예수 그리스도의 아름다운 덕을 선전하는 복음 증거자로서 특권을 가지고 있다. 사제만이 성경을 읽고 해석하는 것이 아니라 누구나 성경을 읽을 수 있고, 그 말씀을 가르칠 수 있으며 증거할 수 있다.

넷째, 우리 몸으로 산제사를 드리는 특권, 곧 우리 삶 전체를 통하여 예배하는 특권을 갖는다(롬 12:1).

5. 제사장 나라, 하나님의 소유된 백성

모세가 하나님 앞에 올라가니 여호와께서 산에서 그를 불러 가라사대 너는 이같이 야곱 족속에게 이르고 이스라엘 자손에게 고하라. 나의 애굽 사람에게 어떻게 행하였음과 내가 어떻게 독수리 날개로 너희로 업어 내게로 인도하였음을 너희가 보았느니라. 세계가 다 내게 속하였나니 너희가 내 말을 잘 듣고 내 언약을 지키면 너희는 열국 중에서 내 소유가 되겠고 너희가 내게 대하여 제사장 나라가

되며 거룩한 백성이 되리라 너는 이 말을 이스라엘 자손에게 고할 지니라 출19:3-6

이스라엘이 애굽에서 노예생활 하다고 해방을 받고 출 애굽 하였을 때 북쪽과 서쪽에는 바벨론과 앗수르가 항상 위협적인 존재가 되었다. 남쪽에는 애굽이라는 강대국이 있었다.

이스라엘은 정치적으로 혼란해서 북방친화정책을 쓰면 남쪽에 있는 애굽이 트집을 잡고 남쪽 이집트와 화친정책을 쓰면 북방에 있는 바벨론과 신흥국가 앗수르가 위협적인 존재가 되었다. 북쪽 바벨론과 남쪽 애굽이 싸울 때는 이스라엘은 그 가운데서 통로가 되어 희생이 되었다. 또 국내적으로 이스라엘의 베델과 길갈에는 큰 우상의 신전이 있었다.

어느 시대를 막론하고 사회적으로나 정치적으로 불안하면 언제나 미신이 왕성하게 일어난다. 그리고 사회가 불안하면 사이비 종교가 많이 일어나는 법이다. 우리나라에서 4·19와 5·16 혁명이 일어날 때 계룡산에는 가장 많은 사이비 종교가 모였던 것이다. 사람들이 불안에 떨면 미신에 끌리게 된다.

이스라엘도 예외가 아니었다. 당시에도 많은 사람이 길갈과 베델에 올라가서 우상숭배 의식을 가졌던 것이다. 또 사회가 혼란하면 많은 뇌물이 오고 간다. 그래서 악인은 득세하고 정작 의로운 사람들은 말이 없으며 별 볼일 없는 사람들이 나타나서 저마다 한마디씩 떠들기 시작하는 것이다.

이러한 혼탁한 세대를 살아가는 사람들, 방향감각을 잃고 살아가는 사람들에게 하나님은 메신저를 보내서 외치게 하였다.

"너희는 벧엘을 찾지 말며 길갈로 내려가지 말라"

이 말씀은 너희는 우상에게 이끌리지 말라는 것이다. 우상은 너희를 도울 힘이 없다는 것이다.

"또 애굽은 신이 아니라" 했다.

강대국이 너희를 구원할 수 없다는 것이다. 미국도 소련도, 중국도 믿지 말라는 것이다.

하나님은 우리에게 살 길을 제시하였다.

"너희는 나를 찾으라. 그리하면 너희가 살리라"

하나님은 우리 인생이 바른 길에서 복 받기를 원하며 복 받는 길을 제시하신다. 그러므로 시대가 어둡고 혼탁할수록 방향감각을 잃지 말고 하나님을 바로 섬기라는 것이다.

하나님은 어떤 위험과 어떤 고난 앞에서도 하나님에게 소망을 둔 백성, 하나님에게 소망을 두고 사는 민족의 소망을 꺾은 일이 없다.

"너희가 전심으로 나를 찾고 찾으면 내가 너희를 만나주리라"

하나님에게 소망을 가지고 사는 사람은 자신에게도 소망을 갖는다. 자신에 대하여 소망이 없고 믿음이 없으면 하나님에 대해서도 믿음이 없어진다. 걱정과 근심이 많아진다.

이율곡 선생은 이렇게 말하였다.

"말 많고 걱정 많은 사람처럼 인간을 해롭게 하는 사람은 없다"

말이 많다는 것은 생각이 부족한 탓이다.

걱정이 많은 것은 믿음이 적은 연고이다.

하나님은 이스라엘 백성을 애굽에서 불러내서 광야로 인도하였다. 애굽 바로의 압제에서 해방을 시켰다. 그리고 하나님은 모세를 통하여서 그 백성에게 일러주게 하였다. 이스라엘 백성을 향한 하나님의 원대한 이상을 선포했던 것이다.

너는 이같이 야곱 족속에게 이르고 이스라엘 자손에게 고하라

야곱은 하나님이 야생마 같이 놓아기르지 않고 택하여 간섭한 사람이다. 이에 비하여 애서는 들나귀처럼, 야생마처럼 살았다. 그러나 야곱은 어머니 뱃속에서부터 하나님이 택하였고 간섭했다. 야곱은 하나님의 손에서 복을 받은 사람이다. 그리고 "이스라엘"은 야곱이 하나님으로부터 개명 받은 이름이다. 그러니까 야곱이나 이스라엘은 다 같은 이름이다.

너는 이같이 야곱 족속에게 이르고 이스라엘 자손에게 고하라

1) 내가 독수리 날개로 너희를 업어 인도하였다.

마치 독수리가 그 보금자리를 어지럽게 하여 그 새끼 위에 너풀거리며 그 날개를 펴서 새끼를 받으며 그 날개 위에 그것을 업는 것 같이 여호와께서 홀로 그들을 인도하셨고 함께 한 다른 신이 없었도다 신32:1-12

독수리는 새 중의 왕자라고 불린다. 독수리는 가장 강인한 날개를 가졌고, 가장 높이 날 수 있는 새다.

어미 독수리는 새끼 독수리가 15일 가량 앉지 않고 태풍에 견딜 수 있을 때 새끼와 이별한다고 한다. 그리고 독수리는 1개월 후의 태풍을 미리 안다고 한다.

특별히 독수리는 그 새끼를 키우고 훈련하는 데 강인한 새다. 어미 독수리는 둥지, 보금자리를 높은 벼랑 낭떠러지에 짓는다.

거기다 새끼를 낳고, 새끼가 털이 날 무렵 되면 털을 다 훑어버린다. 그때부터 새끼는 가시에 찔리며 훈련을 받아야 한다.

날개가 조금 생기면 어미 독수리는 새기를 등에 업고 창공 높이 올라간다. 그리고는 그 새끼를 떨어뜨린다. 새끼 독수리가 땅에 떨어지면서 사력을 다해 날개를 파닥거린다.

새끼는 죽겠다고 울며 어미를 부른다. 그러나 어미 독수리는 유유히 창공을 날다가 새끼가 땅에 떨어질 무렵 잽싸게 내려와서 발로 채어서 다시 높이 올라간다.

그때 새끼 독수리는 엄마 등에 업혀 애원을 한다.

"엄마, 나 죽는 줄 알았어! 나 놀라게 하지 마!"

그런데 어미 독수리는 또다시 새끼 독수리를 떨어뜨린다. 이런 훈련을 하루에도 몇 번씩 한다. 그러면서 독수리는 새 중에 왕자가 되는 것이다.

여기서 독수리는 택한 선민을 향한 하나님의 부성적 사랑을 의미한다. 하나님이 택한 그 백성을 이렇게 훈련하여 그리스도의 강인한 정병을 만들게 하는 것이다.

하나님의 택한 백성은 하나님의 손에서 훈련 받는다.

죄와 싸워서 이길 수 있는 훈련, 세상을 이길 수 있는 훈련, 마귀를 대적하여 그 궤계를 깨트릴 수 있는 훈련, 거룩의 훈련, 못된 성격의 가지들을 짤라서 성전의 기둥으로 쓰임 받을 수 있도록 다듬는 훈련을 한다.

교회는 훈련 받는 훈련장소이다. 세상은 실전을 하는 싸움터다. 오늘 훈련 받지 못한 그리스도인들 때문에 교회가 어지럽다.

물은 염분의 농도가 2.7%만 되면 썩지 않는다고 한다. 바닷물의 염분의 농도는 2.7%이다. 우리 한국은 오천만 인구 중에 기독교인이 일천만이다. 20%가 기독교인이다. 그런데 부정이 있는 곳에 그리스도인이 끼지 않은 데가 없었다.

불교도 마찬가지다. 훈련 받지 못한 그리스도인, 신학이 없는 그리스도인 때문에 교회가 비난을 받는다. 민족이 수난을 겪는다.

2) 너희는 나의 소유된 백성이다.

"소유"라는 말은 "귀중한 보물"이라는 뜻이다. 내 집에 보물이 있으면 가장 안전한 곳에 둔다.

다윗이 성전을 지을 때 다윗 왕이 "나의 사유인 금 은"을 드렸다고 했다(대상 29:3). 고대 제국의 왕은 모든 나라가 그의 소유다. 그런데 그 중에서도 왕이 특별히 소유하고 있는 사유의 보물이 있었다. 개인의 보화가 있었다. 고대 전제 국가에서는 나라가 자기 소유다. 백성이 자기 백성이다. 나라 안의 모든 소유물이 전제군주 자기 자신의 것이다. 그런 가운데서도 왕이 사유인 보배를 담아둔 보배함을 왕이 가지고 있었다.

우주가 하나님의 소유다. 우주에 있는 모든 것이 하나님의 소유가 아닌 것이 없다. 모든 백성도 하나님의 백성이다. 그런 가운데서도 이스라엘, 곧 택한 백성을 "내 소유"라고 했다. 왕이 가지고 있는 개인 소유의 보배함처럼 하나님의 특별한 소유라는 것이다. 그리고 하나님은 이스라엘 백성을 '자기 기업의 백성'이라고 했다.

> 네 하나님 여호와께서 지상 만민 중에서 너를 자기 기업의 백성으로 삼으셨도다 신 7:6

택함 받은 백성은 하나님의 기업이다. 하나님의 기업은 망할 수 없다. 나의 사업이 하나님의 기업이 될 때 하나님이 책임을 진다. 내가 하는 사업이 나의 기업이 될 때 하나님은 네 지혜대로 하라고 하신다.

하나님의 기업과 내 기업을 나누는 그 분기점이 십일조이다. 십에 일을 하나님께 바칠 수 있는 사람은 하나님의 것을 하나님의 것으로 인정하기 때문이다.

> 세계가 다 내게 속하였다 너희가 내 말을 잘 듣고 내 언약을 지키면 너희는 열국 중에서 내 소유가 되겠고

하나님의 기업이 되기 위해서는 하나님의 말씀을 듣고 하나님과 약속을 지키어야 한다.

하나님과의 언약이 무엇인가?

하나님과 우리가 약속한 것이 무엇인가?

이스라엘 백성이 애굽에서 나와 시내산 밑에 왔을 때 모세는 이미 하나님의 말씀을 받았다. 모세가 하나님의 말씀을 다 낭독하여 선포했다. 그때 백성은 외쳤다.

"우리가 여호와의 말씀을 다 준행 하리이다"

그때 모세는 송아지를 잡아서 그 피를 그릇에 담았다. 그 피의 절반을 낭독한 율법에 뿌리고 그 피의 절반을 백성을 향하여 뿌렸다.

그때부터 이스라엘 백성은 하나님과 피로서 맺어진 언약의 백성이 되었다.

그리스도인은 예수의 피로서 맺어진 언약의 백성이다. 그 언약은 쌍방 언약이다. 너희가 그 약속을 준행하면 나도 너희에게 복을 준다. 너희가 그 약속을 파기하면 나는 너희를 세상의 웃음거리가 되게 하겠다. 쌍방 언약이었다.

우리는 우리 속에 있는 탐심과 싸우고 있다. 내 속에 있는 악독과 싸우고 있다. 하나님의 뜻을 거역하는 불순종의 영과 싸우고 있다. 그 싸움이 만만한 싸움이 아니다. 쉽지 않은 싸움이다. 그러나 싸워서 이겨야 한다.

유대교의 랍비와 그의 세 제자가 유혹에서 자신을 지키는 일에 대하여 토론을 하고 있었다. 랍비가 제자들에게 물었다.

"만약 너희가 우연히 큰돈을 주었다면 어떻게 하겠느냐?"

처음 제자가 대답했다.

"주인에게 돌려주겠습니다."

"난 네 말을 믿지 않겠다. 너는 깊이 생각하여 보지도 않고 대답을 하는구나."

두 번째 제자가 대답하였다.

"보는 사람이 아무도 없다면 그 돈을 제가 갖겠습니다."

"그래. 넌 솔직해서 좋다. 그러나 넌 믿을 수 있는 사람이 아니다."

마지막 세 번째 제자가 대답했다.

"그 돈을 갖고 싶은 유혹을 느낄 것입니다. 하지만 악에서 벗어나 옳은 일을 할 수 있는 힘을 달라고 하나님께 기도하겠습니다."

랍비는 웃으며 대답했다.

"너는 하나님의 복을 받으라. 너는 내가 믿을 만한 사람이다."

우리는 늘 내 생각대로 하고 싶은 유혹을 받고 산다. 그러나 최종 결정은 언제나 하나님이 원하는 뜻을 추구하는 것이 신앙인이다. 하나님의 뜻을 찾으려면 기도하면서 성령의 도움을 받아야 한다.

신앙인들이 이와 반대로 사는 사람들이 많다. 평소에는 신앙인 같다. 그런데 문제에 부딪히면 사람 생각으로 결론을 내린다. 손해는 조금도 안 보려고 한다. 자기희생은 조금도 안 하려고 한다. 이런 사람들을 신앙인의 불신앙이라고 한다.

하나님은 성경에서 약속하였다.

> 나 여호와가 말한다. 천지는 없어지겠으나 내 말은 일점 일획도 없어지지 아니하고 이루어진다 너희는 나 외에 다른 신을 섬기지 말라. 우상을 만들거나 거기에 절하지 말라 내 말을 듣고 나 보내신 자를 믿으면 영생을 얻는다 요5:24하
>
> 듣는 자는 살리라 요5:25하

6·25전쟁 중에 있었던 오코리 목사님의 전쟁실화이다.

목사님이 포로수용소에서 전도를 하고 다녔다. 한 번은 화장실에 갔더니 화장실 안에서 "이 죽일 놈, 하나님, 이 죽일 놈" 하는 탄식 소리

가 들렸다. 그래서 목사님은 그 사람이 나오도록 기다렸다. 그 사람이 나왔다.

"여보세요. 제가 목사인 것 아시지요?"

"예, 목사님. 알고 있습니다."

"당신이 화장실 안에서 '이 죽일 놈', '하나님, 이 죽일 놈' 하였는데 무슨 억울한 일이라도 있습니까?"

이 사람이 북한에 살 때 이야기를 했다.

"목사님, 제가 죽일 놈입니다. 내가 군에 오기 전 제 아내가 교회를 열심히 다녔습니다. 나는 그것이 못마땅해서 아내를 핍박을 많이 했습니다. 닥치는 대로 때리고 욕하고 성경을 찢어서 던지고 아내를 무척 괴롭혔습니다.

그래도 아내는 대들지 않고 인내하며 교회를 다녔습니다. 내가 때리고 나면 아내는 울면서 혼자 이 찬송을 늘 했습니다.

"내 주를 가까이 하게함은 십자가 짐 같은 고생이나"

이 찬송을 했지요. 그런데 제가 인민군에 징집되었고 전쟁 중에 포로가 되었습니다. 포로들을 즉결 처분하는데 총살을 받게 되었지요. 사형을 집행하는 장소에서 미군 장교가 하나님을 잘 믿는 분이었습니다. 너희 중에 예수 믿는 사람은 살려준다고 했습니다. 나는 살고 싶어서 무조건 예수 믿는 다고 했습니다. 그래서 그 장교가 저를 진짜 믿는 사람인지 테스트를 하는데 저 보고 내가 아는 찬송가를 부르라고 하더군요. 그때 아내가 늘 울면서 부르던 찬송이 기억에 남아있었습니다. 미군이 우리나라 말을 잘 모르니까 첫 머리만 부르고 뒤에는 곡조만 따서 아무렇게나 불렀지요?"

"그 찬송 다시 부를 수 있습니까?"

"내 주를 가까이 하게함은

십자가 짐 같은 고생이나

그 다음은 몰라도 살고는 싶으니,

하나님 아버지 살려주소서.

제가 이 찬송을 했더니 저를 총살하지 않고 포로수용소로 넘겼습니다. 내가 아내 때문에 살았는데 그 아내를 생각하니 내가 죽일 놈입니다."

그는 여기까지 이야기 하고, "여보, 미안하오." 하며 털썩 주저앉아 엉엉 소리 내어 울었다.

성경 말씀에 하나님의 말씀을 가진 자를 신이라고 하였다. 하나님의 말씀만 가져도 신적 권세가 있다는 것이다. 그 인민군 포로는 성령의 감동이 있는 찬송만 부르고도 생명을 얻었다.

3) 너희를 제사장 나라, 거룩한 백성이 되게 하겠다.

"너희는 열국 중에서 내 소유가 되겠고 너희가 내게 제사장 나라가
되며 거룩한 백성이 되리라"

하나님은 우리에 대하여 소망을 가지고 있다. 그것은 우리가 하나님의 소유요, 제사장 나라요, 거룩한 백성을 만들겠다는 것이다.

'하나님의 소유', '제사장 나라', '거룩한 백성'은 생각하면 가슴이 설레고 벅차오르는 말이다.

저 높은 곳에 창조주 하나님이 계신다. 땅에는 피조물 인생이 있다. 하나님은 거룩하고 영화로우시다. 인생은 죄 가운데서 구더기 같은 삶을 살고 있다. 그러므로 하나님과 인간, 그 사이에는 세 사람이 필요했다. 선지자와 제사장과 왕이다.

선지자는 하나님의 말씀을 인간에게 전하는 메신저이다. 거룩한 하나님이 더러운 인간에게 직접 말씀하지 않고 선지자의 입에다 말씀을 주었다. 하나님의 말씀을 받은 선지자는 그 받은 말씀을 가감 없이 그대로 전해야 했다. 그대로 전하지 못하면 하나님이 죽였다.

그러므로 세례 요한은 "이 독사의 새끼들아 누가 너희를 가르쳐 임박한 진노를 피하라 하더냐. 회개에 합당한 열매를 맺어라"(마 3:7-8)고 외쳤다.

선지자가 하나님 편에서 백성에게 말씀하는 직분임에 비해서 제사장은 백성 편에서 하나님에게 나가기 위해서 필요한 직분이다.

백성이 죄를 짓고 망하게 되었다. 죄인은 하나님 앞에 설 수 없다. 죽어야 한다. 죄를 용서 받아야지 살길이 있다. 그때 죄인은 제물된 양을 가지고 제사장을 찾아가서 제사장에게 죄를 고한다.

죄인은 양에게 손을 얹고 죄를 양에게 전가시켰다. 제사장은 죄를 담당한 그 양을 잡아 고기는 불에 태우고 피는 제단 곁에 쏟았다.

"하나님 아버지! 김 아무개가 죄를 짓고 망하게 되었습니다. 이 사람의 죄를 양에게 전가 시키고 그 양을 잡아 피를 제단에 뿌립니다. 이 피를 보시고 죄를 용서 하옵소서."

그 양은 예수 그리스도의 상징이다. 그 피는 예수가 십자가에서 흘린 보혈의 예표이다. 하나님이 양의 피를 보고 사죄를 선언했다. "내가 그 피를 보고 내 백성의 죄를 사하노라" 이것이 구약의 복음이다.

또 제사장은 하나님의 이름으로 백성에게 축복하는 일을 하였다. 그 외에도 제사장이 성전에서 봉사하지 않을 때는 자기 고향에 돌아가서 백성들에게 하나님의 말씀을 가르치는 일을 하였다.

신약에 와서 우리 모두를 왕 같은 제사장이라고 했다. 목사도 평신도도 다같이 왕 같은 제사장이다. 목사는 제사장이 아니다. 목사를 제사장이라고 부르는 누를 범하지 말라. 목사는 제사장적 사명을 가지고 있다. 제사장적 사명은 택함 받은 그리스도인이라면 누구에게나 주어진 사명이다.

제사장적 사명을 가진 자는 백성의 아픔과 괴로움과 죄와 고민을 끌어안고 예수의 이름으로 하나님께 나가는 자이다.

이 백성의 죄를 사하여 달라고 중보 기도자로 하나님께 나가는 사람이다. 생명을 풍성케 하려고, 복을 비는 자로 하나님께 나가는 자이다. 사도 베드로는 이렇게 권면했다.

> 예수 그리스도로 말미암아 하나님이 기쁘시게 받으실 신령한 제사를 드릴 거룩한 제사장이 될지니라 벧전 2:5

우리 모두가 제사장이 되라는 것이다. 한 가정에는 반드시 제사장적 사명을 다하는 한 사람이 있어야 한다. 자식이 타락하고 죄를 짓고 탈선하여도 그 아들을 위하여 기도하며 제사장적 사명을 다 하는 어머니가 있으면 그 자식은 망하지 않는다. 남편이 방종하고 못된 짓은 다 하여도 그 가정에 제사장적 사명을 다 하는 아내가 있으면 그 가정은 콩가루 집안은 되지 않는다.

사무엘상 2장에 보면 당시 제사장 엘리의 아들들에 대한 이야기가 있다. 엘리 제사장이 나이 많아서 그 아들들이 제사장이 되었다. 그런데 엘리의 두 아들이 불량자라고 했다. 성전에서 못된 짓은 다 하였다. 엘리의 아들들이 성전에서 못된 짓을 한다는 소문이 아버지 엘리에게 들렸다. 엘리는 두 아들을 불러놓고 이렇게 충고했다.

> 사람이 사람에게 죄를 범하면 하나님이 판단하시려니와 사람이 여호와께 죄를 범하면 누가 위하여 간구하겠느냐 삼상 2:25

이 말씀은 너희들이 하나님께 죄를 범하면 너희 죄를 담당하고 하나님께 나갈 제사장이 없다는 말씀이다. 엘리의 두 아들은 아버지의 권면을 듣지 아니했다. 죄를 용서 받지 못한 엘리의 두 아들 홉니와 비느하스는 하나님의 심판을 받고 젊어서 죽었다.

죄 안 짓는 사람이 없다. 죄를 짓는 것보다 더 큰 문제는 그들을 가슴에 안고 하나님 앞에 나가는 제사장이 있느냐이다. 탈선하는 자녀들, 방종하는 남편들, 세상 허영에 빠진 여자들이 문제가 아니라 이들을 위하여 그들의 죄를 가슴에 품고, 대신 고민하며 눈물로 사죄의 은총을 구하면서 주 예수께 나가는 제사장이 있느냐가 문제이다.

한 가정에는 반드시 제사장적 사명을 다 하는 사람이 있어야 한다. 또 교회에는 제사장적 사명으로 교회를 위하여 기도하는 사명자가 있어야 한다. 민족적으로, 국가적으로는 세계에 대하여 책임을 지는 민족과 국가가 있어야 한다.

하나님은 그 제사장적 사명을 다하는 한 사람을 보고 가정을 구원한다. 세계적으로 제사장적 사명을 다하는 민족이나 국가를 보고 세계를 용서한다.

왕은 하나님을 뜻을 백성에게 펼쳐서 그 뜻이 온 땅에 이루어지도록 하는 통치자이다.

사사시대 말기에 이스라엘의 장로들이 모여서 사무엘 선지자를 찾아와서 우리도 이웃나라처럼 왕을 세워서 왕으로 하여금 나라를 다스리도록 하자고 요청하였다. 그때까지 이스라엘 나라는 왕이 없고 하나님이 사사를 세워서 사사가 나라를 다스리도록 하였던 것이다.

사무엘 선지자가 이 요청을 받고 하나님께 기도하였다. 그때 하나님은 아주 섭섭한 말씀을 하였다.

"그들이 너를 버림이 아니요 나를 버렸다. 나로 하여금 그들의 왕이 되지 못하게 하였다. 그렇지만 그들이 원하는 대로 왕을 세우라."

하나님은 왜 왕을 세우는 일을 반대하였을까?

극단적인 논리를 전개하면 인간에게 주어진 주권은 선하게 쓰인 일이 없었다. 힘은 부패와 죄악으로 기울어졌다. 절대주권은 절대부패를 가져왔다. 이것이 필리핀의 마르코스 대통령이고, 이란의 팔레비 왕이였고, 북한의 김정일이다.

부패한 인간에게 주어진 주권은 하나님을 버리고 하나님을 떠나는 일로 쓰일 가능성이 많다. 그러므로 하나님은 왕을 세우는 일을 기뻐하지 않았다. 하나님은 원치 않았지만 왕을 세우라 했다. 하나님이 원하는 것과 하나님이 허용하는 일은 다르다. 하나님이 허용하였던 것이다. 그러므로 나라가 최선이 아니고 정부가 최선이 아니다. 그것은 차선이다. 하나님의 주권을 그대로 받아들이는 것 그것이 최우선이다.

우리는 대한민국 국민으로 살고 있다. 그러나 그 위에 하나님 나라가 있고 하나님의 백성이 있다. 다시 말하면 시민 안에 시민이 있고 나라 위에 나라가 있다. 주권 위에 주권이 있다. 힘 위에 힘이 있다. 이것을 믿음으로 받아들일 때 우리는 흔들리는 세계 속에서도 흔들림 없이 살 수 있는 것이다.

사무엘은 이스라엘에 초대 임금으로 사울을 세웠다. 사울이 겸손하여서 하나님의 주권을 인정할 때 사울은 하나님의 손에서 쓰임 받았다. 그러나 사울이 교만해서 그 권력이 남용되고 하나님의 주권을 침해하였을 때 하나님은 그 왕위를 빼앗아서 다윗에게 주었다.

다윗은 하나님의 주권을 인정하였다. 다윗은 하나님 외에 다른 왕이 없다고 생각하였다. 다윗은 왕궁에서 왕의 보좌에 앉아 있으면서 늘 이렇게 고백하였다.

"나의 왕 나의 하나님이여,"
"여호와는 나의 목자시니 내가 부족함이 없으리로다."

그러므로 다윗의 왕국은 견고하였다. 다윗의 왕국은 하나님이 보호하여 주었고 하나님이 지켜주었다.

여기서 한 가지 원칙이 있다. 하나님은 인간이 교만하여 하나님의 주권을 배반하면 폐하신다. 겸손하여 하나님의 주권을 인정하면 세우신다. 조금 죄를 지어도 하나님의 주권을 인정하면 그 나라를 버리지는 않았다.

그러면 나를 다스리는 왕은 누구인가? 내 자아가 나의 왕인가? 하나님이 왕이신가? 악한 생각, 마귀적인 생각에 따라 행동하는가? 기도와 말씀 가운데서 역사하는 성령의 생각이 나를 다스리도록 하는가?

내 마음에 오셔서 나를 통치하시는 그 분, 하나님을 왕으로 모시고 그분의 통치를 인정하라. 그 분의 말씀 앞에 무릎을 꿇으라. 그 분의 말씀에 순종하라.

그때 나는 하나님 나라의 하나님 백성이 되는 것이다. 거룩한 백성이 되는 것이다. 하나님의 소유된 백성이 되는 것이다.

하나님이 말씀하신다.
"세계가 다 내게 속하였다"
세계는 하나님께 속하였다. 또 하나님 편에서 그의 소유된 백성이 있다. 또 제사장 민족은 반드시 있어야 한다.

하나님은 제사장적 사명을 다하는 개인이나 민족을 보고 세계를 용서하신다. 내가 내 가정에서 제사장적 사명을 다하면 내 가정을 용서하고 구원하신다. 한 민족이 제사장적 사명을 다하면 그 민족을 용서할 뿐만 아니라 그 민족을 보고 세계를 용서하신다. 그의 소유된 백성을 통하여 천국이 확장되도록 지금도 독수리 날개로 업어 키우신다.

하나님의 소유된 백성, 왕 같은 제사장, 제사장 민족, 생각만 하여도 가슴 벅찬 말씀이다. 비전을 주는 말씀이다. 그리스도인은 하나님의 소유된 백성이 되고 그의 거룩한 백성으로 왕 같은 제사장적 사명을 다 할 수 있는 민족이 되기를 소원하고 기도 하여야 할 것이다.

제 2 부
여.호.와.의.절.기

모세가 여호와의 절기를 이스라엘 자손에게 공포하였더라 (레 23:24)

유월절은 십자가에서 그리스도의 대속의 죽음이였습니다.
무교절은 죄없는 그리스도와의 연합입니다.
초실절은 부활의 첫 열매인 그리스도의 부활입니다.
오순절에 성령이 임함으로 유대인과 이방인이 하나되게 하고 신약의 교회가 탄생되게 하였습니다.
나팔절은 그리스도의 강림입니다.
속죄절은 아사셀 양이 되시는 그리스도의 대속의 확인이며
초막절은 알곡과 쭉정이를 갈라놓은 대심판입니다.

Chapter 1
여호와의 절기

구약성경에 나타난 절기는 유월절, 무교절, 칠칠절, 오순절, 초실절, 초막절, 장막절, 나팔절이 언급되어 있다. 또한 안식년과 희년을 절기로 지켰으며 매월 첫날은 "월삭"이라 하여 안식하였다. 절기가 왜 이렇게 많은지 성경을 대하는 우리를 혼란케 하는바 이러한 절기들을 정리하여 이해할 필요가 있다.

신약성경 요한복음 10장 22절에는 "수전절"이 한 번 언급 되었고, 구약성경 에스더에는 부림절 절기와 관련 되어서 기록 되어졌다. 그리고 예수 그리스도의 구속 사역과 관련되어 있는 절기는 '여호와 절기'로서 유월절, 무교절, 초실절, 오순절, 나팔절, 속죄절, 초막절로서 이들 일곱 절기를 여호와의 절기로 언급하였다.

또한 안식일이 절기인가? 아니면 절기에 포함 시키지 않는가? 구약성경에 안식일에 대한 규례는 많이 언급하고 있으며, 이 날은 성회요, 여호와의 안식일이라 하였다.

> 엿새 동안은 일할 것이요 일곱째 날은 쉴 안식일이니 성회라 너희는 무슨 일이든지 하지 말라 이는 너희 거하는 각처에서 지킬 여호와의 안식일이니라 레 23:3

안식일을 주신 목적이 여타 다른 절기를 주신 목적과 상반되지 않으며 안식일을 기초로 하여 안식년이 있고, 안식년의 7주기인 다음 해를 희년으로 지키도록 하였다. 안식일은 모든 절기의 기초가 된다고 볼 것이다.

오늘날 현대를 살아가는 만국의 그리스도인들이나 유대인들도 수전절이나 부림절을 문자적으로 지키지 않는다. 또한 지킬 필요도 없다. 그러나 이러한 절기의 역사적 교훈은 기억하여야 할 것이다.

레위기 23장은 '절기장'이라고 한다. 레위기 23장에서는 구약성경은 특별히 절기를 언급하면서 이는 "여호와의 절기"(레 23:1, 4, 37, 39, 44)라고 5번을 언급하였다. 다섯은 은총의 수이다. 모든 여호와의 절기는 예수 그리스도의 구속 사역과 관계가 있다. 또한 예수는 말씀하시기를 "천지가 없어지기 전에는 율법의 일점일획이라도 반드시 없어지지 아니하고 다 이루리라"(마 5:18) 하였다.

이러한 절기를 주신 하나님의 법의 정신과 영적인 의미와 그 교훈은 예나 지금이나 일점일획도 변함없이 유효하며, 우리가 천국에 들어가는 그날까지 결단코 폐할 수 없을 것이다.

Chapter 2
유월절, 무교절

1. 애굽에 내려간 야곱의 아들들

야곱의 11번째 아들 요셉이 그 형제들에게 팔려 애굽에 끌려갔으나 애굽에서 요셉은 마침내 애굽 총리대신이 되었다. 이는 만민 구원을 이루기 위한 하나님의 섭리였다. 천하는 크게 흉년이 들어 곡물이라고는 구경할 수 없을 때에 애굽 땅에만 곡물이 있었다. 당시 요셉이 애굽의 총리로서 국고 성을 관리하고 있었다.

요셉은 애굽에 양식을 사러온 형제들을 20여년 만에 만나게 되었고, 결국 그의 아비 야곱의 가솔 70여명이 요셉의 초청으로 애굽에 내려갔으며, 애굽 고센 땅을 거주지로 하여 정착하게 되었다.

2. 요셉을 알지 못하는 새 왕과 히브리 민족 말살 정책

애굽에 내려간 히브리 민족(야곱의 자손들)은 크게 번성하기 시작하였다. 요셉은 죽었으며, 애굽의 역사는 바뀌어서 아모세(Ahmose)가 일어나 요셉과 같은 셈 계통의 힉소스 왕조를 무너뜨리고 애굽의 18왕조 시대를 창건하였다.

힉소스 왕조는 아모세(Ahmose)에게 쫓기어 북방 가나안 므깃도 지역으로 도망갔다. 아모세는 번성하던 힉소스 왕조를 무너뜨리고 애굽을 통일하였으나 애굽 고센 땅에서 번성하는 셈 계통의 히브리 민족과 므깃도로 도망간 힉소스 왕조가 연결이 될 것을 두려워하였다.

> 두렵건대 그들이 더 많게 되면 전쟁이 일어날 때에 우리 대적과 합하여 우리와 싸우고 이 땅에서 살까 하노라 출1:10

힉소스는 "외국을 다스리는 자"란 뜻이다. 힉소스는 셈 계통의 민족이다. 셈 계통의 민족이 애굽을 정복하여 애굽을 다스렸다.

오늘의 애굽의 모든 문화유산은 힉소스 왕조 이전 것은 찾아 볼 수 없으며, 18왕조 이후의 것만 남아 있다. 왜냐하면 외국인에 의하여 침략을 받아 남은 유산은 나라의 수치로 생각하고 유산을 남기지 아니했기 때문이다.

애굽 아모세는 이스라엘 민족에 대한 인구 말살정책으로 이스라엘 민족을 탄압하기 시작하였는데, 성경은 "요셉을 알지 못하는 새 왕이 일어나서 애굽을 다스리더니"(출 1:8) 하고 간단히 한 줄로 기록하고 있다.

유대인 역사가 요세푸스의 기록에 의하면 "애굽인들은 일하기 싫어하고 게으르고 허약하였으며 환락에 빠진 반면 히브리 백성은 열심히 일하여 부를 축척하였다." 라고 했다. 애굽인들은 히브리인에 대한 시기가 났으며, 히브리인들의 번성이 자기들에게 손해라고 생각하였다. 세월이 지나 요셉이 죽고 요셉이 베풀었던 은혜는 망각되었고, 애굽의 왕권은 다른 가문으로 넘어가 "이스라엘을 학대하기 시작하였다"고 기록하고 있다(고대사 2권 9장). 아모세는 번성하는 이스라엘 민족을 약화시키기 위하여 다음과 같은 정책을 폈다.

1) 중노동 정책

바로 왕으로 불리는 아모세는 히브리 민족에게 중노동을 부과하였다. 감독들을 그들 위에 세우고 무거운 짐을 지워 괴롭게 하며 바로를 위하여 국고 성 비돔과 라암셋을 건축하게 하였다(출 1:11).

그들은 흙을 이겨 벽돌을 굽는 일과 농사일에 동원되었다. 국고성은 북방 이방 민족의 침략을 막기 위한 성곽이 있었으며, 라암셋은 현 피라미드가 있는 곳으로 보아 이때에 그 거대한 피라미드가 건축된 것으로 추측된다. 히브리 민족은 그들에게 부과되는 중노동으로 탄식하게 되었다.

2) 유아 말살정책

중노동 정책에도 불구하고 히브리인들은 계속 번성했다. 바로는 처음에는 애굽의 산파들로 하여금 남자 아이는 낳으면 죽이라고 명령하였으나 산파들이 하나님을 두려워하여 태어나는 아기들을 죽이지 아니 하였다. 바로는 산파들을 불러 왜 사내아이들을 죽이지 않았느냐고 추궁하자 산파들이 하나님을 두려워하여 바로에게 이렇게 말했다.

"히브리 여인은 애굽 여인과 같지 아니하고 건장하여 산파가 그들에게 이르기 전에 해산 하였더이다"

이는 거짓말일 수도 있고 사실일 수도 있다. 하나님이 산파에게 은혜를 더하였다. 바로는 이제 사내아이가 나면 다 나일 강에 던지라고 하였다. 나일 강은 애굽의 젖줄로서 애굽인의 숭배 대상이었다. 심지어 나일 강에 서식하고 있는 악어나 개구리까지 숭배의 대상이었다. 바로는 나일 강에 유아들을 제물로 바침으로 히브리인의 힘을 약화시키고 애굽 민족은 번성하기를 기원하였다.

이에 이스라엘 백성은 괴로워 하나님께 부르짖었고, 하나님은 그 조상 아브라함에게 언약한 약속을 기억하시고 그 백성을 권념하셨다.

3. 바로 왕의 계보와 모세의 출생

애굽의 아모세(Ahmose)는 B.C.1570년경 힉소스 왕조를 무너뜨리고 애굽의 셋째 왕조를 세웠다. 아모세는 아들이 없었고 공주 하나가 있었다. 당시 애굽 왕가의 공주는 왕위를 이어 받을 수도 있었다.

아모세의 공주는 아메노토프와 결혼을 하였고, 공주는 왕권을 자기 남편 아메노토프에게 이양했다. 아메노토프는 정실부인인 공주를 통하여 딸을 하나 얻었다. 그녀의 이름은 하셉프스트였다.

아메노토프는 후궁을 취하였고 후궁의 몸에서 아들을 낳았으니 그가 둣모세(Thut Mose) II세였다. 하셉프스트와 둣모세 II세는 자라서 남매간에 결혼을 하였다.

하셉프스트는 딸을 낳았으나 아기가 바로 죽자 남편 둣모세 II세는 즉시 후궁을 취하여 아들을 낳았으니 이가 둣모세 III세 이였다. 그리고 둣모세 II세는 둣모세 III세가 어렸을 적에 죽었다. 그러므로 하셉프스트가 섭정 왕이 되어 애굽을 다스렸다.

그녀는 강력한 왕권을 가지고 나라를 다스렸다. 이때 경건한 이스라엘 족속 레위 지파 부모에 의해서 모세가 출생하였다.

모세가 출생하였을 때는 애굽 고센 땅에 살고 있는 이스라엘 백성은 사내아이를 낳으면 나일 강에 던지라는 왕명이 있을 때였으며 애굽의 순찰병이 사내아이를 찾아 집집마다 순찰하고 있을 때였다.

레위 족속의 족장인 아므람이 그 아내 요게벳을 통하여 모세를 낳고 그 아이의 준수함을 보고 석 달을 숨겨 키웠으나 아이가 자라감에 따라 더 이상 숨길 수 없게 되자 갈대상자에 역청을 발라 물이 새지 않게 하고 모세를 갈대상자에 담아 나일 강에 띄우고 모세의 누이 미리암으로 하여금 아이가 어떻게 되는가를 지켜보게 하였다.

바로의 공주로 불리는 섭정 왕 하셉프스트는 공무 차 고센 땅에 출장 하였다. 당시 왕궁은 애굽 남쪽 드베 지방이었으며, 고센 땅은 애굽 북쪽이었다.

공주는 공무 차 고센 땅에 왔다가 나일 강에서 목욕을 하기 위해 하수로 내려오던 중 갈대 상자에 담긴 모세를 발견하였다. 상자의 뚜껑을 열자 마침 모세는 울었으며, 공주는 모성의 본능으로 모세를 안았다. 이때 모세의 누이 미리암이 재치 있게 뛰어가 자기 어머니를 유모로 소개하였고, 모세의 어머니 요게벳이 유모가 되어 공주로부터 삯을 받고 젖을 뗄때까지 키웠다. 젖을 떼자 아이는 공주의 아들이라는 칭호를 받고 바로의 왕궁으로 데려가게 되었다. 공주는 아기의 이름을 물에서 건졌다는 뜻에서 "모세"(물에서 건짐)라 불렀다.

둣모세(THUTMOSE)의 계보

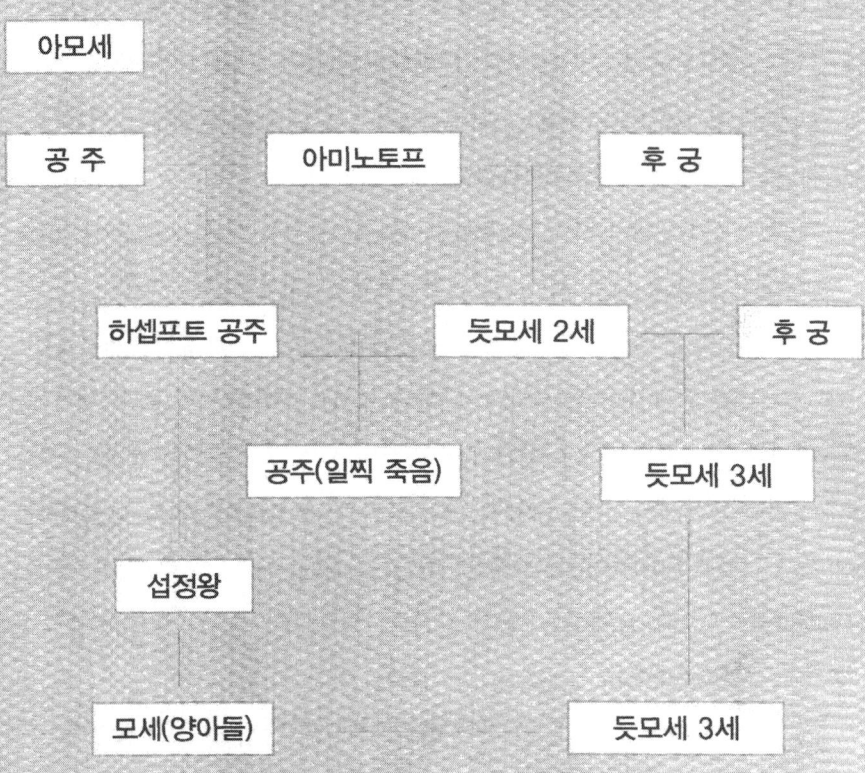

4. 모세의 생애 120년

모세의 생애 120년을 3기로 나눌 수 있다. 전반 40년은 애굽 궁중의 생활이었으며, 중반 40년은 미디안 광야에서 망명객으로 지냈으며, 후반 40년은 자기 백성과 함께 광야에서 지냈다. 모세는 젖 떼기까지, 유아기는 어머니 무릎에서 어머니의 교육을 받았다. 그리고 젖을 떼고 바로의 공주의 아들이라 칭함을 받고 바로의 궁중에 들어가서는 애굽 왕궁의 규례에 의거 왕도의 교육을 받았다.

그는 애굽 왕궁에서 군사학과 지리학, 역사와 웅변을 전수하였으며, 애굽의 관리가 되어 히브리인들의 사역 장에 자주 출장하였다.

모세는 히브리인들의 사역 장에서 감독관으로 순찰하다가 애굽인과 히브리인의 다툼을 목격하고 애굽인을 쳤다. 애굽인이 그 자리에서 즉사하자 모래 속에 묻어 버렸다. 그 다음날 역시 히브리인의 사역 장에 나가자 이번에는 히브리인과 히브리인이 싸우는 것을 보고 잘못한 자에게 "네가 어찌하여 네 동족을 치느냐?" 하자 그는 "누가 너를 우리의 법관을 삼았느냐. 네가 애굽 사람을 죽임 같이 나도 죽이려 하느냐?" 하고 항의하였다.

모세는 애굽인을 쳐 죽인 것이 탄로 났다고 직감하였다. 애굽의 바로는 이 일을 듣고 모세를 죽이고자 찾았다. 당시 바로는 듯모세 3세로서 모세와 알력 관계에 있었다. 또한 히브리인, 곧 노예가 애굽 인을 치게 되면 사형에 처했다. 듯모세 3세는 모세를 죽이고자 찾았다. 모세는 바로 왕(듯모세 3세)이 두려워 애굽 왕궁을 버리고 미디안 광야로 도망하였다. 이때가 모세의 나이 40세였다.

모세의 중반기 40년은 미디안 광야에서의 목동의 삶이었다. 미디안 광야에서 제사장 르우엘의 딸 십보라와 결혼하여 첫째 아들을 낳고 이름을 "게르솜"이라 지었다. 이는 '내가 타국에서 나그네가 되었다'는 뜻이다.

애굽 왕궁의 찬란한 영화도 한날의 물거품이요, 민족을 구원하고자 하던 젊은 패기도 사라져버린 무지개요, 이제는 광야에 묻혀 그의 인생 황금기인 중년을 양치기로서 보내며 타국에 나그네가 되었으니 모세의 중반기 40년은 그 아들의 이름 "게르솜"이 잘 대변하여 주고 있다.

어느 날 모세는 떨기나무 불꽃 가운데서 민족 구원의 소명을 받게 된다. 모세는 양 무리를 치다가 호렙 산 떨기나무 가운데서 여호와의 사자를 만났다. 떨기나무에 불이 붙었으나 나무는 타지 않는 기이한 광경을 보고 떨기나무 가까이 갔을 때 모세는 여호와의 음성을 듣는다.

"모세야, 모세야!"

"내가 여기 있나이다."

"너의 선 곳은 거룩한 땅이니 네 발에서 신을 벗으라. 나는 네 조상의 하나님 아브라함의 하나님, 이삭의 하나님, 야곱의 하나님이라"

모세는 하나님을 두려워하여 얼굴을 가렸다. 하나님은 계속 말씀하셨다.

"내가 애굽에 있는 내 백성의 고통을 정녕히 보았다. 그들이 간역자로 인하여 부르짖음을 내가 들었다. 내가 그들을 애굽인의 손에서 건져내며 그들을 그 땅에서 인도하여 젖과 꿀이 흐르는 가나안 땅으로 인도하여 내리라. 이제 내가 너를 바로에게 보내노라."

모세는 이는 불가능하다고 거절하였다.

"내가 누구관대 바로에게 가며 이스라엘 자손을 애굽에서 인도하여 내리까?"

모세는 바로를 잘 알고 있었다. 자기 생명을 찾던 바로는 천하를 제패하던 군주였다. 그리고 이스라엘인은 애굽 국고 성을 쌓는 일과 농노로서 농사짓는 일에 종사하였다. 바로가 모세의 말 한마디로 이스라엘 민족을 해방 시킬리가 없었다.

하나님은 모세에게 "내가 정녕 너와 함께 있으리라" 약속했다. 그리고 하나님 자신을 계시하여 "나는 여호와 하나님이니 이는 나의 영원한 이름이요 대대로 기억할 표호라" 하였다(출 3:15).

여호와란 이름의 뜻은 한 번 약속하면 변개치 않고 그 약속을 지키신다는 뜻이며, 또한 역사 안에서 내가 하나님 됨을 나타내신다는 뜻이다. 하나님은 그 이름과 같이 역사 속에서 하나님의 하나님 됨을 나타내셨다. 그러나 모세는 여호와 앞에서 "예, 말씀하십시오. 종이 듣겠나이다." 하는 종의 자세로 듣지 아니했다.

거룩한 하나님의 임재 앞에서 그의 사역자들은 신을 벗어야 한다. 신을 벗는다는 것은 "종"의 신분으로 돌아가서 주인의 명령을 들으라는 것이다.

하나님은 떨기나무 가운데서 모세를 부르고 "너의 선 곳은 거룩한 땅이니 네 발에서 신을 벗으라" 고 하였다. 모세를 맨발로 세웠다. 옛날 노예 곧 종은 맨발이었다.

탕자가 집에 돌아올 때 탕자는 아버지가 나를 다만 품꾼(종)의 하나로 써 주기를 바라며 맨발로 돌아왔다. 그러나 아버지는 맨발인 아들을 보자 신발을 신겼다. 종의 신분이 아니라 신발을 신겨서 아들의 지위로 복권시킨 것이다.

또한 여리고를 점령하는 여호수아 앞에 나타난 여호와의 군대 장관이 여호수아에게 요구한 것은 "네 발에 신을 벗어라"고 요구했다.

나는 너에게 주인으로 명령하고 너는 다만 종으로 명령을 수행하라는 것이다. 그러므로 여리고 성 전투를 지휘하는 여호수아는 맨발이었다. 종은 언제나 주인의 명령에 "예"만 있을 뿐이다.

모세는 하나님이 그 발에 신을 벗겼음에도 하나님의 말씀에 "예, 내가 듣겠습니다. 내가 가겠습니다." 하는 종의 자세가 아니었다. 그는 이유가 많았다. 못 가겠다고 하였다. 마침내 하나님은 모세에게 진노하셨다.

모세는 하나님이 보여주는 이적을 보고서야 "민족을 구원하라는 사명"의 지팡이를 잡게 되었다. 하나님은 두 번째 모세에게 나타나셔서 애굽으로 돌아가라고 말했다. 모세의 생명을 찾던 자가 다 죽었다고 알려 주었다. 지나간 40년의 역사 속에서 모세와 라이벌인 듯모세 3세도 죽었고 다른 신하들도 죽었다.

이제 80세 된 노인 모세는 그의 두 아들과 아내 십보라를 나귀에 태우고 민족 구원의 사명을 가지고 애굽으로 돌아가게 되었다.

초라한 네 명의 식구가 나귀를 타고 애굽으로 내려가는데 성경은 마치 위대한 군대가 원정의 길을 떠나듯 "하나님의 지팡이를 손에 잡았더라."(출 4:20)고 표현하고 있다.

이 땅에 하나님의 지팡이가 있는가? 하나님의 지팡이는 없다. 모세의 손에 잡은 지팡이는 양치기의 지팡이요, 양 궁둥이나 때리는 똥 묻은 지팡이다. 그러나 그 지팡이가 사명자의 손에 잡히니 하나님의 현현하심과 갖가지 이적이 나타났고 바로의 세력을 꺾는 하나님의 지팡이가 되었다.

모세는 사명자의 길에 섰으나 아직 사명이 없는 아내와 두 아들은 거추장스러운 존재가 되었다. 그래서 다시 미디안에 있는 장인의 집으로 돌려보내고 단신으로 광야 사막을 지나 애굽으로 내려가서 바로 앞에 서게 되었다.

5. 바로와의 대결

모세와 대결한 바로는 둣모세 3세의 아들 아미노토프 11세 이었다. 그는 그의 아버지 둣모세 3세를 이어 왕이 되었으며 젊고 패기가 있었다. 그러나 하나님은 이미 바로를 심판하고 있었기에 그의 마음은 강퍅하였다.

모세는 바로 앞에 섰다. 그리고 바로에게 요구하기를 내 민족이 3일 길쯤 가서 광야에서 우리 하나님에게 희생을 드리겠다고 하였다. 물론 바로가 들을 리 없었다.

모세는 바로 앞에서 열 가지 재앙을 내렸다.

① 나일 강이 변하여 피가 되는 재앙
② 개구리가 온 땅을 덮게 하는 재앙
③ 애굽 온 땅의 티끌이 이(모기) 되게 하는 재앙
④ 쇠파리 떼가 짐승과 사람을 쏘게 하는 재앙

⑤ 애굽 모든 생축에게 악질이 생겨 죽게 하는 재앙

⑥ 재를 뿌려 독종이 생기는 재앙

⑦ 뇌성과 우박으로 들에 있는 짐승과 곡식을 멸하는 재앙

⑧ 메뚜기가 남은 푸른 것을 먹어치우는 재앙

⑨ 흑암이 애굽 천지를 덮는 재앙

⑩ 사람과 짐승의 모든 초 태생을 죽이는 재앙

이와 같은 재앙은 인명과 물질에 갈수록 심한 피해를 주었다. 이 재앙은 종교적인 뜻도 포함되어 있었다. 당시 애굽에는 나일 강과 나일 강에 서식하는 파충류까지 우상이 되어 있었다. 그러나 이것들이 하나님 앞에서는 아무 것도 아니라는 것을 가르치고 있다.

애굽인은 나일 강을 생명의 젖줄로 알고 있었다. 나일 강이 범람할 때 애굽은 풍년이 되었다. 그러므로 나일 강에 서식하는 개구리까지 우상이 되고 있었다. 그리고 바로는 태양신의 아들이었으며 태양신을 섬기고 있었다. 그러므로 하나님은 재앙을 통하여 애굽의 신들에게 벌을 내리고 "온 천하에 나와 같은 자가 없음을 알게 하리라" 하였다.

한 가지 재앙이 내리고 그 재앙의 고통이 심할 때 바로는 회개하는 것 같은 모습을 보이며, 모세를 불러 이 재앙을 거두고 네 백성을 데리고 가라 하였다. 그러나 재앙이 거두어 지면 바로는 곧 다시 마음이 강퍅케 되어 뜻을 돌이켰다. 이는 하나님이 바로의 마음을 강퍅케 하였다. 하나님의 심판 중에 하나는 마음이 강퍅하여 지는 것이다. 마음이 강퍅한 자에게는 회개가 없고 멸망만이 있을 뿐이다. 바로 앞에는 멸망이 기다리고 있었다.

6. 유월절과 무교병

애굽에 열 번째 내린 재앙은 애굽의 모든 초태생을 죽이는 재앙이었다. 바로의 장자에서부터 왕궁에서 맷돌 돌리는 하인의 장자까지, 짐승과 사람의 모든 처음 난 것은 죽음의 사자가 쳐서 호곡하는 소리가 애굽 천지에 가득하게 되었다.

이제 이 밤은 이스라엘 백성에게 "여호와의 강한 손과 편 팔과 큰 위엄과 이적과 기사"(신 26: 8)를 체험하게 한 "여호와의 밤"이요, 바로에게는 "재앙과 형벌의 날"이었다. 여호와의 밤에 장자를 치는 재앙에서 구원받기 위해서는 무교절을 지키라고 하였다.

유월절은 사람까지 인수에 따라 어린양을 준비하였다가 해질 때에 그 양을 잡고 그 피로 문 좌우 설주와 인방에 바르고 그 밤에 고기를 구워서 **무교병(누룩이 들어가지 않은 떡)과 쓴 나물을 먹되 그것을 먹는 자는 허리에 띠를 띠고, 발에 신을 신고, 손에 지팡이를 잡고, 급히 먹고**, 남은 것은 아침까지 남겨 두지 말고 다 불에 태우라 하였다.

이 밤에 죽음의 사자가 지날 때 양의 피가 있는 집에는 들어가지 않고 양의 피를 보고 "건너뛰었다" 하여 "유월"이라 하였다. 히브리어로 유월절은 '페사크'로 '지나간다, 용서한다, 넘어간다'의 의미이다. 영어 성경에서는 "The Day of Passover"라 하였다. "Passover"라는 뜻은 공을 "머리 위로 던진다"는 뜻이다. 이는 죽음의 사자가 머리 위로 Passover 한 날이라는 뜻이며, 유월절이란 의미와 같다.

유월절과 무교절에 관한 규례는 출애굽기 12장 1-27절, 43-50절, 민수기 9장 10-14절, 신명기 16장 1-8절에서 규례를 지키는 날짜와 시간, 절기의 기간, 유월절 어린양을 먹는 법 등을 자세히 언급하고 있다.

"유월절 절기는 이스라엘 아빕월(1월) 10일부터 시작되었다. 후에 유다의 바벨론 포로 이후에서는 바벨론의 명칭인 '니산월'로 바뀌었다." (느 2:1) [1]

유월절을 지키는 의식 중에는 쓴 나물을 먹게 하였다. 쓴 나물은 쓴 나물과에 속한 나물이다. 이는 애굽의 고난의 상징이다. 허리에 띠를 매고 발에 신을 신고 손에 지팡이를 잡은 자세로 유월절을 지키게 한 것은 먼 길을 떠나기 위하여 준비한 자세이며 또한 여행 중에 있는 나그네의 자세이다.

"여호와의 밤"에 죽음의 재앙이 지난 후, 바로가 항복하여 이스라엘 백성을 해방할 때에 이제 더 이상 애굽에 미련을 두지 말고 급히 나가라는 뜻이다.

애굽에 미련을 두고 머뭇거리며 뒤돌아 보는 자는 어중간했던 롯의 처, 그래서 소금 기둥이 되었던 롯의 처에 대한 교훈을 다시 한 번 상기시켰다. 이는 신약에 와서 "쟁기를 잡고 뒤돌아보는 자는 내게 합당치 않다"는 주님의 교훈과도 같다.

특별히 무교절에는 집안에서 누룩을 제하고, 누룩이 들어간 떡 유교병을 먹지 못하게 했다. 유교병을 먹는 자는 이스라엘 중에서 끊어지리라 했다. 또 무교병을 "고난의 떡"(신 16:3)이라 불렀다. 쓴 나물과 무교병을 먹게 한 것은 애굽에서의 고난의 상징이다.

또한 누룩은 발효케 하는 것이다. 각 가정에서 누룩을 제하라 한 것은 이스라엘의 구원이 순전한 하나님의 은혜와 하나님의 능력이요 다른 불순물이 섞이지 않음을 의미한다.

7. 유월절 양이 되신 예수

예수는 공생애 기간 동안 유월절 절기 때에 예루살렘에 올라가셨다. 그리고 공생애 3년째 되는 유월절에는 특별히 예루살렘에서 제사장 무리에 의하여 체포되어 고난을 받고 십자가에서 죽으실 것을 미리 말씀 하였다.

세례 요한은 예수를 "세상 죄를 지고 가는 하나님의 어린 양"(요 1:29)으로 지칭하였으며, 사도 바울은 그리스도가 "유월절 양", "우리의 유월절 양 곧 그리스도께서 희생이 되셨느니라"(고전 5:7)으로 희생되었다고 하였다.

이스라엘 백성은 애굽에서 통상 400년의 노예의 삶에서 벗어나 여호와의 크신 팔과 능력으로 해방 받아 홍해를 건너 광야에 나왔고 광야에서 40년을 지내고 가나안에 들어갔다. 애굽은 죄악 세상을 의미하며, 이스라엘 백성이 홍해를 건넌 것은 사도 바울의 설명에 의하면 "구름 아래 있고 바다 가운데로 지나며 모세에게 속하여 다 구름과 바다에서 세례를 받은 것"(고전 10:1-2) 이라 하였다.

광야 40년은 천국 시민이 되는 연단과 훈련이며, 장차 들어갈 가나안은 천국을 상징한다. 과거 모세에게 속한 이스라엘 백성이 유월절 사건을 통하여 애굽에서 해방 받았다면 오늘날은 예수에게 속한 주의 백성이 유월절 어린양으로 희생된 예수 그리스도를 통하여 구원이 성취된다.

Chapter 3
초실절, 맥추절, 칠칠절, 오순절

여호와께서 모세에게 일러 가라사대 이스라엘 자손에게 고하여 이르라. 너희는 내가 너희에게 주는 땅에 들어가서 너희의 곡물을 거둘 때에 위선 너희의 곡물의 첫 이삭 한단을 제사장에게 가져 갈 것이요 제사장은 너희를 위하여 그 단을 여호와 앞에 열납되도록 흔들되 **안식일 이튿날에** 흔들 것이며 너희가 그 단을 흔드는 날에 일년 되고 흠 없는 수양을 번제로 여호와께 드리고 그 소제로는 기름 섞은 고운 가루 에바 십분 이를 여호와께 드려 화제를 삼아 향기로운 냄새가 되게 하고 전제로는 포도주 힌 사분 일을 쓸 것이며 너희는 너희 하나님께 예물을 가져오는 그날까지 떡이든지 볶은 곡식이든지 생 이삭이든지 먹지 말지니 이는 너희가 거하는 각처에서 대대로 지킬 영원한 규례니라 레 23:9-14

이스라엘 백성이 광야 40년 동안 먹던 만나는 가나안에 들어가 농사하고 첫 열매를 얻을 때까지 내리었다. 모세는 가나안에 들어가면 수확하는 첫 곡식의 단을 여호와 앞에 예물로 드리는 그날까지 "떡이든지 볶은 곡식이든지 생 이삭이든지 먹지 말지니라"(레 23:14) 하였다.

초실절은 광야에서 하늘에서 내려준 비상식량인 만나만 먹던 이스라엘 백성이 가나안에 들어가서 농사하여 처음으로 첫 열매를 얻은 것을 기뻐하고 감사하며 하나님께 지킨 절기이었다. 초실절은 예수 그리스도의 부활의 그림자이다. 예수는 부활의 첫 열매가 되셨다. 예수는 구약의 성도들이 초실절 첫 열매를 드리는 그 날, 안식일 이튿날인 주일에 부활하셨다

> 제사장은 너희를 위하여 그 단을 여호와 앞에 열납 되도록 흔들되 안식일 이튿날에 흔들 것이며
>
> 이제 그리스도께서 죽은 자 가운데서 다시 살아 잠자는 자들의 첫 열매가 되셨도다 고전 15:20

특별히 출애굽기 34장 22절에는 "칠칠절 곧 맥추의 초실절" 이라고 언급하였다.

> 칠칠절 처음 익은 열매 드리는 날에 너희가 여호와께 새 소제를 드릴 때에는 성회로 모일 것이요 민 28:26
>
> 맥추절을 지키라 이는 네가 수고하여 밭에 뿌린 것의 첫 열매를 거둠이니라 출 23:16
>
> 칠칠절 곧 맥추의 초실절을 지키고 출 34:22

위의 성경을 정리하면,
칠칠절 곧 맥추의 초실절,
칠칠절 처음 익은 열매 드리는 날,
맥추절 밭에 뿌린 것의 첫 열매를 거둠이니라 했다.

맥추절은 밭에 심은 것의 첫 열매를 드리는 절기이기 때문에, 일명 "초실절"이라고도 하였다. 맥추절을 또한 칠칠절 또는 오순절로 불린 것은 "그 날짜가 유월절 안식일로부터 제7일 안식일 다음 날까지 계산함으로서 설정된 사실에서 기인되는 것이다(7x7=49, 다음날)." 1)

오순절의 순의 의미는 열흘을 의미한다.

첫 열매를 드린 안식일 이튿날, 곡식의 첫 단을 요제로 드린 날부터 세어서 칠 안식 날의 수효를 채우고 제 칠 안식일 이튿날까지 합 오십일을 계수 하여 새 소제를 여호와께 드렸다(레 23:15-16). 새 소제가 여호와께 드려진 날이 오순절의 근거다. 오순절에 성령이 강림하였으며 오순절은 수확의 계절이다.

> 안식일 이튿날 곧 너희가 요제로 단을 가져온 날부터 세어서 제 칠 안식일의 수효를 채우고 제 칠 안식일 이튿날까지 오십일을 계수하여 새 소제를 여호와께 드리되 너희 처소에서 에바 십분 이로 만든 떡 두 개를 가져다가 흔들지니 이는 고운 가루에 누룩을 넣어서 구운 것이요 이는 첫 요제로 여호와께 드리는 것이며 레16:15-17

특별히 유월절에는 집안에서 누룩을 제하고 누룩 없는 떡을 먹은 것에 비하여 오순절에는 누룩을 넣어서 만든 떡 두 개를 여호와께 요제로 드리도록 하였다.

유월절에는 누룩 없는 떡을 먹었다. 이는 애급에서 이스라엘의 구원이 인간의 공로가 배제된 순전한 하나님의 능력을 의미하는 것이라면 오순절의 누룩 있는 떡 두 개는 이방인과 이스라엘을 하나 되게 하는 복음의 누룩이다.

신약에 들어와서는 오순절 날에 하나님의 약속하신 성령이 강림하였다(행 2장). 그러므로 성령 강림절이라고도 불리었다. 성령이 강림하므로 이방인에게도 성령이 임하게 되었고 결국 이방인과 이스라엘이 하나가 되는 계기가 되고 이로 인하여 신약의 교회가 탄생하게 되었다.

> 오순절 날이 이미 이르매 저희가 다 같이 한 곳에 모였더니 홀연히 하늘로부터 급하고 강한 바람 같은 소리가 있어 저희 앉은 온 집에 가득하며 불의 혀 같이 갈라지는 것이 저희에게 보여 각 사람 위에 임하여 있더니 저희가 다 성령의 충만함을 받고 성령이 말하게 하심을 따라 다른 방언으로 말하기 시작 하니라 행 2:1-4

유월절이 지나간 과거사의 예표라면 오순절은 예수님이 다시 오실 때까지 이어지는 현재사의 예표이며 또한 승천하신 예수가 성령으로 세상 끝 날까지 우리와 함께 하시는 임마누엘의 은총이며 그리스도의 재림 시 까지 영혼 추수의 계절이다.

전제 : 구약시대 제사에 있어서 여호와 앞에 부어서 드리는 의식
요제 : 구약시대 제사에 있어서 여호와 앞에 흔들어 드리는 의식
거제 : 구약시대 제사에 있어서 여호와 앞에 받들어 드리는 의식
화제 : 구약시대 제사에 있어서 여호와 앞에 불로 태워 드리는 의식

Chapter 4
초막절, 장막절, 수장절, 대속제일, 나팔절

1. 초막절, 장막절

이스라엘의 3대 절기는 유월절, 오순절, 초막절이다. 초막절은 3대 절기 중 가장 큰 절기이다. 초막절은 이스라엘 달로 7월 15일부터 칠일 동안 지켰으며, 모든 백성이 들이나 집 밖으로 나와 초막을 지었다.

초막을 짓기 위해 사용한 나무는 종려나무 가지들과 잎사귀가 많은 가지, 그리고 좋은 실과 맺는 나무 가지 외에 버들가지들을 함께 사용하여 초막을 짓고 그 초막 안에서 생활하였다. 그러므로 이 절기를 초막절 또는 장막절이라 한다.

이 절기는 이스라엘 백성이 가나안 땅에 들어가서 지킨 절기이다. 그들 조상이 광야에서 40년 동안 장막을 치고 살면서 가나안 땅을 대망하며 살았던 것을 기념하여 지키는 절기였다.

초막절에 대한 규례는 레위기 23장 23-43절에 기록되어 있다.

여호와께서 모세에게 일러 가라사대 이스라엘 자손에게 고하여 이르라 칠월 십 오일은 초막절이니 여호와를 위하여 칠일 동안 지킬 것이라. 첫날에는 성회가 있을지니 너희는 아무 노동도 하지 말지니 칠일 동안에 너희는 화제를 여호와께 드릴 것이요 제 팔 일에도 너희에게 성회가 될 것이며 화제를 여호와께 드릴지니 이는 거룩한 대회라 너희는 아무 노동도 하지 말지니라. 이것들은 여호와의 절기라 너희는 공포하여 성회를 삼고 번제와 소제와 희생과 전제를 각각 그 날에 여호와께 화제로 드릴지니 이는 여호와의 안식일 외에, 너희의 헌물 외에 너희의 모든 서원 예물 외에 너희의 모든 낙헌 예물 외에 너희가 여호와께 드리는 것이니라. 너희가 토지소산 거두기를 마치거든 칠월 십오일부터 칠일 동안 여호와의 절기를 지키되 첫날에도 안식하고 제 팔 일도 안식할 것이요. 첫날에는 너희가 아름다운 나무 실과와 종려 가지와 무성한 가지와 시내 버들을 취하여 너희 하나님 여호와 앞에서 칠일 동안 즐거워할 것이라. 너희는 매년에 칠일 동안 여호와께 이 절기를 지킬지니 너희 대대로의 영원한 규례라 너희는 칠월에 이를 지킬지니라. 너희는 칠일 동안 초막에 거하되 이스라엘에서 난 자는 다 초막에 거할지니 이는 내가 이스라엘을 초막에 거하게 한 줄을 너희 대대로 알게 함이니라. 나는 너희 하나님 여호와니라 레23:33-43

이스라엘 백성은 광야 40년을 살면서 가나안을 대망하며 살았다. 가나안은 곧 천국의 모형이다. 우리는 장차 천국에 들어갈 것을 희망하며 산다. 우리가 천국에 들어갈 때 가라지로 심판 받지 않고 쭉정이로 날아가지 않고 알곡 신자가 되어 천국 곡간에 들어가기를 희망한다.

유월절이 예수 그리스도의 구속을 예표 하는 과거사적 사건이라면, 오순절은 성령이 강림하여 세상 끝날 까지 우리와 함께 하는 현재적 사건이요, 초막절은 장차 우리가 알곡 신자로 천국 곡간에 들어가는 미래적 사건의 예표이다.

2. 수장절, 나팔절, 대속제절

이스라엘 달로 7월(티쉬리)은 계절적으로 추수가 다 끝나게 된다. 그리고 7월 1일은 신년의 시작이며 안식하였다. 7월 10일은 대 속죄일로 금식을 선포하였으며 아사셀 양을 준비하였다. 그리고 7월 15일부터 일주일간 초막절 행사가 시작되었다.

특별히 이 절기는 추수를 끝내고 드리는 절기이므로 수장절(收藏節)이라고 불렀으며 수확한 것에 대한 감사 절기도 되었다.

7월 1일은 안식을 하며 신년을 알리는 나팔을 아침부터 저녁까지 불렀다. 그러므로 일명 이 절기를 나팔절 이라고도 불렀다.

> 여호와께서 모세에게 일러 가라사대 이스라엘 자손에게 고하여 이르라 칠월 곧 그 달 일일로 안식일을 삼을지니 이는 나팔을 불어 기념할 날이요, 성회라 아무 노동도 하지 말고 여호와께 화제를 드릴지니라 레 23:24-25

구약 성경에서 나팔을 분때는 회중과 천부장 되는 족장을 부를 때 나팔을 불었다(민 10:3-4). 진을 진행시킬 때 나팔을 불었다(민 10:5-6). 전쟁을 알릴 때 나팔을 불었다(민 10:9). 정한 절기, 특히 신년의 시작인 날에 나팔을 불었고, 화제를 드릴 때 제물 위에 나팔을 불었다(민 10:10).

예수 그리스도의 강림은 천사장의 나팔 소리와 함께 시작 된다.

> 주께서 호령과 천사장의 소리와 하나님의 나팔로 친히 하늘로 좇아

> 강림하시리니 그리스도 안에서 죽은 자들이 먼저 일어나고 그 후에 우리 살아남은 자는 저희와 함께 구름 속으로 끌어올려 공중에서 주를 영접하게 하시리니 그리하여 우리가 항상 주와 함께 있으리라
> 살전 4:16-17

> 저가 곧 나팔 소리와 함께 천사들을 보내리니 저희가 그 택한 자들을 하늘 이 끝에서 저 끝까지 사방에서 모으리라 마24:31

이스라엘 달로 7월 10일은 대 속죄일이다. 이날은 금식을 선포하고 아무 노동도 하지 않고 스스로 괴롭게 하는 날이었다.

> 여호와께서 모세에게 일러 가라사대 7월 10일은 속죄일이니 너희에게 성회라 너희는 스스로 괴롭게 하며 여호와께 화제를 드리고 이 날에는 아무 일도 하지 말 것은 너희를 위하여 너희 하나님 여호와께 화제를 드리고 이 날에는 아무 일도 하지 말 것은 너희를 위하여 너희 하나님 여호와 앞에 속죄할 속죄일이 됨이니라 레 23:26-28

이스라엘의 금식일은 원래 일 년에 대 속죄일 하루였다. "이스라엘 자손의 모든 죄를 위하여 일 년 일차 속죄 할 것이니라" (레 16:34).

대 속죄일에는 죄를 애통하게 생각하며 금식하며 속죄함으로 "모든 죄에서 너희가 여호와 앞에 정결하리라" (레 16:30) 하였다.

대 속죄일에 염소 둘을 취하여 제비를 뽑아 한 마리는 속죄제로 여호와 앞에 드리고 제비 뽑은 한 마리는 아사셀을 위하여 광야로 보내는 의식을 행하였다. 제물은 염소이지만 부르기는 "아사셀 양"이라고 불렀다.

> 또 그 두 염소를 취하여 회막 문 여호와 앞에 두고 두 염소를 위하여 제비뽑되 한 제비는 여호와를 위하고 한 제비는 아사셀을 위하여 할지며 아론은 여호와를 위하여 제비 뽑은 염소를 속죄제로 드리고 아사셀을 위하여 제비 뽑은 염소를 산 대로 여호와 앞에 두었다가 그것으로 속죄하고 아사셀을 위하여 광야로 보낼지어다
> 레 16:7-10

아사셀(Azzaazer)의 뜻은 "광야에 거하는 악령" 이라는 의미와 "면직, 제거" 라는 의미가 있다. 안식교의 공적 표준 작품은 Mrs. Ellen G. White 의 저서, "그리스도와 사탄간의 논쟁" 에서 아사셀은 광야에 거하는 악령이라는 의미를 채택하여 아사셀의 의미를 해석하였다. 이 책의 주장을 더 언급하면 사탄은 사람을 다스릴 권세를 가졌는데, 이것은 사람의 죄 때문이라고 한다. 하나님은 이 죄를 인하여 사람을 사탄의 권세 아래 버려두셨다고 보고 있다. 일리가 있는 주장이다.

그러나 보수적인 입장에 있는 우리는 아사셀을 "면직, 제거" 라는 의미의 해석을 따른다. 아사셀에 대한 더욱 확실한 말씀은 레위기에서 언급하고 있다.

> 아론은 두 손으로 산 염소의 머리에 안수하여 이스라엘 자손의 모든 불의와 그 범한 모든 죄를 고하고 그 죄를 염소의 머리에 두어 미리 정한 사람에게 맡겨 광야로 보낼지니 염소가 그들의 모든 불의를 지고 무인지경에 이르거든 그는 그 염소를 광야로 보낼지니 염소가 그들의 모든 불의를 지고 무인지경에 이르거든 그는 그 염소를 광야에 놓을지니라 레 16:21-22

희생되어지는 양은 우리 죄를 속죄하는 예수 그리스도의 예표이

다. 또 한 이스라엘 모든 죄를 담당하고 광야 무인지경에 놓이는 아사셀 양은 우리 죄를 멀리 보낸다는 의미이다.

> 동이 서에서 먼 것 같이 우리 죄과를 우리에게서 멀리 옮기셨도다
> 시 103:12

제물이 된 염소는 속죄의 원리를 만족시키고 아사셀 양은 속죄의 효과를 확인시켰다. 또한 아사셀 양이 백성의 죄를 전가 받고 백성 앞에 끌려 나갈 적에 백성들은 죄를 전가 받은 양의 털을 잡아 뜯고 밀어 붙이며 구박하였다. 이는 우리를 위해 대신 수난 받으신 예수를 상징하는 그림자이다.

Chapter 5
여호와의 절기의 구속사적 의미

> 너는 매년 삼차 내게 절기를 지킬지니라 너는 무교병의 절기를 지키라 내가 네게 명한 대로 아빕월 의정한 때에 칠 일 동안 무교병을 먹을지니 이는 그 달에 네가 애굽에서 나왔음이라 빈손으로 내게 보이지 말지니라 맥추절을 지키라 이는 네가 수고하여 밭에 뿌린 것의 첫 열매를 거둠이니라 수장절을 지키라 이는 네가 수고하여 이룬 것을 연종에 밭에서부터 거두어 저장함이니라 출23:14-16

구약 성경에도 많은 절기가 있다. 유월절, 무교절, 맥추절, 초실절, 칠칠절, 오순절, 성령강림절, 수장절, 초막절, 장막절, 나팔절….

무슨 절기가 이렇게 많은가? 이것을 간단히 정리하면 11개 절기가 3대 절기로 구분 된다. 모든 절기를 위의 성경을 중심해서 구분하면, 첫째는 무교병의 절기요, 둘째는 맥추절이요, 셋째는 수장절이다. 이 3대 절기 안에 다른 모든 절기가 다 포함되어 있다.

1. 무교병의 절기를 지키라.

무교병의 절기는 곧 누룩 없는 떡을 먹기 때문에 무교절이라고도 한다. 누룩 없는 떡은 유월절에 먹었다. 유월절은 이스라엘 백성이 애굽의 노예생활에서 모세를 통하여 해방 받은 것을 기념하여 지키는 절기이다. 그러면 우리나라에는 일본 36년의 압박에서 해방 받은 8·15 해방 기념일이 있다. 미국에는 독립 기념일이 있다. 그런데 왜 남의 나라 이스라엘의 해방 기념일을 지켜야 하나? 그것도 지금부터 3,500년 전의 사건을 기념해야 하는가?

성경에 나오는 3대 절기는 다 예수님과 관련된 절기요, 우리 믿음과 관련된 것이다. 이스라엘 백성이 애굽에서 바로의 학정 아래서 노예생활 할 때에 하나님은 모세를 보내서 그 백성을 바로의 학정에서 구원하여 냈다.

애굽은 죄악 세상을 의미한다. 이들이 애굽을 탈출해서 홍해를 건넌 것은 세례 받은 것을 의미한다.

광야는 훈련과 연단이요, 목적지인 가나안은 천국을 상징하는 것이다. 이들이 애굽에서 놓임 받은 구원은 순전히 하나님의 은혜요, 하나님의 능력이었다. 그래서 누룩 없는 떡 곧 무교병을 먹으라고 했다. 우리가 죄악 세상에서 구원받은 것은 순전히 하나님의 은혜다. 내 자력으로 되는 것이 아니다.

오늘날 우리는 유월절 절기를 문자적으로 이스라엘 백성이 해방 받은 그 날에 지킬 필요는 없다. 지킨다면 내가 예수 믿고 세례 받은 날이 여기에 해당 될 것이다.

그러나 유월절 사건의 가장 중요한 것이 무엇일까? 이것은 지나간 과거사이다. 지나간 과거이지만 오늘 내게 있어서 그 일만 생각하면 나를 가장 감격스럽게 고무시키는 사건이 무엇인가?

그것은 내가 예수 믿고 하나님의 은혜로 구원받은 일이다. 나를 지옥의 문턱에서 천국으로 방향 전환 시킨 사건이다. 나를 구원한 하나님의 은혜이다. 예수의 십자가 사랑이다. 나를 구원한 예수의 십자가 사건만 생각하면 내 가슴은 기쁘고 환희에 벅차야 한다.

지난날의 생의 감격에서부터 오늘을 생의 정열과 감사에 살 수 있는 것이다. 이것이 유월절 사건이다.

독일에서 있었던 일이다. 한 젊은 청년이 혀에 암이 생겼다. 이제 생명을 구원하기 위해서는 혀의 모든 조직을 들어내야 하는 수술을 하여야 했다. 수술하기 위해서 의사와 간호원들이 한꺼번에 쭉 들어 왔다. 집도하는 의사는 무겁게 입을 열었다.

"형제여, 이제 나는 당신의 원에 따라 당신의 혀의 모든 조직을 다 들어냅니다. 당신은 영원히, 다시는 말을 할 수 없게 됩니다. 마지막으로 하고 싶은 말은 무엇입니까?"

마지막 유언을 받는 심정이다. 젊은 청년이 이제 영원히 언어를 잃는 것을 생각하니 의사도 안타까웠다. 말을 할 수 있을 때에 마지막으로 할 수 있는 말이 무엇일까? 잠깐 동안 침묵이 흘렀다. 저 청년이 무슨 말을 할 것인가? 간호사들도 숙연해지는 순간이었다. 청년의 눈에서 눈물이 핑 돈다. 청년은 곧 얼굴에 미소를 띠고 말했다.

"주 예수여! 나의 하나님 되시고 구속자 되신 것을 감사합니다."

주 예수께서 얼마나 그의 삶을 풍성하게 하셨는지! 주 예수와 그와 어떤 관계가 있었는지! 다른 사람은 알 수 없다. 그런데 그 청년은 주 예수께 감사했다. 내가 말할 수 있을 때 할 수 있는 진실한 말 한마디, "주 예수여! 나의 하나님 되시고 나의 구속 주되신 것을 감사합니다."

그가 사랑하는 아내의 이름을 부를 수도 있었을 것이다. 아니면 하나님을 원망할 수도 있었을 것이다. 그를 낳으시고 키워 주었던 어머니의 이름을 부를 수도 있었을 것이다. 그런데 그는 마지막 언어로 주 예수께 감사했다. 사실 믿는 자는 하나님을 향하여 감사하지 않을 수 없다. 그 분의 구속의 은총을 생각하면 감사하지 않을 수 있겠는가?

내 영혼을 파멸에서 구원한 주 예수께 감사하라. 내 영혼을 저 지옥의 음부에서 건져내시고 하나님의 자녀로 인 치신 성령님께 감사하라.

2. 맥추절을 지키라.

맥추절을 지키라 이는 네가 수고하고 밭에서 뿌린 것의 첫 열매를 거둠이니라 출 23:16

칠칠절 곧 맥추의 초실절을 지키고 출 34:22

맥추절은 일년 중에 가장 먼저 추수하는 보리와 밀의 첫 열매를 하나님께 드리는 절기이다. 그래서 초실절이라고도 한다.

칠칠절은 유월절 안식일로부터 49일을 계산하여 50일째 되는 날에 드리는 감사제이다. 그래서 오순절이라고 한다. 오순절에 성령이 강림하였다. 그래서 성령강림절이라고도 한다.

유월절에는 누룩 없는 떡을 먹었으나 오순절에는 누룩 있는 떡 두

개를 먹었다. 오순절에 성령이 강림해서 이방인과 이스라엘이 하나가 되는 계기가 되어 그때부터 이방인에게 전도가 시작되었고 신약의 교회가 탄생되었다.

예수 그리스도가 부활의 첫 열매로 부활 승천하시고 오순절에 성령이 임재 하였다. 유월절이 지나간 과거사의 예표라면 오순절은 예수님 다시 오실 때까지 계속 이어지고 있는 현재사의 예표이다.

그렇다면 지금 성령과 동행하는가? 성령 없는 삶은 마치 깨금발 인생과 같다. 깨금발로 뛰면 처음에는 잘 뛸 것 같지만 몇 발자국 못 가서 주저앉는다.

영국 속담 중에 목회자에게 가장 심한 욕은 "성령 없이 목회하라"이다. 성령 없는 목회는 고역이다. 성령이 떠난 교회는 뿔 꺾인 제단이다. 성령 없는 교회는 하나님 없는 교회요, 사탄의 운동장이다. 성령 없는 그리스도인은 그리스도인이 아니다. "그리스도의 영이 없으면 그리스도의 사람이 아니라"

성경 다음으로 가장 많이 읽혀지는 책이 있다면 존 번연이 쓴 「천로역정」이다. 천로역정은 존 번연이 감옥에 있을 때 성경을 많이 읽는 중에 영감을 얻어 성경을 소재로 해서 쓴 책이다.

존 번연은 영국 감리교 목사였다. 존 번연은 공부를 많이 하지 않았다고 한다. 이 분이 영국 황실의 미움을 받아서 핍박을 받고 감옥에 갇혔는데 12년을 옥중 생활하면서 기도하고 성경 보며 그 책을 썼다.

그는 감옥에서 참으로 경건한 생활을 했다. 감옥의 간수장이 존 번연 목사의 경건한 삶에 감동을 받았다. 간수장은 이렇게 생각했다. "저분이 무슨 죄가 있어서 여기 들어 왔을까? 잘못이 있다면 영국 황실에서 잘못 했겠지 저분에겐 잘못이 없을 것이다."

어느 날 간수장이 존 번연 목사와 면담을 했다.

"목사님! 사모님이 보고 싶지요?"

"예, 보고 싶고말고요."

"아이들도 보고 싶지요?"

"그럼요, 보고 싶지요."

"제가 특별히 외박을 시켜 드리겠습니다. 오늘 나가셔서 집에 가서 주무시고 내일 오십시오."

"정말입니까?"

"예."

"참으로 고맙습니다."

간수장이 옥문을 열어 주어서 존 번연은 형무소를 나섰다. 집으로 가는 도중에 그의 가슴은 불안하여 두근거렸다. 그래서 그는 집으로 가던 발걸음을 되돌려 감옥으로 돌아왔다.

간수장이 깜짝 놀라 물었다.

"목사님. 왜 오셨습니까? 집에서 주무시고 오라고 하지 않았습니까?"

"예, 호의는 고맙습니다만 성령님이 가지 말라고 해서 왔습니다."

"성령님이 뭐라고 말씀했는데요?"

"내 가슴이 두근거리고 불안합니다. 성령님이 가지 말라는 것이지요."

간수장은 섭섭했다. 위험을 무릅쓰고 호의를 베풀었는데 그 호의를 거절했으니 섭섭했던 것이다. 간수장은 퉁명스럽게 말했다.

"그래요? 그러면 할 수 없지요. 감옥에 들어가 계세요."

조금 지나니까 황실 감찰사에서 형무소 시찰을 나왔다. 그리고 죄인을 죽 둘러보고 존 번연을 확인하고 돌아갔다.

놀란 것은 간수장이었다.

'존 번연이 돌아왔으니 다행이지 하마터면 나도 파면되고 존 번연도 중형을 받을 뻔 했구나!'

감찰사가 돌아가고 난 뒤 간수장이 존 번연에게 왔다.

"목사님, 큰일 날 뻔 했습니다. 목사님이 돌아왔으니 다행이지 그렇지 않았다면 저도 파면 당하고 목사님도 큰 어려움을 당할 뻔했습니다. 목사님! 이제부터는 제가 가라! 오라! 하지 않을 테니 성령님이 가라 하면 가시고 성령님이 오라 하면 오십시오!"

성령의 감동을 소멸하면 안 된다. 성령을 근심시키지 말라. 성령은 하나님의 깊은 뜻을 통달한다. 성령은 사람의 생각을 아신다. 우리가 하나님의 뜻을 거역하면 성령이 근심한다. 우리가 죄를 지으면 성령이 탄식한다. 우리가 죄를 짓고 마음을 패역하게 쓰면 성령은 패역한 사람과 함께 하지 않는다. 성령은 인격자이다. 성령님을 인격으로 대하여야 한다.

3. 수장절을 지키라

이는 네가 수고하며 이룬 것을 연종에 밭에서부터 거두어 저장함이라 출 23:16 중이 절기는 추수가 끝나고 수확물을 창고에 저장하고 하나님께 드리는 절기이다. 그래서 수장절이라고 한다.

수장절은 농사지은 것을 다 거두어 곡간에 들이고 감사하며 드리는 절기인 데, 무려 한 달 동안 지킨 절기이다. 이 절기는 7월 1일부터 시작된다. 첫날은 안식하였다. 그리고 나팔을 아침부터 저녁까지 불면서 이 날을 기념하여서 나팔절이라고도 한다. 그 나팔은 그리스도의 재림을 알리는 나팔이다.

7월 10일은 대 속죄일로 날 가운데 가장 큰 날이다. 대 속죄일에는 염소 둘을 취하여 하나는 아사셀 양으로 광야로 내 보냈다. 제물은 염소지만, 부르기는 아사셀 양이라고 불렀다.

아사셀(Azzaazer)의 뜻은 첫째 "광야에 거하는 악령" 이라는 뜻이 있다. 둘째는 "면직", "제거" 라는 의미가 있다.

안식교주의자(安息敎主義者)들의 공적 표준 작품인 Mrs. Ellen G.white 의 저서 "그리스도와 사탄간의 논쟁" 에서는 아사셀에 대한 해석을 "광야에 거하는 악령" 이라고 하였다. 이것은 사탄은 사람을 다스릴 권세를 가졌는데 이것은 사람의 죄 때문이라고 한다. 하나님께서는 이 죄를 인하여 사람을 사탄의 권세 안에 버려두셨다고 보고 있다. 일리는 있다. 그러나 우리는 아사셀의 의미를 "광야에 거하는 악령" 이라는 의미를 취하지 않고 "면직", "제거" 라는 의미로 해석한다.

> 아론은 두 손으로 산 염소의 머리에 안수하여 이스라엘 자손의 모든 불의와 그 범한 모든 죄를 고하고 그 죄를 염소의 머리에 두어 미리 정한 사람에게 맡겨 광야로 보낼지니 염소가 그들의 모든 불의를 지고 무인지경(無人之境)에 이르거든 그는 그 염소를 광야에

놓을지니라 레 16:21,22

광야에 놓이는 아사셀 양은 우리 죄를 담당하고 영문 밖 십자가 길을 걸어가시는 예수를 상징하고 있다는 것을 쉽게 알 수 있다. 아사셀 양은 죄를 속죄할 뿐만 아니라 영원히 죄를 멀리 보낸다는 뜻이다. 제물이 된 염소는 속죄의 원리를 만족시키고 아사셀 양은 속죄의 효과를 확인시켰다.

아사셀 양이 백성 앞을 지날 때 백성들은 자기 죄를 대신 지고 가는 아사셀 양을 보며 죄를 증오하고 다시는 죄를 짓지 않을 것을 다짐한다. 또 한편 아사셀은 저주받은 죄를 담당하는 것이므로 죄로 인하여 인간이 괴로움을 받는다 하여 죄를 대적하는 의미로 아사셀 양을 구박했다. 이는 수난 받는 그리스도의 상징이다. 아사셀 양은 죄를 머리에 지고 영문 밖으로 끌려나가서 높은 벼랑에서 떨어뜨렸다. 이는 그리스도의 십자가의 수난이며 죄가 우리에게서 멀리 떠났다는 증거이다.

미국 어느 교회에 "할렐루야" 라는 별명을 가진 집사 한 분이 있었다. 그 분은 목사님이 설교할 때마다 "할렐루야!" 를 연발했다. 때로는 은혜가 되기도 하였으나 때로는 설교를 하는데 방해도 되었다.

그 교회 목사님은 연세가 많아 돋보기 너머로 원고를 읽었다. 그래서 할렐루야 집사가 "할렐루야!" 하면 그 소리에 신경이 쓰여서 원고를 놓치곤 하였다.

어느 날 주지사가 이번 돌아오는 주일은 그 교회에서 예배를 드리겠다고 연락이 왔다. 목사님은 좋으면서도 한편으로 할렐루야 집사가 걱정이 되었다. 그래서 그날 예배에는 할렐루야 집사를 따돌리기로 작정했다.

주일날 아침 예배가 시작되기 전 목사님은 할렐루야 집사를 불렀다.

"집사님, 오늘은 제가 특별히 부탁을 하겠습니다. 제가 설교하는 자료가 필요한데 예배에 참예하지 말고 사무실에서 지리부도 책을 보시며 세계에서 가장 깊은 바다가 어디인지 찾아 주시기 바랍니다."

"목사님, 그러겠습니다."

그날 예배에 주지사가 참석했다. 목사님은 긴장하여 돋보기 너머로 원고를 읽어 내려갔다. 그런데 갑자기 옆방 사무실에서 큰 소리가 들렸다.

"할렐루야!"

목사님은 그 소리에 놀라 그만 원고를 또 놓치고 말았다. 목사님은 은근히 화가 났다. 예배가 끝나고 목사님은 할렐루야 집사를 불렀다.

"집사님, 설교를 듣다가는 할렐루야가 나오겠습니다만은 지리부도 책을 보면서 무슨 할렐루야가 나옵니까?"

"목사님, 제가 할렐루야를 안 하게 되어 있습니까?"

"목사님이 부탁하신 대로 세계에서 제일 깊은 바다를 찾아냈습니다. 태평양 필리핀 부군에 있는 그 바다는 무려 일만 미터도 더 되는 깊은 바다로 세계에서 제일 깊습니다."

"글쎄, 그것하고 할렐루야 하고 무슨 관계가 있습니까?"

"목사님, 미가서 7장 19절에 '주께서 우리의 죄악을 발로 밟으시고 우리의 모든 죄를 깊은 바다에 던지셨나이다' 라고 했습니다. 내 죄를 저 깊은 바다에 던지시고 기억지도 않으시는데 할렐루야가 안 나옵니까?"

하나님은 우리 죄를 깊은 바다에 던지시고 수장 하였다. "동이 서에서 먼 것 같이 우리 죄과를 우리에게서 멀리 옮기셨으며"(시 103:12)

아사셀 양은 우리 죄를 멀리 옮기셨다. 이스라엘 백성은 대 속죄일에 아사셀 양을 내 보내고 금식을 선포했다. 원래 금식은 1년 중 이 날 하루였다.

7월 15일부터는 초막절 행사가 시작된다. 이 절기는 이스라엘 백성이 가나안 땅에 들어가서 지켰다. 광야에서는 농사를 할 수 없었다. 이스라엘 백성은 광야에서 초막 생활을 했는데, 그래서 이 절기는 이스라엘 백성이 광야에서 초막 생활한 것을 기념하는 절기인 것입니다. 그래서 초막절 또는 장막절이라고도 한다.

그들은 7월 15일부터 일주일간 초막을 짓고 초막생활을 한다. 그들은 광야에서 초막생활을 하면서 '언제쯤이나 저 동경하는 가나안 땅에 들어가서 살까?' 그들은 오직 가나안을 희망하며 광야에서 초막 생활을 했던 것이다.

무교절, 맥추절, 수장절, 이 3대 절기는 예수 그리스도에 대한 진리의 예표이다. 오늘 우리는 광야 같은 세상에 살면서 가나안 곧 천국을 소망하며 산다. 천국에 들어갈 때 알곡 신자가 되어 주의 곡간에 들어갈 것을 희망하고 산다. 가라지 신자, 쭉정이 신자가 아니고 심판 날에 알곡으로 주의 곡간에 들어가기를 희망한다. 그렇다면 이것은 미래적 사건이다. 미래의 우리의 소망이다.

너는 3대 절기를 지키라. 무교절을 지키고 맥추절을 지키고 수장절을 지키라. 이 말씀을 현대적 의미로 우리의 삶에 적용하면,

- 예수 그리스도의 구속의 감격에 살으라.
- 지금 성령과 함께 하는 삶을 살라.
- 미래적으로 가나안 천국을 소망하며 알곡 신자 되어 주의 곡간에 들어가는 것을 소망하며 살으라.

우리가 지금 유월절, 맥추절, 수장절을 문자적으로 지키지는 않는다. 그렇다고 이 절기가 폐하여 진 것이 아니다. 구약의 여호와의 절기를 신약의 예수 그리스도에 대한 그림자이다. 우리 모두는 예수 그리스도의 구속의 감격에 살고, 성령과 동행하는 삶을 살며, 장차 알곡 신자 되어 천국 곡간에 들어가야 할 것이다.

Chapter 6
희년

    희년(禧年)은 안식년의 7주기 다음 해로서 50년마다 한 번씩 돌아온다. 안식일에 대한 발전적 개념이 안식년이며, 안식년에 대한 발전적 개념이 희년이다. "희년"은 "면제의 해"란 의미이다. 토지는 7년째 되는 안식년에는 경작을 쉬게 하여 지력을 회복케 하였을 뿐만 아니라 안식년에 자연적으로 얻어지는 과일의 열매나 수확물은 고아나 과부, 가난한 나그네에게 돌렸고 공중의 새나 들짐승에게 돌렸다. 이는 모든 토지의 주인은 여호와이시며 결코 사람이 될 수 없고 여호와만이 영영히 땅의 주인이 되신다는 의미이다.

    또한 가난하거나 빚을 갚을 능력이 없어서 종으로 팔렸을지라도 7년째 되는 해인 안식년이 되며 종으로 팔렸던 자들이 해방되어 자유인으로 돌아온다.

    이러한 안식년의 주기가 7번째 되는 다음 해를 "희년"이라고 하였다. 희년이 되면 제사장은 전국에 요벨(Yobel) 나팔을 불어서 전국 거민에게 자유와 평등을 공포 하였다. 희년에는 팔렸던 종들도 자유인으로 돌아오거니와 매각 되었던 토지나 가옥이 본래 소유주에게 무조건 돌아간다.

희년 절기에 대한 언급은 레위기에 자세히 기록 되었다.

> 너는 일곱 안식년을 계수할지니 이는 칠년이 일곱 번인즉 안식년 일곱 번 동안 곧 사십구 년이라. 칠월 십일은 속죄일이니 너는 나팔소리를 내되 전국에서 나팔을 크게 불지며 제 오십년을 거룩하게 하여 전국 거민에게 자유를 공포하라. 이 해는 너희에게 희년이니 너희는 각각 그 기업으로 돌아가며 각각 그 가족에게로 돌아갈지며 그 오십년은 너희의 희년이니 너희는 파종하지 말며 스스로 난 것을 거두지 말며 다스리지 아니한 포도를 거두지 말라. 이는 희년이니 너희에게 거룩함이니라. 너희가 밭의 소산을 먹으리라. 이 희년에는 너희가 각기 기업으로 돌아갈지라. 네 이웃에게 팔든지 네 이웃의 손에서 사거든 너희는 서로 속이지 말라. 희년 후의 연수를 따라서 너는 이웃에게 살 것이요 그도 그 열매를 얻을 연수를 따라서 네게 팔 것인 즉 연수가 많으면 너는 그 값을 많게 하고 연수가 적으면 너는 그 값을 적게 할지니 곧 그가 그 열매의 다소를 따라서 네게 팔 것이라. 너희는 서로 속이지 말고 너희의 하나님을 경외하라. 나는 너희 하나님 여호와니라. 너희는 내 법도를 행하며 내 규례를 지켜 행하라 그리하면 너희가 그 땅에 안전히 거할 것이라
> 레 25:8-17

이러한 안식년과 희년의 제도는 "네 이웃을 사랑하라" 는 하나님의 사랑의 실천이며, 동시에 부조리하고 비정한 사회에 대해서 하나님의 사랑으로 쐐기를 박는 일이었다.

이자를 받고 대금을 주는 제도가 발전함에 따라 갚을 능력이 없는

자는 더욱 궁핍하여진다. 살다보면 예기치 않게 닥치는 여러 가지 재난으로 인하여 가난 속에서 헤어나지 못하고 있는 인간의 무능력과 비장한 사회 현실 앞에서 재산뿐 아니라 가족이나 자신까지 노예로 팔려야 했다. 노예로 팔렸던 그들이 희년이 되면 자유를 얻고 집으로 돌아올 수 있었던 것이다.

희년에는 팔렸던 토지까지도 원래 주인에게로 돌아간다. 이 제도는 근본적으로 땅의 소유는 인간이 될 수 없고 하나님의 소유라는 인식의 확인이었다. 이는 경제적 평등을 이루는 것이며 인권의 회복과 자유와 평등의 구현이었다.

인간은 물질을 가졌다고 자만할 권리가 없으며 물질로 인하여 방자하게 행할 수 없다는 것이다.

> 토지는 영영히 팔지 말 것을 토지는 다 내 것임이라 너희는 나 그네요 우거하는 자로서 나와 함께 있느니라 레 25:23

근본 토지의 소유는 여호와의 것이다. 그러므로 토지를 파는 자는 경작권을 판 것이고 사는 자는 그 토지를 경작하고 수확할 수 있는 권리만 사는 것이다. 갑이라는 사람이 을에게 토지를 샀다면, 갑은 을에게 토지를 경작하고 수확할 수 있는 권리만 사는 것이다. 그리고 을이 갑에게 토지를 팔았다 할지라도 언제든지 되 살 수 있을 능력이 있을 때에는 다시 되 살 수 있는 권리가 있다.

토지를 매매하는 금액은 희년까지의 평균 수확량을 계산한 금액이 매매 대금이 된다. 그리고 희년이 되면 토지는 원래 주인에게로 되돌아간다.

일곱 안식년의 7주기인 49년이 지난 7월 10일은 초막절 행사가 시작되기 전 대 속죄일이 된다. 이 날에 제사장은 전국에 양각 나팔을 불어 희년을 거룩하게 하였으며, 전국 거민에게 자유와 해방을 공포하였다. 팔렸던 종들은 집으로 돌아갔다. 팔렸던 재산은 각기 원 소유주에게로 돌아간다.

매였던 종이 자유를 얻고 집으로 돌아가는 자유인의 기쁨, 잃어버렸던 기업을 다시 되찾는 즐거움, 이는 장래 일의 그림자(골 2:16-17)로서 잃어버린 천국을 되찾고 천국 기업을 누리는 영광의 예표이다.

이와 같이 희년의 근본정신은, 인간은 누구나 근본이 평등하다는 것이며, 인간은 가난과 부가 기준이 되어 차등을 받을 수 없으며, 비정하여 지는 사회에 대한 하나님의 사랑과 정의의 실천이었다.

Chapter 7
부림절

　다윗 시대에 통일 왕국을 이루었던 유다 나라는 솔로몬의 아들 르호보암 왕 시대에 남쪽 유다와 북쪽 이스라엘로 분열 되었다.
　남쪽 유다의 수도는 예루살렘이였고 북쪽 이스라엘은 사마리아를 수도로 정하였다. 그 후 북쪽 이스라엘은 B.C. 721년에 앗수르에 의해 망하였다.

　남쪽 유다는 B.C. 606에서 586년까지 세 차례에 걸쳐 바벨론에 의해 예루살렘이 침략을 당하였고, 백성들은 바벨론에 포로로 잡혀 갔으며 예루살렘 성전은 불타고 성벽은 파괴 되었다. 그러나 예레미야 선지자의 예언대로 유다 나라는 포로 된지 70년 만에 바벨론 고레스 왕의 특명으로 고국 예루살렘에 다시 귀환하였다.
　유다 나라가 바벨론에 망하고 그 백성이 바벨론에 포로로 끌려 갈 당시 몇 명이 끌려갔는지는 정확히 알 수 없으나 예레미야애가를 참고하면 예루살렘에 남은 백성은 노인과 젖먹이 어린아이만 남고 모두 포로로 잡혀 갔다는 것을 알 수 있다.

70년 포로 생활의 고역이 끝난 후 예루살렘에 귀환한 유다 백성은 스룹바벨을 중심하여 3차에 걸쳐 5만 여명의 숫자만 귀환하고 나머지는 바벨론에 정착하게 되었다. 유다로 돌아오지 못하고 바벨론에 남은 유다 백성에게 큰 위기가 왔다.

B.C. 478년에 아하수에로(페르시아의 크레르크세스) 왕의 신복 하만이 제2인자로 권력을 잡고 있었다. 그때 왕궁 문지기에는 포로로 잡혀 온 유다인 모르드개가 문지기로 있었다. 하만이 그 왕궁 문을 드나들면 모든 사람들은 땅에 엎드려서 머리를 땅에 대고 하만에게 경배를 해야 했다. 모르드개는 하만에게 경배를 하지 않았다. 그런 경배는 하나님에게만 하였지 사람에게는 하지 않았기 때문이다. 하만은 모르드개를 괘씸하게 생각했다.

하만은 모르드개만 보면 기분이 상하고 자존심이 상했다. 하만은 왕 다음 가는 2인자라는 권력으로 왕에게 간하여 포로로 잡혀 온 유다 백성들은 다 죽여야 된다고 간계를 꾸몄다. 그리고 그렇게 죽여도 좋다는 왕의 조서를 받아 냈다.

이제 유다인 몇 십만 명이 숙청을 당하여야 하는 운명의 날이 다가오고 있었다. 이와 같은 절박한 상황에서 모르드개는 당시 아하수에로 왕의 왕후로 있던 에스더에게 연락하였다.

에스더는 일찍 부모를 여위어서 삼촌인 모르드개가 딸같이 양육하였다. 에스더가 후궁으로 간택하여 왕궁에 들어갈 때에 예루살렘에서 포로로 끌려온 유다 백성 됨을 숨기고 있었다. 그 후 에스더는 후궁에서 왕후로 간택 되었던 것이다.

모르드개는 에스더에게 이렇게 전갈하였다.

'너는 왕에게 나가서 왕에게 간하여 유다 민족을 구하라'

에스더는 난감했다. 당시 왕궁의 규례는 왕이 부르기 전에 왕에게 나가면 왕을 살해하려는 의도로 알고 누구든지 죽이게 되어 있었기 때문이다. 다만 한 가지 예외는 왕이 가지고 있는 금홀(지휘봉 지팡이)을 내밀면 살 수 있었다.

에스더는 모르드개에게 이렇게 회신했다.

> 왕의 신복과 왕의 각 도 백성이 다 알거니와 무론 남녀하고 부름을 받지 아니하고 안뜰에 들어가서 왕에게 나아가면 오직 죽이는 법이요 왕이 그 자에게 금홀을 내어 밀어야 살 것이라. 이제 내가 부름을 입어 왕에게 나아가지 못한지가 이미 30일이라 에 4:11

이 전갈을 받은 모르드개는 다시 회신하였다.

> 너는 왕궁에 있으니 모든 유다인 중에 홀로 면하리라 생각지 말라. 이때에 네가 만일 잠잠하여 말이 없으면 유다인은 다른 데로 말미암아 놓임과 구원을 얻으려니와 너와 네 아비 집은 멸망 하리라. 네가 왕후의 위를 얻은 것은 이때를 위함이 아닌지 누가 아느냐 에 4:13-14

'네가 왕후의 위를 얻은 것은 이때를 위함이 아닌지 누가 아느냐'는 말에 에스더는 결심했다.

> 유다 인을 다 모으고 나를 위하여 금식하되 밤낮 삼일을 먹지도 말고 마시지도 마소서. 나도 나의 시녀로 더불어 이렇게 금식한 후에

규례를 어기고 왕에게 나아가리니 죽으면 죽으리이다 에 4:16

이에 유다 백성은 3일간 금식하며 하나님께 기도 하였다. 에스더도 시녀와 함께 3일 금식하였다. 에스더는 왕이 부르지도 아니 하였고, 왕이 금홀을 내밀지 않으면 죽을 수도 있지만 왕후의 예복을 입고 죽으면 죽으리라는 각오를 가지고 왕에게 나아갔다. 에스더가 3일 금식했으니까 얼굴이 더 축났을 것이다. 그런데 그때 왕의 눈에는 에스더가 심히 사랑스러워 보여서 얼른 금홀을 내밀었다. 왕후는 그 금홀의 끝을 만졌다. 왕은 사랑스런 왕후를 보며 말했다.

"왕후 에스더여, 그대의 소원이 무엇이뇨? 나라의 절반이라도 그대에게 주겠노라."

기도하고 그 응답으로 움직이는 에스더의 지혜는 왕의 마음을 사로잡기 시작했다.

"왕이여, 오늘 내가 왕을 위하여 잔치를 베풀었사오니 왕이 좋게 여기시면 하만과 함께 왕림 하소서."

그날 왕은 하만과 함께 에스더가 베푼 연회에 참석 하였다. 왕은 사랑스런 에스더의 소원을 들어주고 싶은 충동으로 또 다시 물었다.

"그대의 소원이 무엇이뇨 곧 허락 하겠노라. 나라의 절반이라도 시행 하겠노라."

"예, 나의 소청은 이러하나이다. 내가 왕에게 은혜를 입었고 왕이 내 소청을 허락하시고 시행 하시기를 선히 여기시면 내가 왕과 하만을 위하여 베푸는 잔치에 한 번 더 나오소서. 내일은 왕의 말씀대로 소원을 말씀 하오리다."

에스더가 세상 말로하면 왕에게 튕기고 있었다. 왕은 에스더가 튕기는 바람에 그 하루가 얼마나 길었는지. 어서 에스더가 베푼 연회에 참석하고 왕으로서 왕후의 소원도 들어주고 싶었다. 왕의 마음이 에스더를 향하여 사랑에 들끓고 있었다.

다음 날도 연회는 배설되었다. 하만의 마음은 연일 즐거웠다. 그러나 왕궁 문 앞에 이르러 자기에게 엎드려 경배하지 않는 모르드개를 보면 이 모든 기쁨이 결코 그에게 만족스럽지가 않았다. 그래서 그는 모르드개를 나무에 달아 죽이기 위하여 50 규빗, 약 22m 되는 나무를 세웠다.

에스더가 베푼 둘째 날 잔치에 왕과 하만이 참석하였다. 왕은 다시 에스더에게 소원이 무엇인지를 물었다. 왕은 사랑스런 왕후 에스더를 보며 나라의 절반이라도 떼어서 주고 싶었으나 그 사랑을 받아주지 않고 버티고 있는 에스더에게 사랑을 받아 달라고 구걸하고 있었다.

에스더는 결정적인 순간에 소원을 말하였다.

> 왕이여, 내가 만일 왕의 목전에서 은혜를 입었으며, 왕이 선히 여기시거든 내 소청대로 내 생명을 내게 주시고 내 요구대로 내 민족을 내게 주소서. 나와 내 민족이 팔려서 죽임과 도륙함과 진멸함을 당하게 되었나이다 에 7:3-4

왕은 놀랐다. 이렇게 사랑스런 왕후를 죽이려는 자가 누구인가? 왕은 소리쳤다.

"감히 이런 일을 심중에 품은 자가 누구며 그가 어디 있느뇨?"

"하만이니이다!"

왕은 진노하여서 자리에서 일어났다. 하만을 향한 왕의 분노는 맹렬하였다. 왕은 왕궁 후원으로 들어갔다. 순간 하만은 두려워 떨며 왕후 에스더에게 생명을 구걸하며 왕후의 걸상에 엎어졌다. 왕이 왕궁 후원으로부터 돌아오니 하만이 왕후 에스더가 앉는 걸상 위에 엎드린 것을 보았고 왕은 더욱 진노하여 말했다.

"저가 궁중 내 앞에서 왕후를 강간까지 하고자 하는가?"

왕의 말이 떨어지자 경호원이 와서 하만의 얼굴을 씌웠다. 결국 하만은 모르드개를 죽이기 위하여 세운 나무에 자신이 달려 죽었다. 왕은 하만이 끼고 있던 반지를 빼어서 모르드개에게 끼웠고 하만의 집은 모르드개가 관장하게 되었다.

유다인을 진멸하기로 내리었던 왕의 조서는 취하되었다. 오히려 유다인을 진멸 하려던 원수들은 진멸되고 그 재산은 탈취 되어서 유다인에게 나누어 주었다.

많은 이방인이 유다인을 부러워하고 스스로 유다인 되기를 원했다. 모르드개는 왕궁에서 존귀한 자가 되었다. 유다인은 대적에게서 벗어나고 평안함을 얻었다. 슬픔이 변하여 기쁨이 되고 애통이 변하여 길한 날이 되었다. 바벨론에 남은 유다인은 아달월 십사일과 십오일을 기념일로 정하여 이날을 부림절로 명하였다.

유다 백성이 부림절을 언제까지 지키었는지는 기록에 남아 있지 않다. 구약 외경 마카비하 15장 36절에 이날을 "모르드개의 날"이라 하였다. 후기에 와서는 부림절 절기 때에 회당에서 에스더서를 읽었고 친구들에게 음식과 선물을 보내기도 하였다.

Chapter 8
수전절

예루살렘에 수전절이 이르니 때는 겨울이라 요10:22

고대 중동지역을 중심한 지역에서 정복자로서 명성을 떨치었던 나라들은 애굽, 아수르, 바벨론, 바사(페르시아), 헬라(그리스), 그리고 로마였다.

또한 고대 세계에서 전쟁에 출전하는 군인들의 횡포는 말로 다 할 수없이 무자비하고 포악하기 그지없었다. 또한 전쟁에 출전하는 군인들의 식량을 본국에서 보급하기는 거의 불가능하였다. 그러므로 그들은 탈취하였으며 여자들과 어린아이들을 무자비하게 다루었다.

고대에는 나라마다 자기들이 섬기는 고유의 신(神)이 있었다. 전쟁을 할 때에는 자기들의 신을 앞세우고 싸웠으며, 전쟁에서 승리한 나라는 패전한 나라에 대하여 우리의 신들이 저들의 신보다 강했기 때문이라고 믿었다.

그러므로 정복자는 피정복자의 나라에 자기들이 섬기던 신을 두었으며, 정복한 나라의 신전을 파괴하고 그들의 신을 모욕하고 신전을 더

럽혔다.

예루살렘의 절기중 하나인 "하누카"라 불리는 수전절에 대한 유래이다. 알렉산더 대왕이 자신의 영토를 크게 몇 등분으로 나누어서 다스렸을 때, 그 당시 유대 나라를 포함한 그 주위의 지역을 시리아(수리아)라고 불렀다. 그런데 이 시리아 지역을 다스리던 안티오쿠스 에피파네스가 팔레스틴을 완전히 장악한 후, 유대인들을 핍박하기 시작했다.

그는 먼저 성전에서 하나님을 경배하며 하나님께 제사 드리는 일체의 예배 행위를 금지시키고 하나님 대신에 제우스 같은 그리스의 신들을 성전 안으로 들여놓았다. 교회사를 보면, 안티오커스 에피파네스는 성전에 들어와서 율법책, 곧 성경을 두는 제단에 유대 백성이 가증히 여기는 돼지 대가리를 얹어 놓고 유대인들에게 예배하라고 강요하였다

성전 대제사사장이 거하는 방에는 창녀들을 넣어서 매음 행위를 하게 했다. 그리고 두루마리 성경을 가지고 나와서 성전 중앙에 앉아서 칼로 한 조각씩 찢어 던지면서 교만하고 방자하게 외웠다. "여호와가 살았으면 나오라".

이러한 행위는 유대인들에게 가장 치욕스럽고 모욕적인 일이었다. 그러나 당시 대부분의 유대인들은 마음으로만 분노하였고 얼마의 시간이 지나자 먹고살기 위해서 이 악한 지도자와 타협했다.

그러나 이교도들의 만행에 끝까지 치를 떨며 분노했던 마카비라는 가문이 있었다. 그 가문 중에서도 유다 마카비 형제들이 유명했는데 그들은 자기들의 땅을 어지럽히고 성전을 더럽히는 적들로부터 야훼 하

나님에 대한 신성한 신앙을 보존하기 위해 게릴라 전쟁을 시작했다. 이 전쟁은 B.C. 164년부터 시작되었다. 유다 마카비 형제들은 "마카비 군대"를 조직하여 수리아에 반기를 들고 3년 동안 격전을 벌였으며 B.C. 167년에 마침내 승리를 획득하였다.

안티오커스 에피파네스는 자기 나라 수리아에 돌아가서 병에 걸렸는데, 몸의 구멍이란 구멍에서는 전부 피가 나오면서 그 핏속에서 벌레들이 기어 나왔다. 그 냄새가 너무 고약해서 간호하는 자기 아내도 그 방에 들어가지 못했다고 한다.

유다 백성들은 적군의 발밑에서 3년 동안 예배가 금지되었던 성전에서 다시 예배를 드릴 수 있게 되었고 아울러 성전 정화를 하였다.

이것을 기념하기 위하여 유대인들은 8일 동안 잔치하였는데 외경 마카비상 4장 41절과 마카비하 10장 6절 이하에 "제단 봉헌의 날"로 언급하였다.

예수님 당시의 역사가 죠세푸스(Josephus)는 이 절기를 "빛의 절기"라 하였는데, 이는 수전절 기간 8일 동안 집집마다 촛불을 켜두고 잘 먹고 노래 부르며 마음껏 즐겼기 때문이다. 그런데 성전을 회복해서 봉헌하는 날 놀라운 일이 벌어졌다. 금 촛대에 겨우 하루 정도만 쓸 수 있는 기름을 넣었는데, 그 촛불이 8일 동안이나 계속 활활 타올랐다. 그래서 꺼지지 않고 환하게 성전을 비추는 그 불빛 아래서 이스라엘 백성들은 다시 찾은 성전을 기뻐하며 하나님의 영광을 노래했다.

신약성경에서는 요한복음 10장 22절에 "예루살렘에 수전절이 이르니 때는 겨울이라" 라는 한 구절만 기록되었다.

주.

제 1부 성막론
1) 강문호, 성막으로 성경을 말한다, 한국가능성개발원, 2005
2) 조두만, 성령의 검 제2권, 성결교 신학교 출판부, 1988
3) 장부영, 기도의 노하우, 서로사랑, 2001
4) 김동호 목사, 주기도문 강해설교

제 2 부 여호와의 절기
1) 정인찬 편 성서대백과사전 기독지혜사, 1981